Ettore Dezza

Beiträge zur Geschichte des italienischen Strafprozesses im Kodifikationszeitalter

Rechtsgeschichte und Rechtsgeschehen

herausgegeben von

Prof. Dr. Dr. Thomas Vormbaum

Band 5

Redaktion:
Friederike Goltsche

LIT

Ettore Dezza

Beiträge zur Geschichte des italienischen Strafprozesses im Kodifikationszeitalter

Aus dem Italienischen
von
Thomas Vormbaum

LIT

Gedruckt auf alterungsbeständigem Werkdruckpapier entsprechend
ANSI Z3948   DIN ISO 9706

Der Autor *Ettore Dezza* (Jg. 1951) ist ordentlicher Professor für Geschichte des Italienischen Rechts an der Juristischen Fakultät der Universität Pavia. Seine wichtigsten Publikationen sind im Internet unter der Adresse http://diro.unipv.it/Dezza.html abrufbar.

Die italienische Originalausgabe ist 2001 unter dem Titel „Saggi di storia del processo penale nell'età della codificazione" im Verlag CEDAM, Padua, erschienen.

Bibliografische Information der Deutschen Nationalbibliothek
Die Deutsche Nationalbibliothek verzeichnet diese Publikation in der Deutschen Nationalbibliografie; detaillierte bibliografische Daten sind im Internet über http://dnb.d-nb.de abrufbar.

ISBN 978-3-8258-0592-0

© LIT VERLAG Dr. W. Hopf Berlin 2007
 Auslieferung/Verlagskontakt:
 Fresnostr. 2   48159 Münster
 Tel. +49 (0)251–620320   Fax +49 (0)251–231972
 e-Mail: lit@lit-verlag.de   http://www.lit-verlag.de

Vorwort

Der vorliegende Band vereinigt einige Abhandlungen zur Geschichte des Strafprozesses, die seit 1995 an verschiedenen Stellen erschienen sind. Die sieben Beiträge sind durch thematische Übereinstimmung und durch zeitliche Nähe der behandelten Gegenstände gekennzeichnet und bilden damit Etappen eines Untersuchungsganges, denn alle haben die Schicksale und Inhalte von Gesetzestexten zum Gegenstand, die in der rechtshistorischen Forschung mitunter wenig bekannt sind. Gemeinsam ist ihnen aber nicht nur, daß sie ganz oder teilweise das Strafprozeßrecht betreffen, sie sind die darüber hinaus alle im italienischen Kulturkreis während jenes Zeitraums von 50 Jahren von den 80er Jahren des 18. Jahrhunderts bis zur Restauration erarbeitet worden oder doch wenigstens in Kraft getreten, in dem das Phänomen der Kodifikation entstanden ist und sich etabliert hat.

Von den hier betrachteten Gesetzeswerken ist das am frühesten vollendete das Munizipalgesetzbuch von Malta *(Codice Municipale)* aus dem Jahre 1784, das zwar geographisch betrachtet einem Grenzbereich angehört, jedoch mit guten Gründen zu den Gesetzgebungswerken des ausgehenden 18. Jahrhunderts gezählt werden kann, die in Europa (und besonders im italienischen Kulturraum) eine erste Antwort auf die von der Aufklärungsphilosophie entwickelten Reform- und Modernisierungsforderungen zu geben versuchten. Nach der Betrachtung des Werks des maltesischen Gesetzgebers geht der Blick sodann zu dem 1797 von der provisorischen Veroneser Regierung erlassenen Plan für ein „neues Kriminalverfahren", er ist lebhafte Ausdrucksform der dreijährigen jakobinischen Phase, einer Phase, die zweifellos eine solche des Übergangs und der Unsicherheit war, ungeachtet dessen aber einige der Entscheidungen vorwegnahm, die später die Gestalt des Strafprozesses im 19. Jahrhunderts prägen sollten. Den Justizsystemen des napoleonischen Zeitalters, das eine Wende in der Geschichte der modernen Kodifikation auch im Hinblick auf den Strafprozeß bedeutete, sind sodann die drei Beiträge über das Strafgesetzbuch für das Fürstentum Lucca von 1807, das Strafgesetzbuch für das Fürstentum Piombino von 1808 und die Strafgesetze für das Königreich Neapel von 1808 gewidmet. Auf diese Beiträge folgt ein weiterer, der sich mit der Regelung des Strafprozesses im mächtigen österreichischen Allgemeinen Strafgesetzbuch befaßt, das zwar bereits 1803 erlassen wurde, im Königreich Lombardo-Venetien jedoch erst 1816 in Kraft trat und damit Träger eines einflußreichen Alternativmodells gegenüber jenem Modell wurde, das später vom größten Teil der präunitarischen Staaten der Halbinsel bevorzugt werden sollte. Der damit beschriebene Untersuchungsgang führt schließlich zu dem päostlichen Organischen Gesetz und Kriminalverfahrensgesetz *(Regolamento Organico e di Procedura Criminale)* von 1831, das ein besonders deutliches Beispiel für die komplexen und mitunter widersprüchlichen Entscheidungen, die in diesem Bereich von den Gesetzgebern der Restaurationszeit getroffen wurden.

Wie erwähnt, sind nicht wenige der erwähnten Gesetzbücher und Gesetze bis in die jüngste Zeit hinein gar nicht oder nur spärlich untersucht worden (man denke nur an die Malteser und Lucceser Texte) oder waren gar völlig dem Vergessen anheim gefallen (dies gilt für den Veroneser Text und den von Piombino). Dennoch gestattet die Gesamtheit der Gesetzeswerke, die in den hier erneut veröffentlichten Untersuchungen betrachtet werden, nicht nur eine sehr genaue Rekonstruktion der gesetzgeberischen Vorgänge im Zusammenhang mit der Herausbildung des modernen Strafprozeßrechts, sondern bietet auch die Möglichkeit, mit besseren Kenntnissen die Verbindungen zwischen diesen Vorgängen und einer Reihe weiterer Faktoren wahrzunehmen, welche diese Herausbildung zweifellos beeinflußt haben. Von diesen Faktoren seien erwähnt die gründliche und rasche Entwicklung der Lehre in der betrachteten Epoche, ferner die vom Alltag der Strafjustiz täglich aufgeworfenen Probleme und schließlich die Beeinflussungen ausgeprägt politischer Art, die ihr eigenes Gewicht unüberhörbar, mitunter entscheidend, auch in dem hier betrachteten Bereich geltend machten.

Konzentriert auf einzelne Aufnahmen, welche helfen sollen, die Umrisse eines in dauerndem Wandel befindlichen Bildes zusammenzusetzen, wollen somit die Beiträge dieses Bandes der Aufmerksamkeit des Lesers einige begrenzte Momente der Geschichte der strafprozessualen Kodifikationsgeschichte unterbreiten. Zweifellos handelt es sich um Momente von unterschiedlicher Bedeutung, die sich mitunter auch auf abgelegene und periphere Gegebenheiten beziehen. Gerade durch ihre umfassende Kenntnis wird es jedoch – nach der bescheidenen Ansicht des Verfassers – möglich, mit größerer Einsicht ein detailliertes Bild von der Gesetzgebung wie von der Lehre wie auch ganz allgemein ein historisch-politisches Bild zu gewinnen, worin dem prozessualen Element die Funktion zukommt, das Zeitalter der Kodifikation auf der Halbinsel zu charakterisieren. Wir haben es freilich – woran erinnert werden sollte – mit demselben Bild zu tun, von dem auch die Strafprozeßordnung für das Königreich Italien von 1807 (der „Codice Romagnosi") Bestandteil und Interakteur ist; dieser bildet eines der bedeutendsten Gesetzesdenkmäler jener Zeit und zugleich den wichtigsten Bezugspunkt in der Entwicklung des Strafprozeßrechts um die Wende vom 19. zum 18. Jahrhundert.

***

Die Absicht, die in dieser kurzen Einleitung genannten Beiträge zu einem Buch zu vereinigen, ist dem Verfasser durch deren eingangs erwähnte thematische und chronologische Einheit sowie durch die Schwierigkeiten nahegelegt worden, denen mitunter der Versuch begegnet, Kenntnisse über Forschungsbereiche zu erlangen, die sich, wie es häufig der Fall ist, in Beiträgen manifestieren, welche an verschiedenen

Orten verstreut und nicht immer leicht zu finden sind. Dieses Vorhaben hat sich sogleich Sergio Vinciguerra zu eigen gemacht, der diese Sammlung in die von ihm im CEDAM-Verlag, Padua, herausgegebene Reihe aufnehmen wollte. Übrigens sind die hier versammelten Beiträge weitgehend von zahlreichen Kongreß- und Editions-Intiativen ausgegangen, die in den letzten Jahren ebenfalls Vinciguerra geplant, durchgeführt und zu einem guten Ende gebracht und sodann pünktlich in Bücher bei dem Paduaner Verlag umgesetzt hat.

Die Fortsetzung dieser fruchtbaren kulturellen und organisatorischen Tätigkeit ist unbedingt zu wünschen, denn sie hat nicht nur zur Aufmerksamkeit der Gelehrten für die Vorgänge der Kodifikation im materiellstrafrechtlichen und strafprozessualen Bereich geführt, die nicht immer angemessen berücksichtigt und mitunter älteren oder oberflächlichen Rekonstruktionen überlassen wird, sondern hat auch gezeigt, wie außerordentlich nützlich auf wissenschaftlicher Ebene und vorzüglich produktiv auf Forschungsebene die direkte und tatkräftige Zusammenarbeit zwischen positivrechtlichen Juristen und Rechtshistorikern in einem Rahmen sein kann, der die vergleichende Dimension nicht ausschließt, vielmehr ausdrücklich einschließt.

San Salvatore Monferrato, Juli 2001

Inhalt

„Für alle Zukunft sei die Folter abgeschafft"
Anmerkungen zu den strafprozessualen Bestimmungen im
Munizipal-Gesetzbuch von Malta aus dem Jahre 1784 1

Auf der Suche nach einem „neuen Kriminalverfahren"
Der Veroneser *Piano* von 1797 25

Modernes Strafverfahren durch ein Provinzgesetzbuch
Die Regelung des Verfahrens im Strafgesetzbuch des Fürstentums
Lucca von 1807 45

Frediano Vidau und die Entdeckung des „Codice Romagnosi" Bemerkungen
 zum Prozeßrecht im Strafgesetzbuch für das Fürstentum Piombino (1808) 75

Das Strafverfahren in den neapolitanischen Gesetzen von 1808
Erste Anmerkungen 97

Die aussichtslose Versöhnung. Strafprozeß, Absolutismus und
Rechtsstaatlichkeit im habsburgischen Gesetzbuch von 1803 123

Das heimliche Vorbild. Inquisitorische Tradition und napoleonische Anleihen
im Organischen Strafverfahrensgesetz vom 5. November 1831 149

Nachweise 165

„Für alle Zukunft sei die Folter abgeschafft"
Anmerkungen zu den strafprozessualen Bestimmungen im Munizipal-Gesetzbuch von Malta aus dem Jahre 1784

1. Das Munizipal-Gesetzbuch von Malta

Im Sommer 1784 tritt in Malta und auf den übrigen Inseln des maltesischen Archipels ein umfangreicher Gesetzestext mit dem Titel *Nuova Compilazione del Diritto Municipale di Malta* (Neue Zusammenstellung des Munizipalrechts von Malta) in Kraft, der aber von Rechtslehre und Geschichtsschreibung kurz und knapp mit der einfacheren und zugleich ausdrucksvolleren Bezeichnung *Codice Municipale di Malta* (Munizipal-Gesetzbuch von Malta) belegt wird[1]. Es handelt sich um eine Rechtsquelle, die außerhalb des begrenzten Kreises von Gelehrten, welche sich mit der Geschichte der Mittelmeerinsel und des Souveränen Militärordens von Malta befassen, sehr wenig bekannt ist[2], die es jedoch mit vollem Recht verdiente, in die Reihe der großen Gesetzgebungswerke des 18. Jahrhunderts eingereiht zu werden, welche auf die während der Aufklärungszeitalters erhobenen Reform- und Modernisierungsforderungen in Staat und Recht eine erste Antwort geben und damit in Italien und in Kontinentaleuropa das Ende der Rechtsordnung des *Ancien Régime* und das Aufkommen der auf dem Kodifikationssystem beruhenden Rechtsordnungen ankündigen[3].

Das Munizipal-Gesetzbuch von Malta, dessen Entwurf seit Dezember 1782 vorlag, wurde vom Großmeister Emmanuel de Rohan-Polduc und vom Ehrwürdigen Rat des

---

1 *Del Dritto Municipale di Malta. Nuova Compilazione con diverse altre Costituzioni.* Malta. (Nella Stamperia del Palazzo di S.A.E. per Fra Gio. Mallia Suo Stamp.) MDCCLXXXIV, con licenza de' superiori, X, [7], 436 S.

2 Vgl. unter den jüngsten Beiträgen *Guglielmo De' Giovanni*, Il diritto pubblico del Principato di Malta alla fine del Settecento. Lineamenti. Rom 1983, insb. S. 7–18 und 26–30.

3 Wir beschränken uns zunächst auf die zeitliche Dimension und bemerken insoweit, daß das maltesische Munizipal-Gesetzbuch, was Italien angeht, nahezu zeitgleich mit der dritten und letzten Ausgabe der Piemontesischen Costitutionen (1770), mit dem Estensischen Gesetzbuch (1771), mit der hochberühmten Leopoldina (1786), mit dem Venezianischen Seehandelsgesetzbuch *(Codice per la Veneta Mercantile Marina)* (1786) und mit zwei bedeutenden Gesetzen im Staate Mailand, der Zivilprozeßordnung *(Regolamento del Processo Civile)* (1785) und der vorläufigen Ordnung für den Criminalprozeß *(Norma Interinale del Processo Criminale)* (1786) ergeht. In Europa treten in jenen Jahren in Kraft die Gesetzbücher und Gesetze Josephs II. für das Kaisertum Österreich (die Civilprozeßordnung von 1781, die Josephina von 1786, das Strafgesetzbuch von 1787, die Strafprozeßordnung von 1788) sowie kurz darauf in Preußen das *Allgemeine Landrecht* von 1794.

Ordens vom Heiligen Grab von Jerusalem am 12. Juli 1784 verkündet[4]. Das neue Gesetzbuch sollte von nun an für einen langen Zeitraum die Hauptquelle und Grundlage des Malteser Rechts sein. De facto überdauert die Geltung des Gesetzbuches noch den von den französischen Eroberern erzwungenen Souveränitätsverzicht des Großmeisters Ferdinand von Hompesch am 12. Juni 1798 und setzt sich bis zum Ende der englischen Besatzungszeit fort, obwohl im Laufe der Zeit infolge der politischen Abhängigkeit von der britischen Krone sich die Tendenzen zur Übernahme von Elementen des Richterrechtssystems des *common law* in die maltesische Rechtsordnung immer stärker bemerkbar machen[5].

Die Ausarbeitung des hier untersuchten Gesetzes stellt ein wesentliches Element der Modernisierung der politisch-administrativen, gerichtlichen und gesetzlichen Strukturen des Malteser Staates dar, die von den 70er bis zu den 90er Jahren des 18. Jahrhunderts vom Großmeister Emanuel de Rohan-Polduc, dem siebzigsten Ordensoberhaupt und sechsundzwanzigsten und vorletzten Fürsten von Malta, mit Energie und Ausdauer betrieben wird[6]. Es handelt sich um ein einschneidendes Reorganisationswerk, das sich, wie gerade erwähnt, mühelos in die Reformtendenzen jener Zeit einreihen läßt, die in mehr oder minder großem Ausmaß in allen modernen und fortgeschrittenen Nationen zu finden sind. Und wie im übrigen Kontinent,

---

4   Am 23. Dezember 1782 wird mit einem Handschreiben des Großmeisters de Rohan-Polduc dem Verehrlichen Rat des Ordens der Entwurf des Munizipalgesetzbuches zur Beurteilung und Genehmigung vorgelegt; es sei von „einem unserer Auditoren" erstellt und bereits von „drei anderen Rechtsexperten, die in dieser Materie bewandert sind, geprüft worden". Am selben Tag ernennt der Rat eine Revisionskommission aus drei Ordensmitgliedern, nämlich Heinrich von Truchseß, Nicolas-Victor Vechon de Belmont und Silvio Vincentini, zu denen in der Folgezeit (am 13. April 1783) noch Emanuel Pereyra hinzukommt. Der Abschlußbericht der Kommission wird vom Großmeister und vom Rat am 12. Juli 1784 geprüft und genehmigt. Die geschilderten Vorgänge sind in den sieben nicht paginierten Druckseiten wiedergegeben und gehen dem Text der neuen Zusammenstellung des Muniziplalrechts von Malta in der erwähnten Ausgabe von 1784 unmittelbar voran. Die Hauptdaten einer unveröffentlichten einschlägigen, in den *Archives of the Order of St. John of Jerusalem* aufbewahrten Dokumentation (R. Library of Malta), werden mitgeteilt b. *De' Giovanni*, Il diritto pubblico del Principato di Malta, a.a.O., S. 127, Fußn. 33.

5   Im Bereich des Strafrechts und Strafprozeßrechts wird im Malta bspw. erst 1854 ein neues Gesetzbuch verkündet, das vor allem im Prozeßrecht nicht ohne beträchtliche Zugeständnisse an die Grundsätze und Rechtsinstitute des *common law* ist; vgl. dazu *Sergio Vinciguerra / Alberto Cadoppi*, Alla confluenza fra la tradizione italiana e la Common Law: l'esperienza ancora attuale del Codice Penale di Malta (1854), in: Alberto Cadoppi, Materiali per un'introduzione allo studio del diritto penale comparato. Padua 2001, S. 365–372.

6   Für weitere Informationen über Emmanuel de Rohan-Polduc (Großmeister von 1775 bis 1797) sowie allgemeiner über das Schicksal des Malteserordens und Maltas in der hier betrachteten Zeit verweisen wir auf die Literaturhinweise b. *Claudio Schwarzenberg*, Gli ordini cavallereschi nella storia del diritto delle persone in Italia, in: Il diritto di famiglia e delle persone. Bd. VIII (1979), S. 1532–1559, insb. S. 1535–1545, sowie in: L'ordine di Malta ieri e oggi, Rom o.J. [1982], insbes. S. 35–38.

so scheinen auch auf Malta die Regierenden nicht ganz unempfänglich für die Forderungen der rationalistischen und naturrechtlichen Lehren zu sein, welche, nachdem der mitteleuropäische aufgeklärte Absolutismus sie zu seiner eigenen Sache gemacht hat, ihren Einfluß auch auf den geographisch am Rande liegenden, kulturell freilich nicht isolierten mediterranen Archipel nicht verfehlen. In diesem Zusammenhang erweist sich vor allem die Autorität der neapolitanischen Philosophie- und Rechtstradition als besonders stark, ebenfalls vorhanden sind aber – auch innerhalb des Jerusalemer Ordens selbst – Öffnungen zu einigen vom politischen Denken französischer Prägung formulierten Erneuerungsideen[7].

Die bedeutendsten Stationen des Reformprozesses auf Malta bilden die Ausarbeitung des neuen *Codice del Sacro Militare Ordine Gerosolamitano* (Gesetzbuch des Heiligen Ritterordens von Jerusalem) zwischen 1776 und 1782[8], die Neuordnung der Gerichtsverfassung von 1777[9] sowie die im selben Jahre erfolgende Reorganisation des Militärs des Fürstentums. Diesen Beiträgen schließt sich – *last not least* – das Munizipal-Gesetzbuch von 1784 an, das eine gänzlich obsolet gewordene, 1723 unter der Regierung des Großmeisters Antonio Manoel de Vilhena aufgestellte Kompilation ersetzt[10].

2. Struktur und Rechtsnatur des Munizipal-Gesetzbuches

Das Malteser Munizipal-Gesetzbuch ist nicht mehr in lateinischer Sprache, der traditionellen sprachlichen Ausdrucksform der Juristen des *Ancien Régime*, abgefaßt, sondern in Italienisch, der amtlichen Sprache des Fürstentums. Es ist in sieben Bücher gegliedert, von denen jedes seinerseits in Kapitel und Paragraphen untergliedert ist. Das erste Buch behandelt die Zivil- und Strafgerichtsverfassung[11], das zweite den Strafprozeß und den Zivilprozeß[12], das dritte das Familienrecht, einige Ver-

---

7 Zum Einfluß des rationalistischen und naturrechtlichen Aufklärungsdenkens in Malta am Ende des 18. Jahrhunderts und auf den Orden von Jerusalem verweisen wir auf die Betrachtungen und Hinweise b. *De' Giovanni*, Il diritto pubblico del Principato di Malta, a.a.O., S. 8–12.

8 Codice del Sacro Militare Ordine Gerosolimitano riordinato per comandamento del Sacro Generale Capitolo celebrato nell'anno 1776 sotto gli auspici di Sua Altezza Eminentissima il Gran Maestro Fra Emanuele de Rohan. Malta 1782, XXIV, 505 S. Das Jerusalemiter Gesetzbuch von 1776–1782 ordnet Struktur und Funktionen des Ordens neu und bildet daneben das Grundgesetz des öffentlichen Rechts des Fürstentums; vgl. dazu *De' Giovanni*, Il diritto pubblico del Principato di Malta, a.a.O., S. 41–121.

9 Vgl. *De' Giovanni*, Il diritto pubblico del Principato di Malta, a.a.O., S. 56–73.

10 Vgl. *De' Giovanni*, Il diritto pubblico del Principato di Malta, a.a.O., S. 28.

11 Erstes Buch, Von den zuständigen Gerichten, den Magistraten und anderen Beamten sowie von den öffentlichen Behörden (577 Paragraphen in 43 Kapiteln).

12 Zweites Buch, Von den Verfahren (222 Paragraphen in 5 Kapiteln).

tragstypen, Schenkungen, Hypotheken und Dienstbarkeiten[13], das vierte die Rechtsnachfolge[14], das fünfte das materielle Strafrecht[15], das sechste das Handels- und Seerecht[16]. Das siebente und letzte Buch versammelt eine Vielzahl Materien, die systematisch schwierig einzuordnen sind. Sie reichen vom Gesundheitsrecht bis zu den Zöllen, vom Notariat bis zur Regelung der Rechtsverhältnisse der Juden und Mohammedaner, von der Militärgesetzgebung bis zur Regelung der kirchlichen Immunitäten usw.[17]

Die Prüfung der Struktur und die Betrachtung der Inhalte verführen dazu, den Text des Gesetzbuches ohne weiteres der rechtshistorischen Kategorie der „Konsolidationen" zuzuordnen, die vor einigen Jahrzehnten von Mario E. Viora erfolgreich eingeführt worden ist[18], sogleich eine große Verbreitung unter den Gelehrten gefunden hat und immer noch – wenn auch mit den gebotenen Vorbehalten und Kautelen[19] – weithin angewendet wird und anwendbar ist. Tatsächlich muß der Terminus Gesetzbuch *(codice)*, mit dem gewöhnlich die *Neue Zusammenstellung des Munizipalrechts von Malta* bezeichnet wird[20], hier in seiner ursprünglichen und allgemeineren Bedeutung als „Gesetzessammlung" verstanden werden. Er darf also nicht mit jenen besonderen technischen Konnotationen versehen werden, welche für die Kodifikationen unseres Zeitalters kennzeichnend sind. Von den letzteren unterscheidet sich der Text von 1784 ebenso in formeller und in materieller Hinsicht wie auch im Hinblick auf die Funktion, die er im Panorama der Rechtsquellen ausübt. Er enthält

---

13 Drittes Buch, Von verschiedenen Verträgen, Obligationen und Hypotheken (309 Paragraphen in 11 Kapiteln).

14 Viertes Buch, Von letztwilligen Verfügungen und Rechtsnachfolgen (95 Paragraphen in 3 Kapiteln).

15 Fünftes Buch, Von verschiedenen Verbrechen, Verboten und Strafen (164 Paragraphen in 9 Kapiteln).

16 Sechstes Buch, Von den Verhältnissen des Seehandels und der Ausrüstungen zur See mit verschiedenen Vorschriften (382 Paragraphen in 16 Kapiteln).

17 Siebtes Buch, Verschiedenes. Es handelt sich um ein aus zahlreichen Komplexen zusammengesetztes Buch, das teilweise in Titel und Paragraphen unterteilt ist, teilweise aus einer Sammlung von einzelnen speziellen Vorschriften besteht, zu denen auch einige eingeschobene päpstliche *brevia* gehören.

18 Vgl. *Mario E. Viora*, Consolidazioni e codificazioni. Contributo alla storia della codificazione, 3. Auflage. Turin 1967 (1. Auflage bereits 1932).

19 S. dazu die Debatte zwischen *Ugo Petronio*, Una categoria storiografica da rivedere, in: Quaderni Fiorentini XIII (1984), 705–716, und *Giorgio Zordan*, Il codice per la Veneta Mercantile Marina II., Padua 1987, S. 310–341.

20 Wir bemerken hierzu, daß neben der Bezeichnung „Munizipal-Gesetzbuch" die Geschichtsschreibung gelegentlich zur Bezeichnung der Neuen Kompilation von 1784 auch die Bezeichnung „Codice Rohan" verwendet und damit eine gewisse Verwechslungsgefahr mit dem anderen „Codice di Rohan", dem bereits erwähnten *Codice del Sacro Militare Ordine Gerosolimitano* von 1776 / 1782 stiftet.

nämlich nicht nur eine Sammlung und organische und rationale Neuanordnung – eben: eine Konsolidation – eines Rechtes, das in mehr oder weniger großem Ausmaß bereits vorher bestanden hat und dem nur bei dieser oder jener Gelegenheit einige Modifikationen oder Neuerungen angefügt werden; vielmehr setzt er – und dies ist der entscheidende Punkt – die Existenz des traditionellen Ordnungsmodells der Quellen, d.h. des Modells des gemeinen Rechts, voraus. Dieses Modell, das im wesentlichen richterlicher Natur ist und in hohem Maße von der forensischen Praxis und vom rechtswissenschaftlichen Schrifttum beeinflußt ist, geht – abgesehen von Lokalrechten mit im engeren Sinne gewohnheitsrechtlichem oder Statuten-Charakter – vom Bestehen und der gleichzeitigen Geltung von mindestens zwei prinzipalen Rechtsquellen aus: dem staatlich-souveränen Recht (das in diesem Falle aus den Verordnungen *(prammatiche),* den Konstitutionen sowie weiteren, vom Orden erlassenen Gesetzen, die im Munizipal-Gesetzbuch verfestigt werden, besteht) und dem gemeinen römisch-kanonischen Recht, das subsidiär als Bezugsraster des ganzen Systems fungiert.

So also ist der äußere Rahmen der – noch ganz dem *Ancien Régime* verpflichteten – rechtlichen Mechanismen gestaltet, in die sich das Munizipal-Gesetzbuch von Malta zur Zeit seiner Verkündung einfügt[21]. Im Verlauf unserer Darstellung werden wir bei mehreren Anlässen Gelegenheit finden, die Richtigkeit der gerade formulierten Einschätzungen zu überprüfen. Sogleich muß allerdings betont werden, daß die Gesetzgebung von 1784 in anderer Hinsicht beachtliche Vorzüge aufweist, nämlich in Hinsicht auf den Stil der gesetzlichen Bestimmungen. Fällt doch in dem hier betrachteten Text sogleich das – in vielen Fällen recht erfolgreiche – Bemühen um einfache und knappe Artikulation auf, die so weit wie möglich den klassischen rationalistischen und naturrechtlichen Forderungen nach Klarheit und Verständlichkeit des Gesetzes entspricht. Er gibt nämlich lehrhaften und philosophischen Ausschweifungen und rechtfertigenden Abschweifungen, die noch am Ende des 18. Jahrhunderts mitunter die Formulierungen der europäischen Gesetzgeber belasten, nur wenig Raum und zeigt sich im übrigen auch nur wenig geneigt, jene paternalistischen Töne anzuschlagen, die für zahlreiche, auch hochgelobte, Gesetzeswerke jener Zeit charakteristisch sind.

3. Giovanni Donato Rogadeo

Die zuletzt genannten Züge des Werkes geben Veranlassung, uns kurz mit Giovanni Donato Rogadeo zu befassen, dem Hauptarchitekten des umfassenden und systema-

---

21 Zur Zugehörigkeit des Maltesischen Rechtssystems des 18. Jahrhunderts zu den Rechtsordnungen des gemeinen Rechts und insbesondere zur selbstverständlichen Bedeutung des kanonischen Elements im Malteser Recht vgl. *De' Giovanni*, Il diritto pubblico del Principato di Malta, a.a.O., S. 21–26.

tischen Werkes der von Großmeister Emmanuel de Rohan-Polduc gewünschten Staatsreform, von der das Munizipal-Gesetzbuch von 1784 – wie gesehen – ein integraler Teil und in gewisser Weise der Schlußstein ist.

Rogadeo wurde in Apulien als Kind einer adligen Familie geboren, erfuhr aber seine Bildung und Ausbildung in Neapel[22]. Er kann mit Recht jener angesehenen Generation von Juristen und Denkern zugerechnet werden, die im Verlauf des 18. Jahrhunderts die rechtspolitische und rechtsphilosophische Gedankenwelt Neapels auf fortschrittliche Positionen im Bereich des europäischen Reformdenkens ausrichtete[23]. Es ist jene große Generation, die sich unter der Protektion des Ministers Bernardo Tanucci etabliert, jene Generation, welche berühmte Namen wie Genovesi, Galiani, Palmieri, Briganti und Galanti zu den ihren zählt und die an der Schwelle der revolutionären Krisenzeit mit Francesco Mario Pagano und Gaetano Filangieri zwei unbestritten große Denker der Aufklärungsphilosophie des späten 18. Jahrhunderts hervorbringen wird.

Als würdiges Mitglied einer großen Schule ist Rogadeo ein Jurist, der alles andere als konservative Positionen besetzt und einen ausgeprägt kritischen Verstand erkennen läßt[24]. Als entschiedener Anhänger einer systematischen Revision der öffentlichen Einrichtungen auf der Grundlage historischer Reflexion und des Kampfes gegen die besonders rückständigen Seiten der gerichtlichen Tradition betont er die zentrale Bedeutung der Rolle des Staates und legt diese Position in zahlreichen Schriften, darunter solchen von beachtlichen Ausmaßen, nieder. Unter ihnen ist in erster Linie jene hervorzuheben, die vielleicht sein bedeutendstes Werk darstellt: die

---

22 Giovanni Donato Rogadeo – oder, wie mitunter auch geschrieben wird, Rogadei – wird am 27. Januar 1718 in Bitonto geboren und stirbt am 4. November 1784 in Neapel. Von den biobibliographischen Verzeichnissen – überwiegend älteren Datums –, in denen sich Hinweise auf Leben und Werk Rogadeos finden, erwähnen wir: *Francesco Antonio Soria*, Memorie storico-critiche degli storici Napolitani. Neapel (Stamp. Simoniana) 1781–1782, Bd. II., S. 527; *Lorenzo Giustiniani*, Memorie istoriche degli scrittori Legali del Regno di Napoli. Napoli (Stamp. Simoniana) 1787–1788, 3 Bde., III, S. 116; *Camillo Minieri Riccio*, Memorie storiche degli scrittori nati nel regno di Napoli. Neapel (Tip. dell'Aquila di V. Puzziello) 1844, S. 299; Biografie degli Italiani illustri nelle scienze, lettere ed arti del secolo XVIII, e de' contemporanei, compilate da letterati italiani [...] e pubblicate per cura del prof. *Emilio De Tipaldo*. Venedig (Alvisopoli poi Cecchini) 1834–1845. 10 Bde. Bd. IV, S. 393–394; *Carlo Antonio De Rosa Di Villarosa*, Notizie di alcuni cavalieri del Sacro Ordine Gerosolimitano illustri per lettere e per belle arti. Neapel (Stamp. del Fibreno) 1841, S. 284; *Carlo Villani*, Scrittori ed artisti pugliesi, antichi, moderni e contemporanei. Trani (Vecchi) 1904, S. 900; *Luigi Ferrari*, Onomasticon. Repertorio bibliografico degli scrittori italiani dal 1501 al 1850. Mailand (Hoepli) 1947, S. 583.

23 Hierzu begnügen wir uns mit dem Hinweis auf die mehr als dreißigjährige Arbeit der historiographischen Erforschung und Vertiefung von Raffaele Ajello und seiner Schule.

24 Hinweise auf „schroffe Stellungnahmen" Rogadeos gegenüber einem anderen prominenten neapolitanischen Autor des 18. Jahrhunderts, Francesco Rapolla, finden sich bei *Franco Cordero*, Criminalia. Nascita dei sistemi penali. 2. Auflage. Rom, Bari 1986, S. 492, Fußn. 24.

„Abhandlung über ein Vorhaben mit dem Titel: Das öffentliche und politische Recht des Königreichs Neapel im Hinblick auf die Souveränität, auf den Staatshaushalt und auf die bürgerlichen Verhältnisse" *(Saggio di un'opera intitolata Il diritto pubblico e politico del Regno di Napoli intorno alla sovranità, alla economia del governo e agli ordini civili)*, die – vielleicht aus Angst vor Eingriffen der Zensur – anonym und mit falschen Verlagsangaben 1767 veröffentlicht wird[25].

Rogadeo befaßt sich allerdings nicht nur mit historisch-kritischen Betrachtungen, und er beschränkt seine Tätigkeit auch keineswegs auf die abstrakte Ausarbeitung von Reformtheorien; vielmehr tritt er uns als ein Mensch entgegen, der über einen beachtlichen Zeitraum seines Lebens hinweg mit beruflicher Tätigkeit beschäftigt ist[26]. Auf diese Weise wird er ein vorzüglicher Kenner der komplizierten Mechanismen, die für die Justizverwaltung des Königreichs Neapel kennzeichnend sind und erweist sich als aufmerksamer Beobachter der schwerwiegenden Probleme, welche die gerichtliche Praxis des späten gemeinen Rechts belasten. Außerdem ist bemerkenswert, daß er die Fähigkeiten und Kenntnisse, die er durch seine Tätigkeit

---

25 *[Giovanni Donato Rogadeo]*, Saggio di un'opera intitolata Il diritto pubblico e politico del Regno di Napoli intorno alla sovranità, alla economia del governo e agli ordini civili, diviso in tre parti. Cosmopoli [recte: Lucca] 1767. VIII, 207 S. Der Band gibt als Erscheinungsort den Phantasieort Cosmopoli an – eine recht verbreitete *escamotage* in der zeitgenössischen Literatur – in Wirklichkeit ist das Werk in Lucca in Druck gegeben worden, d.h. in der besonders toleranten Toscana Peter Leopolds, u.zw. in der Druckerei von Vaccolini. Der Name des Autors und typographische Hinweise finden sich b. *Gaetano Melzi*, Dizionario di opere anonime e pseudonime di scrittori italiani. Mailand 1848–1887, 4 Bde., Bd. III, S. 12, sowie bei *Marino Parenti*, Dizionario dei luoghi di stampa inventati, falsi o supposti in opere di autori e traduttori italiani. Florenz 1951, S. 66. Die im *Saggio* behandelten Themen werden vom Verfasser in einem späteren wichtigen Werk wieder aufgegriffen: *Giovanni Donato Rogadeo*, Del dritto pubblico e politico del Regno di Napoli intorno alla sovranità, alla economia del governo ed agli ordini civili. Libro primo. Neapel (b. Vincenzo Orsini) 1769, LIII, 428 S. Eine bloße verlegerische Neudruck-Aktion der zuvor genannten Texte ist hingegen der folgende Band, der freilich in den Bibliotheken sehr viel leichter erhältlich ist: *Giovanni Donato Rogadeo*, Dell'antico stato de' popoli dell'Italia Cistiberina che ora formano il Regno di Napoli. Neapel (b. Giuseppe Maria Porcelli) 1780, LIII, 428 S.

26 Aus Rogadeos beruflicher Tätigkeit sind einige gedruckte Werke mit Verteidigungsreden und Anmerkungen erschienen; von ihnen sind zu erwähnen: *Giovanni Donato Rogadeo*, Memoria per li nuovi capi dedotti dalla piazza de' Nobili di Bitonto. o.O., o.J. [Neapel 1751], 4 S.; *Ders.*, Per la illustre piazza di S. Anna della città di Bitonto, o.O., o.J. [Neapel 1751], 154 S.; *Ders.*, Per lo baliaggio di S. Stefano in risposta alla scrittura per l'Università di Fasano. Da decidersi dalla Regia Camera. o.O., o.J. [Napoli 1758], LXXIII S.; *Ders.*, Per lo baliaggio di San Stefano contro della Università di Fasano: ultima nota, o.O., o.J. [Neapel 1760], XXX S.; *Ders.*, Per l'illustre signor Vincenzo principe di Casapesenna e Luigi Fratelli di Boniti contro della illustre piazza di Nido. o.O., o.J. [Neapel 1777], 122 S.

in den Gerichtssälen erworben hat, in den Dienst des Jerusalemiter Ordens stellt[27], dessen Mitglied er auch wird.

Ende der 70er Jahre vom Großmeister de Rohan-Polduc mit einem beachtlichen Salär nach Malta berufen und zum Staatssekretär der Justiz ernannt, erhält Rogadeo am Ende eines nicht immer bequemen Lebens die Gelegenheit, im Bereich der Praxis die Tauglichkeit der in langen Jahren des Nachdenkens erarbeiteten Gedanken zu überprüfen und andererseits die Erfahrungen, die er in dreißigjähriger Berufstätigkeit gesammelt hat, fruchtbar zu machen. Der Jurist aus Apulien hält sich 32 Monate auf Malta auf; in dieser Zeit kümmert er sich um die Realisierung der ersten Phase des ausformulierten Reformplans, der ihm von Emmanuel de Rohan-Polduc übertragen worden ist; hier sieht er sich vor die Aufgabe gestellt, gegen die Widerstände eines beachtlichen Teils des örtlichen Gerichtspersonals anzukämpfen; hier leitet er den Entwurf des Munizipal-Gesetzbuches in die Wege[28]. Am Ende einer arbeitsintensiven Periode auf Malta zieht Rogadeo sich nach Neapel zurück, wo er am 4. November 1784 stirbt, wenige Monate nach dem Inkrafttreten des Textes, der die große Reform vervollständigt und besiegelt.

4. Rogadeos fünf „Gedanken"

Will man die Modernisierung des Rechts, die auf Malta während der Spätzeit des Ancien Régimes ins Werk gesetzt wird, zutreffend historisch und – um einen vielleicht abgegriffenen Terminus zu benutzen – ideologisch einordnen, so gehört im Bereich des Munizipal-Gesetzbuchs der Abschnitt, der dem Strafprozeß gewidmet ist, zweifellos zu den bedeutsamsten. Und eben diesem Abschnitt ist der vorliegende Beitrag in erster Linie gewidmet. Bevor wir uns jedoch der direkten Prüfung der strafprozessualen Bestimmungen des Malteser Gesetzbuchs von 1794 direkt zuwenden, erscheint es geboten, sich noch kurz mit Rogadeo, oder besser: mit einer zugleich wissenschaftlichen und kämpferischen Schrift zu befassen, die der Jurist aus Apulien 1789 veröffentlicht und die eine Art von Programmschrift oder, wenn man

---

27 Dieser Dienst wird bezeugt durch einige gedruckte Denkschriften und Veröffentlichungen, von denen wir folgende erwähnen: *Giovanni Donato Rogadeo*, Per l'insigne Ordine Gerosolimitano in difesa della sua esenzione. o.O., o.J. [Neapel nach 1774]; *Ders.*, Memoria in giustificazione delle cose dedotte nella rimostranza de' procuratori dell'Ordine Gerosolimitano. o.O., o.J. [Neapel 1775]; *Ders.*, Copie de' Reali Diplomi in pro dell'Ordine Gerosolimitano sul punto di essere esente dal divieto dell'amortizazioni dei beni, con alcune annotazioni. o.O., o.J. [Neapel 1776]. Wir erwähnen ferner, daß ein wichtiges dogmenhistorisches Werk Rogadeos über den Orden posthum veröffentlicht worden ist: Del ricevimento de' cavalieri e degli altri fratelli dell'insigne Ordine Gerosolimitano della veneranda lingua d'Italia. Ein Werk des Cavaliere Giandonato Rogadeo. Neapel (b.Vincenzo Orsino) 1785, XXII, 404 S.

28 Zu Aufenthalt und Tätigkeit Rogadeos in Malta vgl. *De' Giovanni*, Il diritto pubblico del Principato di Malta, a.a.O., S. 9–18 und 26–30.

so will, Verteidigungsschrift für das institutionelle und legislative Reformwerk bildet, das zu jener Zeit in Malta gerade in Gang gesetzt worden ist.

Gemeint sind die fünf „Gedanken zur Gerichtsordnung und zur Strafe" *(Ragionamenti sul regolamento della giustizia e sulle pene)*, die Rogadeo, zusammengefaßt in einem Band von mehr als vierhundert Seiten, 1780 an Großmeister de Rohan-Polduc adressiert[29]. Es handelt sich um einen Text mit doppelter Zielsetzung. Einerseits bildet er die kämpferische Antwort auf einige schwerwiegende Kritiken, die gegen die Tätigkeit Rogadeos selbst vor allem seitens einiger Vertreter des Malteser Klerus und der örtlichen Richterschaft aus Sorge vor möglichen Rückwirkungen des Modernisierungswerkes auf die etablierten Gewohnheiten und Privilegien erhoben worden sind; andererseits hat der Verfasser die *Gedanken* als Mittel zur Festlegung einer Reihe von Fixpunkten des beginnenden legislativen Reformwerkes mit besonderer Berücksichtigung gerade der Strafjustiz konzipiert.

Nicht frei von recht heftigen Tönen, bilden die *Gedanken*, wie es zutreffend ausgedrückt worden ist, „einen unmittelbaren Angriff [...] auf die traditionelle Rechtsprechung, auf eine prozessuale Praxis, die den Richter als den obersten Regelsetzer auffaßte"[30]. Die fünf von Rogadeo entwickelten Grundgedanken betreffen a) den dauerhaften Krisenzustand, in dem sich die Justiz von Malta befindet; b) die Unzulänglichkeit der Gründe, die von den Gegnern der Reform vorgetragen werden; c) die Notwendigkeit eines nationalen Malteser Gesetzbuches; d) die Beseitigung der unterschiedslosen Anwendung der Folter; e) die Begrenzung der Anwendung der Todesstrafe auf besonders schwere Fälle. Wie man sofort sehen kann, haben wir es hier mit fünf Themen zu tun, die ebenso viele Knotenpunkte der rechtspolitischen Auseinandersetzung des 18. Jahrhunderts bilden und von Rogadeo mit einem Engagement benannt und behandelt werden, das entschieden aufklärerische Prägung aufweist.

Die allgemeinen Zielsetzungen der Rationalität und der Sicherheit in Recht und Justiz müssen nach Ansicht des Puglieser Juristen einerseits mit Hilfe einer kompakten und staatlich ausgeübten Gesetzgebung, andererseits durch notwendige Begrenzung der Ermessensbefugnisse des Richters verfolgt werden. In dem zuletzt genannten Punkt ist Rogadeo besonders hart; speziell auf den Malteser Gerichtsgebrauch bezogen, zugleich aber Forderungen und Überzeugungen anwendend, die in ganz Europa verbreitet sind, greift er mit Nachdruck jene Richter an, die

---

29 *Giovanni Donato Rogadeo*, Ragionamenti del cavaliere Giandonato Rogadeo sul regolamento della giustizia e sulle pene, drizzati a S.A.E. Fra Emanuele de Rohan, Gran Maestro dell'Ordine Gerosolimitano, del S. Sepolcro e di S. Antonio di Vienna, Principe di Malta e del Gozo. Lucca 1780.

30 *De' Giovanni*, Il diritto pubblico del Principato di Malta, a.a.O., S. 17.

„stets geneigt gewesen sind, das Vorbringen der weniger Mächtigen zu unterdrücken und ihre Forderung zu einem Handel mit Gerechtigkeit zu machen [...] mit Hilfe jener Windmühlen, die sie anzuwerfen pflegen, um sich die Möglichkeit zu erhalten, ein grausames Gemetzel am Recht anderer zu veranstalten."[31]

Was nun im besonderen die Strafjustiz angeht, so verbreiten die *Gedanken* sich ausführlich über zwei Punkte, die mehr als andere Gegenstände der Kritik und des harten Widerstandes seitens der konservativen Malteser Kräfte sind, nämlich die geplanten Änderungen bei der Todesstrafe und der gerichtlichen Folter. Rogadeo weist mit Nachdruck die Kritiken von Traditionalisten zurück und stellt sich, wenn auch übertrieben radikale Schlüsse vermeidend, in der Sache auf den Boden abolitionistischer Positionen. Insbesondere faßt er eine drastische Verminderung der mit der Todesstrafe zu belegenden Straftaten sowie eine schrittweise Abschaffung der gerichtlichen Folter ins Auge; erreichen will er dies durch die Schaffung eines gemäßigten Systems von Begrenzungen und Kontrollen, das die Anwendung des Instituts auf Fälle begrenzt, in denen es im strengsten Sinne unerläßlich ist.

5. Die formelle Seite der maltesischen strafprozessualen Regelung und das Problem der Vollständigkeit.

Nach dieser Betrachtung der gedanklichen Voraussetzungen der Strafjustiz und der gerichtlichen Folter in Rogadeos *Gedanken* interessiert nun als nächstes, welches die endgültigen Entscheidungen sind, die der maltesische Gesetzgeber in diesem Bereich getroffen hat. Hierzu wollen wir vor allem den äußeren Rahmen des Prozeßrechts in der Kompilation von 1784 der Betrachtung unterziehen.

Die Materie ist, wie bereits erwähnt, eingestellt in das Zweite Buch des Munizipal-Gesetzbuchs, genauer: ins Erste Kapitel, das den Titel *Vom gerichtlichen Verfahren in Kriminalsachen und gemischten Sachen* trägt, sowie ins Zweite Kapitel, das betitelt ist: *Von den Appellations- und Reklamations- und anderen Rechtsmitteln in Kriminalsachen und gemischten Sachen*. Das Erste Kapitel umfaßt 44 Paragraphen, während das Zweite Kapitel 14 Paragraphen zählt.

Es handelt sich um eine in formeller Hinsicht recht dichte Regelung, die auf den ersten Blick durch ihren geringen Umfang und ihre einzigartige Kürze besticht. Im einzelnen verdanken sich diese Eigenschaften der Straffheit der gesetzlichen Vorschriften: Die einzelnen Paragraphen umfassen wenige Zeilen Text, mitunter zeichnen sie sich durch einen Lakonismus aus, der später vom Gesetzgeber des revolutio-

---

31 Dieser Passus ist zitiert b. *De' Giovanni*, Il diritto pubblico del Principato di Malta, a.a.O., S. 16–17.

nären Frankreich gepflegt werden wird³². Die Untersuchung dieser Paragraphen eröffnet uns somit die Möglichkeit, die Richtigkeit einiger Ansichten zu überprüfen, welche früher über die formellen Qualitäten der Kodifikation von 1784, insbesondere über die redaktionelle Seite einzelner ihrer Normen, abgegeben worden sind, die häufig in technischer Hinsicht herausragend seien und wohl dem Versuch geschuldet seien, die aufklärerischen Forderungen der Klarheit und Einfachheit des Gesetzes umzusetzen.

Die Straffheit der Vorschriften reicht indessen nicht hin, den geringen Umfang der hier betrachteten Regelung zu erklären. Tatsächlich verbirgt der formelle Aspekt der relativen Kürze eine zweite Eigenschaft, die diesmal materieller Art ist. Wir begegnen nämlich einer Regelung, welche aus der Sicht eines modernen Beobachters, der an das gesetzgeberische Instrument der Kodifikation gewöhnt ist, insofern entschieden unvollkommen erscheint, als sie nicht alle Elemente, Institute und Eigenschaften des Verfahrens erschöpfend beschreibt. Der Verfahrensgang ist, genauer gesagt, nicht streng und umfassend in seinen verschiedenen Durchführungen deutlich dargestellt. Vielmehr beschränkt sich das maltesische Gesetzbuch darauf, in einzelne spezielle Aspekte dieses Verfahrensganges einzugreifen, im übrigen aber als ausgemacht vorauszusetzen, daß derjenige, der den Text benutzt – also in erster Linie Advokat und Richter – schon wissen wird, welches der allgemeine Verlauf und die gewöhnliche Struktur des Strafverfahrens ist.

Eine solche Vorgehensweise des maltesischen Gesetzgebers des späten 18. Jahrhunderts kann freilich nicht erstaunen. Es ist zu einem guten Teil dieselbe Art des Vorgehens, die auch von anderen berühmten und gerühmten Gesetzgebern einer Epoche befolgt wird, welche das reformerische Gedankengut bereits auf normativer Ebene wirksam sieht, jedoch noch nicht vollständig das technische Instrumentarium entwickelt hat, wie es die modernen Kodifikationen aufweisen. Exemplarisch in dieser Hinsicht ist der Fall eines noch viel berühmteren, fast gleichzeitig mit dem Munizipal-Gesetz erlassenen Gesetzestextes, nämlich die Reform der toskanischen Kriminalgesetzgebung aus dem Jahre 1786, besser bekannt unter dem Namen *Leopoldina*. Übereinstimmend als eines der Denkmäler der Strafrechtsreform des 18. Jahrhunderts angesehen, ist die Leopoldina doch durch eine redundante und barocke Gesetzessprache sowie dadurch gekennzeichnet, daß sie – wenn auch sehr durchgreifend – in einzelne Punkte einer zugrundeliegenden Justizstruktur eingreift, die in ihren allgemeinen Linien nicht verändert wird³³.

---

32 Wir zitieren als Beispiel für diesen Lakonismus § III des Ersten Kapitels („Wegen Diebstählen muß der Fiskus einschreiten, wenn die Bestohlenen sie anzeigen") und § VI des Zweiten Kapitels („Bei Körperstrafen ist die Revision zulässig und der Vollzug bleibt ausgesetzt").

33 Zur Leopoldina kann nunmehr auf eine große Sammlung von Studien, Forschungen und kritischen Ausgaben in 12 Bänden zurückgegriffen werden: La „Leopoldina". Criminalità e

6. Die Verfahrensstruktur

Hier aber müssen wir uns nun fragen: Was ist und worin besteht denn dieser prozessuale Rahmen, den das maltesische Munizipal-Gesetzbuch ganz ausdrücklich als gegeben voraussetzt, indem es in § VI des Ersten Kapitels vorschreibt, daß

> „Die Verfahrensvorschriften und Verfahrensregeln in Strafsachen [...] dieselben bleiben, die bisher praktiziert worden sind, soweit nicht in diesen neuen Vorschriften Ausnahmen bestimmt sind."

Die Antwort auf die so formulierte Frage lautet, daß zum großen Teil der vom maltesischen Gesetzgeber vorausgesetzte Rahmen derjenige des herkömmlichen Strafprozesses des Ancien Régime ist, also des Prozesses des späten gemeinen Rechts, das wegen seiner wesentlichen Eigenschaften und seiner historischen und kulturellen Prägungen allgemein als „römisch-kanonischer Inquisitionsprozeß" bezeichnet wird[34].

Kurz charakterisiert sieht dieses Prozeßmodell eine lange und sorgfältige Phase der Untersuchung vor, die in zwei Bestandteile aufgeteilt ist, einen vorbereitenden („Generalinquisition") und einen förmlichen („Spezialinquisition"). Diese Phase („Offensivprozeß") beruht auf der Verfahrenseinleitung *ex officio* durch den Richter – zumindest in Fällen von besonderer Bedeutung – und auf dem System des gesetzlichen Beweises, das die Suche nach gesetzlich bestimmten Beweismitteln beinhaltet, welche automatisch die Verurteilung des Angeklagten gestatten.

Gekennzeichnet durch die Merkmale der Heimlichkeit und Schriftlichkeit, konzentriert die Untersuchung sich auf die Gewinnung der „Königin" der gesetzlichen Beweismittel, des Geständnisses des Angeklagten, und erfährt gerade aus diesem Grunde in den Jahrhunderten des Spätmittelalters und der Renaissance die Entwicklung eines unzuverlässigen, aber zentralen Mittels in der Ökonomie dieser Verfahrensform, der gerichtlichen Folter. Unabhängig davon, ob das Geständnis erzielt worden ist oder nicht, endet das Verfahren mit der „Eröffnung des Verfahrens", d.h. damit, daß dem in Haft befindlichen und in der Regel jeglichen Kontaktes mit der Außenwelt beraubten Angeklagten zum ersten Mal die Möglichkeit eröffnet wird, die Prozeßakten einzusehen und innerhalb einer kurzen Zeit seine Verteidigungs-

---

giustizia criminale nelle riforme del '700 europeo, Ricerche coordinate da *Luigi Berlinguer*, Mailand 1988–1995.

34 Vgl. dazu unter den jüngsten Beiträgen *Paolo Marchetti*, Testis contra se. L'imputato come fonte di prova nel processo penale dell'età moderna. Mailand 1994; *Isabella Rosoni*, Quae singula non prosunt collecta iuvant. La teoria della prova indiziaria nell'età medievale e moderna. Mailand 1995; *Loredana Garlati Giugni*, Inseguendo la verità. Processo penale e giustizia nel Ristretto della prattica criminale per lo Stato di Milano. Mailand 1999. Vgl. ferner: *Ettore Dezza*, Accusa e inquisizione dal diritto comune ai codici moderni. Mailand 1989; *Ders.*, Tommaso Nani e la dottrina dell'indizio nell'Età dei Lumi. Mailand 1992.

maßnahmen zu organisieren („Defensionsprozeß"). Das römisch-kanonische Verfahren kennt keine eigentliche Verhandlungsphase und führt zu einem Urteil, das einzig und allein auf dem Inhalt der Verhörprotokolle und protokollierten Vorgänge beruht, welche die Verfahrensakte bilden.

Nach dieser kurzen Beschreibung – die, worauf noch einmal hingewiesen sei, dem im Munizipal-Gesetzbuch zugrunde gelegten Modell entspricht, in welches der maltesische Gesetzgeber punktuell einzugreifen beabsichtigt – muß noch ergänzt werden, daß im hier untersuchten Fall das römisch-kanonische Inquisitions-Verfahren in den besonderen Formen verstanden wird, die es in der neapolitanischen Rechtstradition angenommen hat. Dies zeigt sich in aller Deutlichkeit nicht nur darin, daß der erste Bearbeiter des hier untersuchten Normenwerkes, Giovanni Donato Rogadeo, in dieser Tradition ausgebildet worden ist, sondern auch und besonders in der Verwendung eines sprachlichen Instrumentariums, das für den forensischen Gebrauch neapolitanischer Gerichte charakteristisch ist. Wir nennen beispielhaft den Fall des Kontumazialverfahrens bei Straftaten von größerem Gewicht, das im Munizipal-Gesetzbuch als *giudizio di forgiudica* bezeichnet wird[35], was einer Terminologie entspricht, die dem *Liber Constitutionum* Friedrichs II. von 1231 entspricht und bei neapolitanischen Autoren, die am Übergang vom 18. zum 19. Jahrhundert schreiben, wie Pagano, Galanti und Niccolini, noch allgemein in Gebrauch ist[36]. Wir erwähnen ferner die Bezeichnung „Verfahren *per auditam*"; mit ihr belegt man die auf das unerläßliche Mindestmaß prozessualer Formalitäten reduzierten Urteile in Übertretungssachen und über Straftaten, die mit Geldstrafe bis zu 50 Scudi bestraft werden[37]. Schließlich erwähnen wir noch die typische Bezeichnung *impinguazione delle prove*, welche die Möglichkeit betrifft, im Verlauf des Verfahrens die gewonnenen Beweiselemente zu ergänzen[38].

---

35 Erstes Kapitel, § XXI, „Gegen Abwesende, Flüchtige und Säumige wird im *forgiudica*-Verfahren vorgegangen, wenn wegen des Verbrechens die Todesstrafe verhängt werden kann".

36 Vgl. *Ettore Dezza*, Il procedimento criminale nelle leggi napoletane del 1808. Prime note, in: Le leggi penali di Giuseppe Bonaparte per il Regno di Napoli (1808), hrsg. von Sergio Vinciguerra. Padua 1998, S. CCCXXXV–CCCLXIII, v.a. S. CCCLII–CCCLIV (Der Beitrag ist im vorliegenden Band wiederabgedruckt).

37 Erstes Kapitel, § V, „Bei Übertretungen, die einer Geldstrafe unterliegen, wird im Verfahren *per auditam* vorgegangen, wenn diese Strafe nicht die Summe von 50 Scudi übersteigt. Dasselbe gilt bei anderen Verbrechen, in denen diese Geldstrafe bis zu 50 Scudi verwirkt ist. Jedoch ist der Armenanwalt oder ein anderer hinzuzuziehen, den der Angeklagte zu seiner Verteidigung bestellt".

38 Erstes Kapitel, § XXV, „Den Richtern und den Räten des Obersten Gerichts ist auf Antrag des Fiskus oder der beteiligten Parteien die Vermehrung der Beweise gestattet, auch wenn sie zu den Akten im Widerspruch stehen; dies gilt sowohl für Belastungs- als auch für Entlastungsbeweise".

7. Die Eingriffe des maltesischen Gesetzgebers

In diesem prozessualen Rahmen des römisch-gemeinrechtlichen prozessualen Rahmens, der – wie gesagt – als gegeben vorausgesetzt wird, wird nun der maltesische Gesetzgeber mit Eingriffen tätig, die von ganz anderer Natur sind.

Zunächst ist die Einfügung von Normen in den Normenkodex festzustellen, in denen das Bestehende sowohl in allgemeinen Fragen als auch in speziellen Punkten ausdrücklich bestätigt wird. So wird beispielsweise vorgeschrieben, daß die Erstellung der Verfahrensakte „in der gewohnten Form" vorzunehmen sei[39], und es wird das überkommene Verbot wiederholt, „Klagen von Personen entgegenzunehmen, die nicht der ordentlichen Justiz unterworfen sind", wenn diese keine Garantie dafür bieten, daß sie keine „exempten Personen" und damit zur Zahlung etwaiger Gebühren, Schadensersatzleistungen und Zinsen nicht verpflichtet sind[40].

In anderen Fällen ist der Gesetzgeber darum besorgt, Streitfragen zu klären und Quellen von Zweifelsfragen zu verstopfen. Ein Beispiel hierfür ist der Fall der Einordnung des Diebstahls in prozessualer Hinsicht. Das Munizipal-Gesetzbuch übernimmt die herkömmliche, der römischrechtlichen Tradition entsprechende Unterscheidung zwischen „öffentlichen Straftaten" und „Privatstraftaten" und ordnet an, daß der Richter für die ersteren *ex officio* tätig wird, für die letzteren hingegen nur auf förmliche Initiative des Verletzten[41]. Und er präzisiert sodann, daß als öffentliche Straftaten anzusehen seien *crimina laesae majestatis*, „Morde", „Tötungsdelikte" sowie „alle anderen Straftaten, welche die öffentliche innere Sicherheit und Ruhe beeinträchtigen"[42]. Damit stellt sich das Problem, ob der Diebstahl der ersten oder der zweiten Kategorie zuzuordnen sei, und dieses Problem wird in der Weise gelöst,

---

39 Erstes Kapitel, § VIII, „Anklagen, Zeugenaussage und andere entsprechende Handlungen gegen die Angeklagten werden *in scriptis* aufgenommen; die Niederschrift bzw. der Vermerk erfolgt in der bisher üblichen Form".

40 Erstes Kapitel, § XV, „Was den Stil und die Übung *ab immemorabili* angeht, so werden bei den Gerichten des Fürstentums Klagen von Personen, die nicht der ordentlichen Jurisdiktion unterworfen sind, erst entgegengenommen, wenn sie hinreichende Sicherheit durch eine nicht exempte Person bieten, die für den Fall des Unterliegens für sämtliche Schäden, Kosten und Zinsen aufkommt, die der Angeklagte geltend machen könnte". Es verdient erwähnt zu werden, daß der Gesetzgeber in diesem Falle das Bedürfnis empfindet, sich auf die gewohnten Regelungen einer Norm zu stützen, die weitgehend und hauptsächlich auf Angehörige der kirchlichen Hierarchie zielen dürfte.

41 Erstes Kapitel, § I, „Bei öffentlichen Verbrechen wird das Verfahren *ex officio* betrieben, bei Privatverbrechen nur auf Antrag der verletzten Partei; tritt diese nicht auf oder stellt sie keine Anträge oder verzichtet sie auf jedes ihr zustehende Recht, so kann wegen Privatverbrechen kein Verfahren betrieben und ein bereits eröffnetes Verfahren gegen den Beschuldigten nicht fortgesetzt werden".

42 Erstes Kapitel, § II, „Unter öffentlichen Verbrechen, die *ex officio* betrieben werden können, werden diejenigen der Verletzten Majestät, des Mordes, des Totschlages sowie alle anderen verstanden, welche die innere öffentliche Sicherheit und Ruhe beeinträchtigen".

daß angeordnet wird, daß im Falle des Diebstahls „jedesmal, wenn die Bestohlenen auftreten, der Fiskus einschreiten soll", d.h. – verständlicher ausgedrückt – daß diese Straftat verfolgt werden soll, ohne daß es einer förmlichen Handlung des Verletzten bedarf, sondern es genügt, wenn seitens des letzteren die entsprechende *notitia criminis* eingegangen ist[43].

Zu einer dritten Kategorie gehören die Eingriffe, mit denen eigentliche Reformen im Stoff und in den Institutionen des Strafprozesses vorgenommen werden sollen. Naturgemäß sind es diese Fälle, die besonders genau betrachtet zu werden verdienen – auch deshalb, weil man in diesem Bereich Handlungslinien erkennen kann, welche die Sensibilität des maltesischen Gesetzgebers für einige Themen der juristischen Reformauseinandersetzungen des 18. Jahrhunderts bezeugen. Wir denken dabei insbesondere an die Bekräftigung von Grundsätzen über Verfahrensbeschleunigung, an die Hinweise, welche das Recht auf Verteidigung garantieren sollen sowie an die Normen, welche die Korrektheit des Verfahrensprotokolls sicherstellen sollen. Lauter Elemente also, die sich im Rahmen einer ohne weiteres akzeptierten und außer Diskussion stehenden Verstaatlichung der Strafjustiz bewegen.

Was die Beschleunigung des Verfahrens angeht, bestimmt § XXIV des Ersten Kapitels – der damit ein altes Schlachtroß aufklärerischen Denkens sattelt, das unmittelbar vom Werk Cesare Beccarias beeinflußt ist[44] –, daß

„die Durchführung der Kriminalverfahren [...] mit der größtmöglichen Beschleunigung erfolgen [soll]."

Mit dieser Grundsatzerklärung verbunden ist § XVIII desselben Kapitels, der die Notwendigkeit betont, Untersuchungshandlungen „ohne Verzug" vorzunehmen[45]. Unter dem davon zu unterscheidenden Aspekt der Verfahrensökonomie wird die Schnelligkeit der Strafjustiz dadurch angestrebt, daß § IV des Ersten Kapitels generell und der nachfolgende § V für Straftaten von geringerem Gewicht die Beseitigung zahlreicher Förmlichkeiten vorschreibt. In beiden Fällen allerdings sollen diejenigen Bestimmungen unberührt bleiben, welche der maltesische Gesetzgeber als Ausdrucksformen der Rechtskultur ansieht, nämlich die Unverletzlichkeit des

---

43 Erstes Kapitel, § III, „Wegen Diebstählen muß der Fiskus das Verfahren eröffnen, wenn die Bestohlenen dies verlangen".

44 Vgl. unter den zahlreichen Ausgaben *Cesare Beccaria*, Dei delitti e delle pene. Con una raccolta di lettere e documenti relativi alla nascita dell'opera e alla sua fortuna nell'Europa del Settecento, hrsg. von Franco Venturi. Nuova edizione. Turin (Einaudi) 1994, § XIX: Prontezza della pena,S. 47–49.

45 Erstes Kapitel, § XVIII, „Zu diesem Zweck müssen sie ohne Zeitverzug die genauesten, angemessensten und wahrheitsgemäßesten Informationen schriftlich erfassen und mit den gebotenen Rücksichten alle möglichen Sorgfaltsmaßnahmen ergreifen, auch wenn die Aufklärung der Angelegenheit mit Rücksicht auf die Person des Angeklagtenm oder aus einem anderen Grunde zur Zuständigkeit eines anderen Gerichts gehören sollte".

Rechts auf Verteidigung und das Recht des Beschuldigten auf technisch-professionellen Beistand. In allen Strafverfahren müssen nämlich den Beschuldigten „die angemessenen Verteidigungsmittel" zugestanden werden[46]; selbst in summarischen Verfahren wegen Straftaten von geringerer Bedeutung „muß [...] der Armenadvokat oder ein anderer, den der Angeklagte zu seiner Verteidigung heranzieht, gehört werden"[47]. Und wenn auch der Verteidiger des Beschuldigten streng ermahnt wird, seinen Schützling nicht „über die Behinderung der Wahrheitsfindung" zu belehren, wissen doch Fiskal-Advokat und Staatsanwalt, daß sie die „gerechte Verteidigung der Angeklagten nicht behindern" können[48].

Was die Korrektheit des Verfahrensprotokolls angeht, betont der maltesische Gesetzgeber die Notwendigkeit, letzteres „präzise" und „klar" abzufassen[49], und er verlangt insbesondere – unter recht deutlicher Bezugnahme auf einen schlechten Brauch, der in den Kanzleien der Gerichtshöfe sehr verbreitet gewesen sein muß –, daß die Prozeßhandlungen „vollständig und ohne Abkürzungen irgendwelcher Art"[50] protokolliert werden. Zu diesen skrupulös geregelten Förmlichkeiten gesellt sich die besondere Aufmerksamkeit, mit der das häufig vernachlässigte Institut des Sachverständigengutachtens geregelt wird[51]: Das Gesetzbuch von 1784 widmet ihm drei umfängliche Paragraphen, welche die den „Medizin- und Chirurgie-Professoren" obliegenden Aufgaben „bei den Verbrechen der Tötung, Vergiftung und Körperverletzung" regeln[52].

---

46   Erstes Kapitel, § IV, „In allen Kriminalsachen oder gemischten Sachen wird summarisch *sine figura iudicii* verfahren, soweit nicht das Gesetz *in fine caussae* etwas anderes bestimmt; jedoch sind den Angeklagten die erforderlichen Verteidigungsmöglichkeiten zu belassen".

47   S.o. Fußn. 37.

48   Erstes Kapitel, § XXXIX, „Der Advokat des Beschuldigten darf diesen nicht dahin belehren, die Wahrheit zu unterdrücken. Weder der Advokat noch der Fiskalprokurator dürfen die gerechte Verteidigung des Beschuldigten behindern".

49   Erstes Kapitel, § X, „Besondere Sorgfalt soll der Kriminalrichter bei der Aussage des Verletzten anwenden, und er soll sie in Anwesenheit des Klägers selbst genau und unter Angabe aller Umstände, welche sie erklären können, aufnehmen". „Genauigkeit" und „Klarheit" werden auch in § XIII des Ersten Kapitels gefordert (Vgl. u., Fußn. 52).

50   Erstes Kapitel, § IX, „Alle Anklagen, Anträge und Vernehmungen des Klägers, des Beschuldigten und der Zeugen werden umfänglich und ohne irgendwelche Abkürzungen schriftlich aufgenommen".

51   Vgl. dazu *Alessandro Pastore*, Il medico in tribunale. La perizia medica nella procedura penale d'Antico Regime (secoli XVI–XVIII). Bellinzona 1998.

52   Erstes Kapitel, § XII, „Bei Tötungsverbrechen, Vergiftungen und Körperverletzungen jeglicher Art muß von Professoren der Medizin oder Chirurgie, die sogleich herbeizuziehen sind, ein genauer Bericht und eine genaue Beschreibung des *corpus delicti* mit der Schußwunde (falls erforderlich) der Leichname und mit anderen erforderlichen und geeigneten Untersuchungen geliefert werden"; § XIII, „Handelt es sich um lebensgefährliche Wunden, so müssen die genannten Professoren, auch nach ihrem ersten vor Gericht erstatteten Bericht, im Verlauf der

Außerhalb der bislang erwähnten Linien des Eingriffs zeigen sich auch einige Öffnungen im Hinblick auf das heikle Problem der persönlichen Freiheit. Besonders bedeutsam in dieser Hinsicht ist § XLIII des Ersten Kapitels, wonach „kein in einer Strafsache Inhaftierter wegen irgendeiner bürgerlichen Schuld in der Haft festgehalten werden darf". Es bedarf wohl keiner Erwähnung, daß diese Vorschrift in vollem Einklang mit dem rechtsphilosophischen Schrifttum des 18. Jahrhunderts steht und die vorweggenommene Aufhebung eines Rechtsinstituts bedeutet, das von Seiten der Rechtslehre zwar heftig mißbilligt wird, in Italien jedoch endgültig erst mit dem Gesetz vom 6. Dezember 1877 Nr. 4166 *(Beseitigung des persönlichen Arrestes für bürgerliche und kommerzielle Schulden)* aufgehoben werden wird[53].

8. Die gerichtliche Folter

Diejenige Reform jedoch, der sich das maltesische Munizipal-Gesetz mit der größten Sorgfalt widmet und der es zehn der 44 Paragraphen des Ersten Kapitels des Zweiten Buches widmet[54], betrifft ein Rechtsinstitut, das bei genauem Hinsehen eine Art von Lackmuspapier für die Geschichte der Rechtskultur und ganz besonders der Strafrechtsordnungen bildet: die gerichtliche Folter.

Es braucht nicht daran erinnert zu werden, daß die Beseitigung der gerichtlichen Folter sowohl im Bereich des rechtsphilosophischen Denkens als auch in der Gesetzgebungsgeschichte einen der fundamentalen Schritte auf dem Wege der im Aufklärungszeitalter verfolgten Modernisierung des Strafrechts bedeutet[55]. Andererseits haben wir bereits Gelegenheit gehabt, auf die – maßvollen, aber entschieden abolitionistischen – Ansichten hinzuweisen, die der Hauptverantwortliche der maltesi-

---

Behandlung fortfahren, den Zustand der Wunde zu beobachten, und dem Gericht sofort über die dabei gewonnenen Erkenntnisse genau und klar Bericht erstatten"; § XIV, „Die Richter des zur Aufklärung des Verbrechens und zur Erstellung der Prozeßakten zuständigen Gerichts senden während der Zeit der Behandlung einen oder mehrere ältere Professoren der Medizin oder Chirurgie vom Hl. Hospital zur Visitation der Wunde und ihres Zustandes und zur Untersuchung der Wunden und ihrer Behandlung, und sie geben über alles in ihrem schriftlichen Berichts genaue Auskunft".

53   Vgl. dazu *Roberto Bonini*, „La carcere dei debitori". Linee di una vicenda settecentesca. Turin 1991.
54   Es handelt sich um die §§ XXVI–XXXII, XXXVII–XXXVIII und XL des Ersten Kapitels; hinzu kommt noch § XI des Zweiten Kapitels.
55   Aus der umfangreichen Literatur zum Problem der gerichtlichen Folter sei hier nur angeführt die vorzügliche Monographie von *Piero Fiorelli*, La tortura giudiziaria nel diritto comune. 2 Bde. Mailand 1953–1954, die noch ein halbes Jahrhundert nach ihrem Erscheinen ein unverzichtbarer Ausgangspunkt für jede einschlägige Untersuchung bildet. Wegen weiterer Hinweise verweisen wir auf die Literaturverzeichnisse in den in Fußn. 34 angeführten Werken.

schen Rechtsreformen des ausgehenden 18. Jahrhunderts, Giovanni Donato Rogadeo, in den *Gedanken* von 1780 formuliert hat[56].

Das Gesetzeswerk von 1784 erfüllt die von Rogadeo aufgestellten Voraussetzungen in vollem Umfang, und auf diese Weise fügt es sich ohne Einschränkung in die Hauptströmung der europäischen Strafrechtsreformbewegung, indem es die Möglichkeit, auf den bedenklichsten Repressionsmechanismus des *Ancien Régime* zurückzugreifen, rigoros ausschließt bzw. beschränkt. Wird doch im Munizipal-Gesetzbuch die Beseitigung der gerichtlichen Folter von § XXVI als Grundsatz proklamiert; die Vorschrift verdient es, vollständig wiedergegeben zu werden.

> „Für alle Zukunft seien die Folter und alle sonstigen Quälereien abgeschafft; und die Richter und Räte sollen gemäß den Bestimmungen dieses Gesetzes und, wo solche fehlen, gemäß dem, was die allgemeinen Gesetze vorschreiben, die Kriminalsachen gegen Verbrecher und ihre Teilnehmer mit Beweisen durchführen, die durch die Vernehmung der Täter, der Teilnehmer und der Zeugen und im Wege anderer geeigneter und passender Beweismittel zu gewinnen sind."

Hier haben wir es zweifellos mit einem bedeutsamen Text zu tun – nicht nur wegen der offenkundigen Bedeutung des in ihm verkündeten Grundsatzes, sondern auch deswegen, weil der zitierte Paragraph uns einiges über die Formen des gesetzlichen Beweises, die immerhin weiter beachtet werden[57], und über die grundlegende Bedeutung verrät, die im maltesischen Rechtssystem des ausgehenden 18. Jahrhunderts dem römisch-kanonischen gemeinen Recht zukommt[58].

Es gibt allerdings einen Punkt in diesem Teil des maltesischen strafprozessualen Gesetzeswerkes, das sogleich herausgestellt zu werden verdient. Wir haben nämlich festgestellt, daß mittels des § XXVI die Folter im Fürstentum Malta *grundsätzlich* abgeschafft worden sei. Tatsächlich schreibt der folgende § XXVII vor, daß bei Straftaten von besonderer Schwere (d.h. bei den „Verbrechen der *laesae majestatis*, Aszendententötung, Mord und anderen Verbrechen, bei welchen die öffentliche Ruhe und Sicherheit betroffen ist") der Angeklagte, der bereits gestanden hat oder dem die Schuld bereits mit Hilfe anderer Formen des gesetzlichen Beweises nachgewie-

---

56 S.o. Abschnitt 4.

57 In § XXVI werden ausdrücklich die Verhöre „der Angeklagten" und der „Mittäter" sowie die Zeugenaussagen genannt. Es handelt sich daher um eine direkte Bezugnahme auf die beiden grundlegenden Beweismittel, die das Strafverfahrensrecht des *Ancien Régime* anerkennt: das Schuldgeständnis und die entsprechende Bekundung zweier wohlbeleumundeter und glaubwürdiger Zeugen.

58 Nach dem typischen Schema des *Ancien Régime* wird bei Fehlen des Territorialgesetzes (der „vorliegenden Konstitutionen") auf die Vorschriften der allgemeinen Gesetze zurückgegriffen. Vgl. dazu o. Fußn. 21 und zugehöriger Text.

sen ist, der Tortur unterworfen werden darf, „um Kenntnis über die Teilnehmer zu erlangen"[59].

§ XXVII stellt somit eine, wenn auch begrenzte, Ausnahme von dem in § XXVI verkündeten Verbot auf. Es handelt sich um eine Ausnahme, die eine kurze Kommentierung schon deshalb verdient, weil sie eine noch direktere Verbindung zwischen den Entscheidungen des maltesischen Gesetzgebers und einigen Aspekten der zeitgenössischen rechtshistorischen Vorgänge in Europa herstellt. Diese Verbindung wird dadurch hergestellt, daß die vom maltesischen Gesetzgeber getroffene Regelung einzelne Entsprechungen mit speziellen Vorschriften aufweist, die gerade in jenen 80er Jahren des 18. Jahrhunderts der französische Gesetzgeber getroffen hat. In Frankreich wird nämlich die gleichsam ordentliche Folter, die als *question préparatoire* bezeichnet wird, durch eine *Déclaration* Ludwigs XVI. vom 24. August 1780 abgeschafft. Diese Bestimmung läßt allerdings die *question préalable*, d.h. eine Form der Tortur, die man als akzessorische bezeichnen könnte, in Kraft; ihr werden in Fällen von besonderer Schwere die bereits geständigen oder überführten Täter unterworfen, um die Namen etwaiger Beteiligter oder Auftraggeber in Erfahrung zu bringen. Diese letzte Form der Tortur überlebt noch einige Jahre und wird endgültig kurz vor der Revolution durch eine zweite *Déclaration royale* vom 1. Mai 1788 abgeschafft[60].

Die Zeiten und noch mehr die Inhalte des abolitionistischen Vorgehens in Frankreich weisen zweifellos Besonderheiten im Gefüge des europäischen Panoramas auf. Die anderen Staaten, so sie denn die Folter abschaffen, tun dies *tout-court*. Und in einigen von ihnen muß man noch bis zur Mitte des 19. Jahrhunderts warten, um ein Rechtsinstitut förmlich beseitigt zu sehen, das nahezu einmütig als ein Überbleibsel der finsteren Jahrhunderte angesehen wurde. Für uns hervorhebenswert ist jedoch in diesem Zusammenhang die offenkundige Übereinstimmung zwischen den Entscheidungen des französischen Gesetzgebers und denjenigen, die im Munizipal-Gesetzbuch anzutreffen sind. Wir wissen nicht, ob die Entscheidungen des maltesi-

---

59 Erstes Kapitel, § XXVII, „Handelt es sich aber um Verbrechen der Verletzten Majestät, Vatermord, Mord und andere Verbrechen, durch welche die öffentliche Ruhe und Sicherheit beeinträchtigt wird, und ist der Schuldige bereits geständig oder überführt; so können die Richter, um Kenntnis über Mittäter zu erlangen, wenn Gründe für die Annahme ersichtlich werden, daß es solche gibt, zum Mittel der Folter greifen". Man sieht, daß die vom maltesischen Gesetzgeber in diesem Paragraphen aufgeführten Verbrechen fast genau denjenigen entsprechen, die auch § II des Ersten Kapitels in die Kategorie der „öffentlichen Verbrechen" aufnimmt, die *ex officio* verfolgbar sind; vgl. o. Fußn. 42.

60 Unter den jüngsten einschlägigen Gesamtdarstellungen vgl. (auch wegen weiterer Literaturnachweise) *Jean-Marie Carbasse*, Introduction historique au droit pénal. Paris 1990, S. 311–312; *André Laingui*, Histoire du droit pénal. 3. Auflage. Paris 1993, S. 55–57 und 111; *Jean-Pierre Royer*, Histoire de la justice en France. Paris 1995, S. 205–206; *Yves Jeanclos*, La législation pénale de la France du XVIe au XIXe siècle. Paris 1996, S. 44–49.

schen Gesetzgebers von 1784 durch die Nationalität und die entsprechende kulturelle Einstellung des Großmeisters de Rohan-Polduc und zahlreicher anderer einflußreicher Mitglieder des Ordens von Jerusalem bedingt sind – wenngleich diese Hypothese nicht der Grundlage entbehrt[61]. Gewiß aber erklären diese auf deutliche Weise die vollständige Kenntnis der Verfasser des Munizipal-Gesetzbuches über den Stand eines höchst aktuellen Problems in einer europäischen Rechtsordnung von größter Bedeutung wie derjenigen Frankreichs.

Dies vorausgeschickt fügen wir noch hinzu, daß auch in den verbleibenden Fällen, in denen die Folter noch angewendet werden kann, dieses Rechtsinstitut immerhin von einer beachtlichen Reihe von Kautelen schützenden Charakters eingehegt wird, welche seinen Anwendungsbereich noch weiter einschränken sollen. Tatsächlich kann die Ausübung der Folter nur vom höchsten Justizorgan des Fürstentums, dem Obersten Gericht *(Supremo Magistrato)*[62] nach „reiflicher Beratung" und mit Stimmenmehrheit in Erwägung gezogen werden, nachdem es vorher die Verteidigung gehört[63], die „Qualität" des Beschuldigten erwogen und seinen körperlichen Zustand ermittelt hat – auch, um in einer Beratung von Fachleuten[64] die Art der anzuwendenden Folter zu bestimmen[65]. Die Entscheidung des Obersten Gerichts, mit der die Folter befürwortet wird, kann angefochten werden[66], und in den Fällen, in denen

---

61 Vgl. o. Fußn 7 und zugehörigen Text.

62 Erstes Kapitel, § XXVIII, „Sie müssen jedoch in diesen Fällen im Obersten Gericht zusammentreten und nach Beratung des ganzen Falles mit Entscheidungsreife zur Folter schreiten, wenn die Mehrheit dies beschließt"; § XXIX, „Die Stimmengleichheit der Abstimmung über die Anwendung der Folter bedeutet einen Beschluß über deren Ausschluß und zugunsten des Angeklagten".

63 Erstes Kapitel, § XXXII, „In keinem Falle kann gegen den Angeklagten die Folter verhängt werden, solange nicht sein Verteidigungsvorbringen gehört worden ist".

64 Vgl. dazu allgemeiner *Alessandro Pastore*, Médicine légale et torture dans l'Italie du XVIIIe siècle, in: Beccaria et la culture juridique des Lumières, hrsg. von M. Porret. Genf 1997, S. 287–306.

65 Erstes Kapitel, § XXXI, „Und auch in dieser Hinsicht müssen die Befindlichkeit der Angeklagten, ihre kräftige oder schwächliche Konstitution und alles, was sonst noch zur Erkenntnis der Wahrheit des Untersuchungsgegenstandes und zur Beurteilung ihrer Glaubwürdigkeit beitragen kann, berücksichtigt werden"; § XXXVII, „Wenn nach Erlaß des Beschlusses über die Anwendung der Streckfolter der Angeklagte nach dem Urteil der Fachleute nicht in der Lage ist, diese Folter zu überstehen, wohl aber diejenige des Pferdchens"; § XL, „Die Streckfolter darf nicht für längere Zeit als eine Stunde ununterbrochen angeordnet werden; und sie darf aufgeteilt werden; verboten ist es auch, eine andere als die Streckfolter anzuwenden".

66 Zweites Kapitel, § XI, „Gegen den Beschluß, zur Folter zu schreiten, findet nicht die Appellation statt, sondern nur die Beschwerde, die innerhalb einer Frist von 24 Stunden erhoben werden muß, gerechnet vom Zeitpunkt der Mitteilung an den Angeklagten; und am folgenden Tag muß diese Beschwerde vorgetragen sein, ohne daß gegen den Zeitverlust das Rechtsmittel der Beschwerde stattfindet".

dies nicht geschieht, muß sie vom Großmeister selbst bestätigt werden[67]. Dem Angeklagten ist schließlich gestattet, vor der Anwendung der Folter sich mit seinem Verteidiger zu besprechen, freilich nur in Anwesenheit des Fiskaladvokaten oder Fiskalprocurators[68].

Der letzte Hinweis, zu dem uns die betrachtete Regelung veranlaßt, betrifft die Tatsache, daß die grundsätzliche Abschaffung der Folter bzw. ihre wirksame Einschränkung in der konkreten Gerichtspraxis unvermeidlich Auswirkungen auf die Art des Beweisaufnahmeverfahrens mit sich bringt, das am Ende des 18. Jahrhunderts trotz allem immer noch – daran muß erneut erinnert werden – auf die Erlangung der *regina probationum*, des Geständnisses des Angeklagten, ausgerichtet ist. Auch in der maltesischen Gesetzgebung von 1784 fehlt es nicht an solchen Auswirkungen; sie zeigen sich in einigen Paragraphen, die sich mit dem Verhör des Angeklagten befassen, sogar besonders deutlich. Und es handelt sich um Paragraphen, die zweifellos das moderne rechtsstaatliche Empfinden verletzen, oder zumindest diejenigen unter den zeitgenössischen Beobachtern, die sich eines solchen Empfindens rühmen können.

Es muß nämlich hervorgehoben werden, daß in Ermangelung eines auf andere Weise gewonnenen gesetzlichen Beweises das Munizipal-Gesetzbuch nicht nur den Richter ermächtigt, bei der Befragung des Angeklagten, der die Antwort verweigert oder Irresein vortäuscht, Mittel der psychologischen Überzeugung oder Pression anzuwenden, sondern in einigen Fällen sogar das Schweigen dem Geständnis gleichsetzt[69]. Wenn nämlich wegen Straftaten prozessiert wird, die zu Todesstrafe oder lebenslanger Galerenstrafe führen, soll dem schweigenden Angeklagten „eröffnet werden, daß er angemessene *(sic)* Antworten zu geben habe, und ihm angedroht werden, daß er widrigenfalls als geständig und überführt angesehen werde und zwar unter dem Gesichtspunkt, den die Vernunft gebietet"[70]. In Verfahren wegen Strafta-

---

67 Erstes Kapitel, § XXX, „Und in jedem Fall, in dem durch Stimmenmehrheit beschlossen wird, zur Folter zu schreiten, und der Beschuldigte keine Beschwerde eingelegt hat, kann zur Durchführung des Beschlusses erst geschritten werden, wenn Wir benachrichtigt worden sind".

68 Erstes Kapitel, § XXXVIII, „Vor der Folter sind die Angeklagten in geheimen Gefängnissen zu verwahren, und ihr Advokat darf nicht mit ihnen sprechen oder verhandeln, wenn nicht der Fiskaladvokat oder der Fiskalprokurator anwesend ist"; § XXXIX, „Der Advokat des Angeklagten soll nicht wagen, denselben zum Nachteile der Wahrheit zu instruieren; weder der Fiskaladvokat noch der Fiskalprokurator darf die gerechte Verteidigung des Angeklagten behindern".

69 Zu diesen Aspekten der Verfahrenssysteme des *Ancien Régime* vgl. *Angelo Giarda*, „Persitendo'l reo nella negativa". Milano 1980, sowie *Marchetti*, Testis contra se, a.a.O., passim.

70 Erstes Kapitel, § XXXIII, „Bei Verbrechen, bei denen die Todesstrafe oder die lebenslange Galerenstrafe stattfindet und der Angeklagte sich weigert, auf Fragen des Richters zu antworten, oder sich geisteskrank stellt, muß bei Fehlen rechtmäßiger und hinreichender Beweise er aufgefordert werden, angemessene Antworten zu geben, und ihm angedroht werden, daß im

ten von geringerem Gewicht ermöglicht das Fehlen einer irreparablen oder endgültigen Strafe den Verfassern des Munizipal-Gesetzbuches, unter Hintanstellung aller rechtsstaatlichen Skrupel anzuordnen, daß man „damit drohen [soll], daß zur Strafe das Verbrechen als gestanden angesehen werde und daß er als Geständiger angesehen werde"[71]. Anders und sehr viel maßvoller ist die Regelung des Falles, daß der Angeklagte die Antwort verweigert und zugleich die Unzuständigkeit des Gerichts geltend macht; in diesem Falle muß nämlich das Verfahren ausgesetzt werden, „bis über Zuständigkeit oder Unzuständigkeit des Gerichts entschieden ist"[72].

9. Schlußbemerkungen

Die Anmerkungen, die wir dem Werk des maltesischen Gesetzgebers des ausgehenden 18. Jahrhunderts gewidmet haben, erheben gewiß nicht den Anspruch, alle Aspekte der betrachteten Regelung erschöpfend behandelt zu haben. Vieles wäre nämlich zu diesem Teil des Munizipal-Gesetzbuches noch zu sagen, der einen für die Garantie der Rechte des Einzelnen, für ein friedliches gesellschaftliches Zusammenleben und für einen guten Zustand der öffentlichen Angelegenheiten wie den der Form und der Regelung des Strafprozesses kruzialen Punkt behandelt.

Man denke beispielsweise an die ausdrückliche Anerkennung des Rechtes, gegen Entscheidungen der Kriminalgerichte Rechtsmittel einzulegen, das vom Gesetzbuch von 1784 abgesegnet und entgegen einer Tradition des *Ancien Régime*, welche dieses fundamentale Rechtsinstitut tendenziell ausschloß oder geradezu verbot, präzise geregelt wird[73]. Im untersuchten Gesetzestext ist das System der Rechtsmittel nach

---

Weigerungsfalle er als überführter Geständiger angesehen werde und daß man daraus die durch die Vernunft gebotenen Schlüsse ziehen werde".

71 Erstes Kapitel, § XXXIV, „Findet bei dem Verbrechen aber keine Todesstrafe oder lebenslange Galerenstrafe statt und verweigert der Angeklagte die Aussage, so soll ihm angedroht werden, daß gegen ihn jene Strafe verhängt werde, welche bei diesem Verbrechen für den Geständigen vorgesehen sei, und er als ein solcher behandelt werden". Erwähnenswert ist noch jene Vorschrift, die dem Beschuldigten eine angemessene Frist zugesteht, um die gefährlichen Konsequenzen seines Verhaltens zu überdenken: „In den in den §§ 33 und 34 bezeichneten Fällen muß das Verhör des Angeklagten mit den vorgesehenen Drohungen an einem anderen Tag wiederholt werden" (Erstes Kapitel, § XXXV).

72 Erstes Kapitel, § XXXVI, „Verweigert der Angeklagte jedoch die Aussage unter Hinweis auf die Unzuständigkeit des Gerichts und verlangt er die Überstellung an das für ihn zuständige Gericht, so ist das weitere Verfahren so lange auszusetzen, bis eine Entscheidung über die Zuständigkeit oder Unzuständigkeit des Gerichts getroffen worden ist".

73 Wie erwähnt, ist die Materie der Rechtsmittel in Strafsachen in den 14 Paragraphen, die das Zweite Kapitel des Zweiten Buchs des Munizipal-Gesetzbuches bilden, geregelt (Überschrift dieses Kapitels: *Von den Urteilen, Appellationen, Beschwerden und anderen Rechtsmitteln in Strafsachen*).

dem kanonistischen Vorbild der *duo conformes* strukturiert[74], welches gestattet, im Falle einer Abweichung der Entscheidungen erster und zweiter Instanz eine dritte Instanz anzurufen[75]. Erwähnenswert in diesem Zusammenhang sind auch jene Normen, die der eingelegten Berufung aufschiebende Wirkung für den Vollzug der Körperstrafen beilegen[76], ebenso der Paragraph, der in jedem Falle den unmittelbaren Rekurs an den Großmeister mit dem Vorbringen der Nichtigkeit oder offenkundigen Ungerechtigkeit von Strafurteilen gestattet[77].

Was aber schließlich am meisten Hervorhebung verdient, ist die Tatsache, daß die hier angestellte kurze Betrachtung uns gestattet, mitten in einer heiklen Phase ein Strafensystem wahrzunehmen, das vom Gesetzestext von 1784 im Moment eines prekären Gleichgewichts zwischen Altem und Neuem angetroffen und gleichsam abfotografiert wird. Und es handelt sich – wie erwähnt zu werden verdient – um ein Strafrechtssystem, das sich, wenngleich auf ein staatlich und territorial peripheres Staatswesen begrenzt, mit vollem Recht in den Rahmen der europäischen Rechtsinstitutionen einfügt. Im Hinblick auf die formalen Strukturen zwar bestimmt durch das römisch-kanonische Verfahrensmodell, weisen doch die Paragraphen, die der maltesische Gesetzgeber dem Strafprozeß widmet, recht deutliche Merkmale einer neuen und anderen Epoche in der Geschichte der Justiz auf. Noch hält der Gürtel der Tradition, wenn auch zerfasert und an vielen Stellen zerrissen, doch die Zeit ist reif für den epochalen Übergang, der seinen dramatischen Ausdruck in den revolutionären Ereignissen des späten 18. Jahrhunderts finden wird.

Es erscheint uns daher keineswegs verfehlt, diese kurzen Ausführungen mit dem bekannten Zitat eines Autors zu schließen, auf den hinzuweisen wir bereits Gelegenheit hatten. Wir meinen Francesco Mario Pagano, der in der *Einführung* zu seinen berühmten „Betrachtungen über den Kriminalprozeß" *(Considerazioni sul processo criminale)*, erschienen 1787 in Neapel, meint, daß jemand, der, vom Zufall

---

74 Vgl. dazu *Luciano Musselli*, Il concetto di giudicato nelle fonti storiche del diritto canonico. Padua 1972.

75 Zweites Kapitel, § XII, „Die beiden übereinstimmenden Entscheidungen in Strafsachen bilden das rechtskräftige Urteil, wenn die eine vom Großen Kastellansgericht, oder vom Kapitäns- oder Gouverneursgericht, und die zweite vom Obersten Gerichtshof erlassen worden ist. Jedoch muß die Entscheidung des Obersten Gerichtshofes mit der Stimme aller Räte der beiden Kammern und des Präsidenten ergehen".

76 Geldstrafen bis zu 50 Scudi werden sofort vollstreckt (Zweites Kapitel, § V), es sei denn, daß der Veurteilte „notorisch unfähig zur Erbringung der Strafe ist" (Zweites Kapitel, § VII). Im Fall der Einlegung eines Rechtsmittels allerdings „soll der Beitrag so lange auf der Bank verbleiben [...], bis das Beschwerde- oder Revisionsurteil ergangen ist". (Zweites Kapitel, § VIII). Die Vollstreckung der Körperstrafe wird stets ausgesetzt (Zweites Kapitel, § VI).

77 Zweites Kapitel, § XIV, „Wird in Kriminalsachen ein Nichtigkeitsantrag gestellt oder ist die Ungerechtigkeit des ergangenen Urteils offenkundig, so kann Rekurs an Uns wegen einer angemessenen Entscheidung ergehen".

oder vom Schicksal getrieben, sich an die fernen unbekannten Gestade eines völlig unbekannten Volkes versetzt sehe und den Grad der Kultur dieses Volkes bestimmen wolle, nichts anderes zu tun brauche als dessen Strafrecht zu untersuchen:

> „Sollte dich das Geschick einmal an die Gestade eines unbekannten Volkes verschlagen und solltest du den Wunsch verspüren zu erfahren, ob der glänzende Tag der Kultur dort sein mildes Licht verstrahlt oder ob die Schatten der Unwissenheit und der Barbarei ihn mit Schrecken verdunkeln [...], so schlage seinen Strafkodex auf, und wenn du darin seine bürgerliche Freiheit durch die Gesetze garantiert und die Sicherheit und Ruhe des Bürgers vor Übermacht und Verletzung geschützt findest, so ziehe daraus unverzagt den Schluß, daß es kultiviert und gebildet sei."[78]

Vielleicht wäre der berühmte neapolitanische Jurist und Philosoph, wäre er in jenen heftig bewegten Jahren am Ende des Jahrhunderts der Aufklärung an die Gestade der kleinen Insel im Zentrum des Mittelmeeres verschlagen worden, nicht ganz und gar unzufrieden mit dem gewesen, was er dort vorgefunden hätte.

---

78 *Francesco Mario Pagano*, Considerazioni sul processo criminale. Napoli (Stamperia Raimondiana) 1787: Al Lettore. Introduzione, S. 10.

Auf der Suche nach einem „neuen Kriminalverfahren"
Der Veroneser *Piano* von 1797

Das provisorische Strafgesetz, das die „Zentralregierung von Verona, Cologna und Legnago" am 24. Brumaire des Jahres VI der Republik (14. November 1797) verkündet[1], umfaßt – zwecks Vervollständigung und Ergänzung des von den Gesetzgebern selbst als *Strafgesetzbuch* bezeichneten Werkes – den *Piano per una nuova configurazione del Tribunal Criminale di Verona* („Plan für eine neue Gestaltung des Kriminalgerichts zu Verona"), mit dem Strukturen und besondere Zuständigkeiten des zentralen Strafjustizorgans geregelt werden, sowie den *Piano di una nuova procedura penale* („Plan eines neuen Kriminalverfahrens"), der in 15 nicht immer leicht verständlichen Artikeln die – wie es wörtlich heißt – „praktischen Methoden" beschreiben soll, welche die Veroneser Richter sich als „Richtschnur [...] sowohl bei der Eröffnung als auch bei der Durchführung der Verfahren dienen lassen sollen"[2].

Wir wollen unsere Aufmerksamkeit vor allem dieser dritten und letzten Komponente des Gesetzeswerkes widmen – zum einen deshalb, weil der prozessuale Aspekt uns eine alles andere als zweitrangige Rolle in der allgemeinen Ökonomie der Veroneser Strafrechtsreform zu spielen scheint, zum anderen deshalb, weil gerade die Untersuchung der prozessualen Bestimmungen uns gestattet, die betrachteten Vorschriften in den Gesamtzusammenhang jener Bewegung einzuordnen, die, nach den bereits vom Aufgeklärten Absolutismus in Angriff genommenen Modernisierungen, während des Revolutionszeitalters ganz Europa erfaßt.

---

1 „Codice Penale. Organizzazione e Piano esecutivo per l'Amministrazione della Giustizia Criminale di Verona e suo Circondario", in: Raccolta di tutti gli ordini, e proclamazioni del presente Governo tanto dello Stato Maggiore Francese che della Municipalità di Verona. Vierter Band, o.O. [Verona] (per gli Eredi Marco Moroni) Anno Secondo della Libertà Italiana [Im zweiten Jahr der Freiheit Italiens] [1797], S. 179–258. Zu den Vorgängen, die zur Erstellung des hier behandelten Textes geführt haben, verweisen wir auf die erschöpfende Untersuchung von *Claudio Carcereri de Prati*, Il Codice Penale ed il Piano Esecutivo e di Procedura Criminale per Verona e suo circondario dell'Anno VI (1797). La storia esterna, in: Il Codice Penale Veronese (1797), hrsg. von Sergio Vinciguerra. Padua 1996, S. LI–LXXXII.

2 „Piano per una nuova configurazione del Tribunal Criminale di Verona, combinato con l'altro Piano di una nuova procedura criminale", in: Raccolta di tutti gli ordini, a.a.O. Codice Penale, S. 224–258. Dieser *Piano* (S. 224–231) enthält keinerlei innere Gliederung, während der „Plan für ein neues Kriminalverfahren" (S. 231–258) in 15 fortlaufend numerierte und mit kurzen Überschriften versehene Kapitel unterteilt ist. Die in Anführungszeichen eingeschlossenen Sätze entstammen dem „Plan für eine neue Gestaltung des Kriminalgerichts von Verona", S. 230–231.

Zu diesem Zweck heben wir bereits jetzt, unter Vorwegnahme einiger Bewertungen, die wir am Ende dieser kurzen Untersuchung vornehmen werden, hervor, daß der 1797 zu Verona ausgearbeitete *Plan einer neuen Strafprozeßordnung* das fast exemplarisches Beispiel einer Übergangsgesetzgebung bildet, die im Spannungsfeld zwischen einer etablierten forensischen Tradition, deren Einfluß in nicht geringem Ausmaß spürbar bleibt, und jenem entschlossenen Perspektivenwechsel angesiedelt ist, der von zahlreichen Exponenten des rechtsphilosophischen Denkens des 18. Jahrhunderts gefordert wurde und in neue Verfahrensmodelle ausmünden sollte, die bis in unsere Zeit hinein fast unverändert geblieben sind. Genauer gesagt ermöglicht uns der *Plan* von 1797 die ungetrübte Wahrnehmung einiger durch die nachfolgende Entwicklung bestätigter Tendenzen in der Verfahrensgestaltung auch unter den spezifischen und in mancher Hinsicht abgesonderten Bedingungen wie denen Veronas und jenseits der gewichtigen Einflüsse durch die prozessualen Gewohnheiten des Ancien Régime.

Bei dieser Gelegenheiten wollen wir freilich nicht eine eingehende und ins Einzelne gehende Darstellung jedes einzelnen Aspekts des betrachteten Verfahrens liefern, denn uns ist bewußt, daß derartige Schilderungen häufig Gefahr laufen, in eine trokkene und ermüdende Aufzählung von Daten und Rechtsinstituten umzuschlagen. Wir ziehen es vielmehr vor, einige besonders hervorstechende Eigenschaften der behandelten Regelung zu betrachten – Eigenschaften, die gerade deshalb, weil sie anderen Knotenpunkten in der historischen Entwicklung des Strafverfahrens korrespondieren, uns ermöglichen werden, ein wenn schon nicht endgültiges, so doch zumindest nicht ganz unbegründetes Urteil abzugeben.

Erforderlich erscheint uns vorab noch der Hinweis, daß wir es mit einem Verfahrensgesetz zu tun haben, das zur Aburteilung schwererer Straftaten konzipiert ist, d.h. für Straftaten, die der Gesetzestext in zwei Klassen mit den Bezeichnungen „leichtere Kriminalität" *(criminal minore)* und „schwerere Kriminalität" *(criminal maggiore)* einteilt – eine Einteilung, die zumindest im Grundsatz derjenigen der strafbaren Verhaltensweisen im materiellen Teil der Vorschriften von 1797 entspricht[3]. Aus der untersuchten Regelung ausgeklammert bleiben demnach die Ver-

---

3 „Piano per una nuova configurazione del Tribunal Criminale di Verona", a.a.O., S. 225–228: das Kriminalgericht von Verona umfaßt eine Kammer für Leichtere Kriminalität und eine Kammer für Schwere Kriminalität; die Zuständigkeiten der Kammer für Leichtere Kriminalität erstrecken sich auf Straftaten, „für die eine Verurteilung bis zu Gefängnis und zu öffentlichen Arbeiten möglich ist", und insbesondere für „Einbruchdiebstahl", „gefährliche Körperverletzungen", „Schüsse ohne Auswirkung", „Zechprellereien" und „ähnliche Verhaltensweise"; zur Zuständigkeit der Kammer für Schwere Kriminalität hingegen zählt „der gesamte Bereich der schweren Sachen". Die Justizbehörden (die „Ministri") in den beiden Bezirken Cologna und Legnago sind befugt, in Angelegenheiten, die zu den „Materien der Leichteren Kriminalität" gehören, selbständig vorzugehen, ihre Entscheidungen müssen jedoch vom Kriminalgericht in Verona bestätigt werden.

fahren wegen geringfügiger Delikte, die der Klasse der „Korrektionalstraftaten" zugeordnet werden und mittels eines nicht näher beschriebenen Verfahrens verfolgt werden, das, um es mit den eigenen Worten des *Piano* auszudrücken, „schnellen und summarischen" Charakter trägt[4].

Nach diesen Vorbemerkungen wollen wir uns unter den charakteristischen Merkmalen des Veroneser *Piano* zuerst der Verfahrensstruktur selbst zuwenden. In dieser Struktur tritt uns nämlich sogleich eine außerordentlich wichtige Eigenschaft entgegen, läßt sich doch in ihr, wenn auch nicht ohne widersprüchliche Elemente, bereits das Vorhandensein einer deutlichen Zweiteilung zwischen einem ersten Verfahrensabschnitt, welcher der Instruktion dient und eindeutig inquisitorischen Charakter trägt, und einem zweiten Abschnitt mit Verhandlungscharakter, der sich, zumindest teilweise, den Grundsätzen der Öffentlichkeit und Mündlichkeit des gerichtlichen Verfahrens öffnet, wahrnehmen. Bekanntlich handelt es sich hierbei um eine Strukturentscheidung, deren Wurzeln ihrerseits in der Gesetzgebung des revolutionären Frankreich liegen und jenen Strafprozeß, der allgemein als „gemischter" Prozeß bezeichnet wird, hervorbringen sollte, der dann für sehr lange Zeit, nämlich im 19. und 20. Jahrhundert, das prozessuale Bild des ganzen Kontinents beherrschen sollte[5].

Doch auf diesen grundlegenden Aspekt des Veroneser Prozesses und auf seinen Verhandlungsabschnitt wollen wir erst eingehen, nachdem wir uns kurz mit dem ersten Verfahrensabschnitt befaßt haben, den wir soeben als eindeutig inquisitorisch charakterisiert haben. Erklären und rechtfertigen läßt diese Charakterisierung sich anhand einer Reihe von Hinweisen zu den Modalitäten der Verfahrenseröffnung und

---

4 „Plan für eine neue Gestaltung des Kriminalgerichts von Verona", a.a.O., S. 224–225: die Zuständigkeit für Straftaten mit zuchtgerichtlichem Charakter, welche mit Geldstrafe oder höchstens 24stündigem Arrest bestraft werden können (zu ihnen gehören beispielsweise Schlägereien, Drohungen, „Beleidigungen mit Worten", „leichte ungefährliche Verletzungen, wenn sie nicht mit blanker Waffe oder mit Feuerwaffe begangen sind", „einfacher folgenloser Diebstahl"), obliegt in Verona dem Friedensrichter, in den umliegenden Bezirken einem dazu berufenen Kommissar.

5 Die Zweiteilung in einen Ermittlungsabschnitt, der noch den von inquisitorischen Grundsätzen der Heimlichkeit und Schriftlichkeit beherrscht ist, und einen Verhandlungsabschnitt, der dem akkusatorischen Verfahrensmodell folgt, ist erstmals in aller Deutlichkeit geregelt im *Code des Délits et des Peines* vom 3. Brumaire des Jahres IV, einer „travail prodigieux", nach der bekannten Beschreibung von Adhémar Esmein (*Adhémar Esmein*, Histoire de la procédure criminelle en France, et spécialement de la procédure inquisitoire depuis le XIIIe siècle jusqu'a nos jours. Paris 1882, S. 441), das Werk eines der bedeutendsten in der revolutionären und napoleonischen Epoche tätigen Juristen, Philippe Antoine Merlin de Douai. Vgl. den Überblick über die Probleme b. *Ettore Dezza*, Il Codice di Procedura Penale del Regno Italico (1807). Storia di un decennio di elaborazione legislativa. Padua 1983, S. 32–34. Vgl. ferner *Pierre Lascoumes / Pierrette Poncela / Pierre Lenoël*, Au nome de l'ordre. Une histoire politique du code pénal. Paris 1989, S. 163–166.

der Verfahrensdurchführung, zur zeitlichen Aufteilung der Verfahrensvorgänge sowie zur Stellung des Beschuldigten und zu den Rechten der Verteidigung.

Was den ersten Punkt angeht, so sind sowohl die Verfahrenseröffnung als auch die nachfolgenden Prozeß- und Beweishandlungen in großem Ausmaß dem Ermessen der privaten Parteien entzogen und fallen fast vollständig in die Zuständigkeit der öffentlichen Gewalt. Alles in allem nimmt das Verfahren seinen Ausgang in den ganz klassischen Formen des inquisitorischen Ritus des gemeinen Rechts, der sich seit Jahrhunderten in ganz Europa etabliert hat; insofern erweist sich auch im Veroneser Verfahren die klassische, aus den Verfahrensmodellen des Ancien Régime bekannte Unterscheidung zwischen öffentlichen Delikten („die ihrer Natur nach sich unmittelbar gegen die Ruhe und öffentliche Sicherheit richten")[6] und Privatdelikten als sehr bedeutsam.

Im Hinblick auf die erste Deliktsgruppe besteht eine Verpflichtung zur Anzeige für alle öffentlichen Amtsträger[7] sowie gegebenenfalls für Ärzte und Chirurgen[8]; im übrigen ist der Magistrat verpflichtet, in beliebiger Form Maßnahmen zur Erlangung der *notitia criminis* zu ergreifen[9], die auch von „jedermann aus dem Volke" vermittelt werden kann[10]. Für die zweite Deliktsgruppe – die Privatdelikte – ist hingegen eine besondere Handlung der verletzten Partei – das Veroneser Gesetz spricht insofern unscharf von „Anzeigen" *(denonzie)* und von „Klagen" *(querele)* – erforderlich;

---

6   „Plan einer neuen Strafprozeßordnung", a.a.O., Kapitel III, „Von Klagen, Anklagen und Anzeigen", S. 235–236.

7   „Plan einer neuen Strafprozeßordnung", a.a.O., Kapitel III, a.a.O.; die strafbewehrte Verpflichtung betrifft die „Hausverwalter", „Dekane", „Gemeindevorsteher", „Geschworene" und „Stadt- und Landbezirksvorsteher"; sie umfaßt die Pflicht, private Anzeigen entgegenzunehmen und an die „Justiz" weiterzuleiten; sie betrifft ferner die Aufnahme von Informationen über die Tat; die von einem öffentlichen Amtsträger verfaßte „Denuncia", in Schriftform und mit Unterschrift versehen, muß Zeit, Ort und Art der Tat angeben, und sie soll möglichst Informationen über vermutete Täter, Tatumstände und etwaige Zeugen enthalten.

8   „Plan einer neuen Strafprozeßordnung", a.a.O., Kapitel III, a.a.O.; auch diese Verpflichtung ist strafbewehrt und trifft insbesondere die beschworenen Berichte, die im Falle von Körperverletzungen oder einer ähnlichen „Beleidigung" angefertigt werden müssen.

9   „Plan einer neuen Strafprozeßordnung", a.a.O., Kapitel I, „Von den gemeinsamen Pflichten des Öffentlichen Kriminalzensors und der Gerichtsschreiber im Hinblick auf Anzeigen", S. 231–233, sowie Kapitel IV, „Von den Handlungen, die im Anschluß an Anzeigen vorzunehmen sind", S. 237–239.

10 „Plan einer neuen Strafprozeßordnung", a.a.O., Kapitel III, a.a.O.; in diesem Fall enthält die Wortwahl des Veroneser Gesetzgebers eine offenkundige Bezugnahme auf den Ausdruck *quivis ex populo*, der gewöhnlich von der römischen Rechtslehre in akkusatorischer Tradition benutzt wurde.

sie besitzt die Funktion, einen Mechanismus in Gang zu setzen, der dann aber wieder von der öffentlichen Behörde beherrscht wird[11].

Überdies teilt das Gesetz selbst mittels eines doppelten, auf den ersten Blick abschließenden Katalogs mit, welche Delikte öffentliche Delikte und welche Privatdelikte sind[12]. Zur ersten, sehr viel umfangreicheren Kategorie zählt neben herkömmlichen Fällen wie Mord, gewaltsamer Diebstahl, Brandstiftung, Entführung auch der Kirchenraub, was ernsthafte Zweifel daran aufkommen läßt, ob das betrachtete Gesetz tatsächlich eine jakobinische Prägung besitzt, sowie die Zerstörung von öffentlichen Deichen, ein Delikt, das offenkundig im Zusammenhang mit den Besonderheiten des Veroneser Territoriums steht[13]. Die Privatdelikte beschränken sich auf bloß fünf Fälle: Ehebruch, einfacher Diebstahl, Betrug, Beleidigung und „Brandstiftung an Bäumen"[14].

In diesem Zusammenhang räumt das betrachtete Gesetz der besonderen Figur des „Öffentlichen Kriminalzensors" *(Pubblico Censor Criminale)* eine Rolle von zentraler Bedeutung ein. Sie ist offenbar, wie das indirekte Eingeständnis des Veroneser Gesetzgebers selbst ergibt, durch den Öffentlichen Ankläger der französischen Revolutionsgesetzgebung beeinflußt, doch scheinen in ihr zugleich nicht wenige Züge sowohl des Fiskalanwalts *(avvocato fiscale)* als auch des Inquisitionsrichters in der Tradition des *Ancien Régime* aufzuleben. Der Öffentliche Kriminalzensor „fällt" – so das Gesetz wörtlich – „weder in die Kategorie der Richter noch in diejenige der Gerichtsschreiber"[15]. Seine Aufgabe besteht darin, „den Fiskus zu vertreten" – d.h.

---

11 „Plan einer neuen Strafprozeßordnung", a.a.O., Kapitel II, „Von öffentlichen Verbrechen und Privatverbrechen", S. 233–234: für die Straftaten „die zur Klasse der Privatverbrechen gehören, [...] formuliert nur die beschwerte Partei die Anzeige und bringt sie als Grundlage des Strafverfahrens zur Kenntnis der Justiz ,,.

12 „Plan einer neuen Strafprozeßordnung", a.a.O., Kapitel II, a.a.O.; das Kapitel benennt eine dritte Kategorie von Straftaten, die offenkundig politischer Natur ist; es handelt sich um „all jene Verbrechen, die „in irgendeiner Form [zur] besonders schweren Form der Verletzten Nation" gehören; diese Straftaten „unterliegen der unmittelbaren und bevorzugten Zuständigkeit der Regierung", und wer „von ihnen Kenntnis erlangt und sie nicht zur Anzeige bringt [...], verfällt stets einer nicht zu vergebenden Schuld".

13 „Plan einer neuen Strafprozeßordnung", a.a.O., Kapitel II, a.a.O.; zur Klasse der öffentlichen Verbrechen gehören „Totschlag", „Mord", „Diebstahl an öffentlichen Geldern", „Kirchendiebstahl", „gewaltsamer Diebstahl, Straßendiebstahl oder Diebstahl aus Häusern", „Brandstiftung", „Gefangenenbefreiung", „Zerstörung von öffentlichen Wällen", „Fälschungen jeglicher Art", „Amtsuntreue", „Notzucht", „Entführung", „Polygamie", „Kuppelei" und „Sodomie".

14 „Plan einer neuen Strafprozeßordnung", a.a.O., Kapitel II, a.a.O.

15 „Plan für eine neue Gestaltung des Kriminalgerichts zu Verona", a.a.O., S. 228: „Es soll noch eine weitere Gestalt geben [...], die [...] in anderen Zusammenhängen als Öffentlicher Ankläger bezeichnet wird, hier aber besser als Öffentlicher Kriminalzensor bezeichnet werden soll". Zum öffentlichen Ankläger im revolutionären Frankreich vgl. als erste Information mit Literaturhinweisen *Ettore Dezza*, Gli ordinamenti giudiziari in Italia nell'età della codificazione, in: Ders., Saggi di storia del diritto penale moderno, Milano 1992, 159–195,

die öffentlichen Interessen; er „soll aus dem Kreis der fähigsten Männer der Kriminalwissenschaften gewählt werden, und er soll mit den entsprechenden praktischen Kenntnissen ausgestattet sein, andererseits aber soll er für sein Einfühlungsvermögen und für seinen unbeirrbar ehrenhaften Charakter bekannt sein"[16].

Diese Gerichtsperson besitzt zahlreiche und umfangreiche Zuständigkeiten, auch aus diesem Grund beschäftigt sein Amt eine entsprechend große Zahl von Mitarbeitern[17]. In äußerster Kürze läßt sich sagen, daß der Öffentliche Kriminalzensor die Mitteilung über eine Straftat empfängt, Klagen und Anzeigen entgegennimmt, das Verfahren eröffnet, die Untersuchungen leitet, die Entwicklung der Verfahren überwacht, die Einhaltung der Verfahrensregeln kontrolliert und Anordnungen für Vorladungen, Verhöre sowie überhaupt für die Aufnahme von Beweisen trifft Er muß also insgesamt – mit den Worten des Veroneser Gesetzgebers – „volle Kenntnis aller Prozesse (sc. Strafprozesse) ohne Unterschied besitzen"[18]. Daneben ist es seine Aufgabe, die Gefängnisse zu überwachen, zu welchem Zwecke er die Beschwerden und Eingaben von Gefangenen entgegennimmt[19]; und schließlich trägt er dem Gericht seine Folgerungen und etwaigen Strafanträge zu Beginn der Untersuchungstätigkeit sowie dann wieder am Ende des Verfahrensabschnitts, den man als Verhandlungsabschnitt bezeichnen kann, vor[20].

Die Aufgabe des Öffentlichen Kriminalzensors besteht darin, aus seiner Instruktionstätigkeit „jene Wahrheit hervorgehen zu lassen, die einzig und allein Gegenstand der Justiz ist", und aus eben diesem Grunde „sollen die Untersuchungen stets allgemeine sein", so daß aus ihnen „gleichzeitig ohne Unterschied abgeleitet werden kann, was für den Fiskus günstig sein könnte und was zugunsten des Beschuldigten sprechen könnte"[21]. Mithin begegnen wir in diesem Passus des Veroneser Gesetzes der immer wiederkehrenden Auffassung – man hat freilich insofern auch schon von

---

    insb. S. 159–170; dt. Übersetzung: *Ettore Dezza*, Italienische Prozeßordnungen im Kodifikationszeitalter; in: Ders., Beiträge zur Geschichte des modernen italienischen Strafrechts (Juristische Zeitgeschichte. Abteilung 1, Bd. 16). Berlin 2004, S. 135–167, insb. S. 135–145.

16 „Plan für eine neue Gestaltung des Kriminalgerichts zu Verona", a.a.O., S. 228.

17 „Plan für eine neue Gestaltung des Kriminalgerichts zu Verona", a.a.O., S. 230: „Falls ihm hierzu jene Unterstützung fehlt, derer er angesichts des Umfangs solcher Aufsichtstätigkeit natürlicherweise bedarf, wird ihm die Hinzuziehung einer Person mit dem Titel „Sekretär" und einer weiteren Person mit dem Titel „Koadjutor" gestattet, außerdem ein Amtsdiener, der ihm zugeordnet ist und ihm in keinem Falle entzogen wird". Die Ernennung eines Öffentlichen Kriminalzensors ist außerdem vorgesehen bei den für den Bereich der leichteren Kriminalität zuständigen Justizbehörden in Cologna und Legnago.

18 „Plan für eine neue Gestaltung des Kriminalgerichts zu Verona", a.a.O., S. 228–229.

19 „Plan für eine neue Gestaltung des Kriminalgerichts zu Verona", a.a.O., S. 229–230.

20 „Plan für eine neue Gestaltung des Kriminalgerichts zu Verona", a.a.O., S. 229.

21 „Plan einer neuen Strafprozeßordnung", a.a.O., Kapitel V, „Von der Art der Untersuchung und von den Anklagen", S. 239–240.

einem „Mythos" gesprochen[22] – von der Ermittlung der materiellen und objektiven Wahrheit, einem Grundsatz, der, vor allem dort, wo er von der Justiz auch die Erforschung der zugunsten des Beschuldigten sprechenden Elemente verlangt, eine zweifellos rechtsstaatliche Funktion besitzt, der aber, genauer betrachtet, in der Geschichte der Verfahrenssysteme bei zahlreichen Gelegenheiten als Maskierung und als Fassade für streng inquisitorische Strukturen verwendet wird[23].

Abgesehen von dieser speziellen Frage bleibt freilich die Tatsache, daß in dieser ersten Phase das gesamte Verfahren auf den Öffentlichen Kriminalzensor zugeschnitten ist, dem im übrigen gemäß einer faktisch im Verfahrensmodell des *Ancien Régime* weit verbreiteten Übung auch gestattet ist, die aus dem Untersuchungsauftrag sich ergebenden Handlungen, auch wichtige Handlungen, auf untergeordnete Beamte der öffentlichen Verwaltung zu übertragen[24]. Andererseits verlangt das Veroneser Gesetz – und in diesem Punkte treten die rechtsstaatlichen Gründe offen zutage – die Anwesenheit eines Richters des Kriminalgerichts bei besonders wichtigen Prozeßhandlungen, wie z.B. bei der Inaugenscheinnahme des Tatortes, der Vernehmung von Zeugen[25] und dem Verhör des Beschuldigten[26], und es schreibt dar-

---

22 *Angelo Giarda*, „Persitendo'l reo nella negativa", Mailand 1980, S. 5.
23 Nur als ein Beispiel nennen wir das Habsburgische Gesetzbuch über Verbrechen und schwere Polizeiübertretungen, 1803 verkündet und im Königreich Lombardo-Venetien am 1. Januar 1816 in Kraft getreten. Der zweite Abschnitt dieses Textes, überschrieben „Von dem rechtlichen Verfahren über Verbrechen", regelt einen inquisitorischen Mechanismus von wissenschaftlicher Präzision, durch den „mit möglichster Genauigkeit die Wahrheit aller Umstände erhoben" werden soll (§ 271) und, nach der Ankündigung, daß „der Hauptzweck des gerichtlichen Verfahrens gegen einen Beschuldigten ist, seine Schuld oder Schuldlosigkeit vor Augen zu legen" (§ 334), und daß „das Kriminalgericht durch die Untersuchung jeden Umstand, welcher auf das dem Beschuldigten zur Last gelegte Verbrechen Beziehung hat, so wie alles, was zu seiner Rechtfertigung behülflich seyn kann", erforschen muß (§ 335), zu dem Schluß gelangt, daß, „da die Vertheidigung der Schuldlosigkeit schon von Amts wegen in der Pflicht des Kriminalgerichtes mitbegriffen ist, [...] der Beschuldigte weder die Zugebung eines Vertreters, oder Vertheidigers, noch die Mittheilung der vorhandenen Anzeigungen verlangen" könne (§ 337).
24 Praktisch geht der untersuchte Text davon aus, daß Verhöre, Gegenüberstellungen, Durchsuchungen und Untersuchungen ganz oder zum Teil sowohl von einem Gerichtsschreiber des Kriminalgerichts als auch von einem nicht genauer bezeichneten „Assistenten" vorgenommen werden kann; „Plan einer neuen Strafprozeßordnung", a.a.O., Kapitel IV, „Von den Handlungen, die im Anschluß an eine Anzeige zu erfolgen haben", S. 237–239, Kapitel V, a.a.O.; Kapitel VI, „Von der Ermittlung der Beschuldigten", S. 241–242, Kapitel VIII, „Von den Konstituten oder von der Vernehmung der Verhafteten", S. 244–247.
25 „Plan einer neuen Strafprozeßordnung", a.a.O., Kapitel IV, a.a.O.: in beiden Fällen müssen die jeweiligen Protokolle von dem bei den Ermittlungshandlungen anwesenden Richter des Kriminalgerichts gegengezeichnet werden.
26 „Plan einer neuen Strafprozeßordnung", a.a.O., Kapitel VIII, a.a.O.

über hinaus – was besondere Hervorhebung verdient – vor, daß der Erlaß von Haftbefehlen allein dem Gericht zustehe[27].

Gehen wir nun zur Betrachtung jener Fakten über, die wir aus der Prüfung der gleichsam chronologischen Einteilung der Untersuchungshandlungen entnehmen können. In dieser Hinsicht stellen wir fest, daß die Fristen, die allgemeinen Kategorien und selbst die Terminologie des *Piano* zum großen Teil dem typischen Inquisitionsprozeß des gemeinen Rechts entlehnt sind.

Zunächst läßt sich feststellen, daß eine Haupteinteilung zwischen dem Abschnitt der Generalinquisition, in dem die tatsächliche Existenz der Tat und deren Merkmale und Umstände festgestellt werden sollen, und dem nachfolgenden Abschnitt der Spezialinquisition, in dem die Verantwortlichkeit des Beschuldigten festgestellt werden soll, getroffen wird. Genauer gesagt wird diese Einteilung nicht ausdrücklich im untersuchten Text angeordnet, sondern bleibt weitgehend unausgesprochen, jedoch ist der Wille des Gesetzgebers deutlich erkennbar[28]. Im übrigen bedient der Veroneser *Piano* sich mehrfach, um diesen besonderen prozessualen Abschnitt umfassend zu kennzeichnen, eben der Bezeichnung „Untersuchung" *(inquisizione)*[29] und unterläßt auch nicht den unmißverständlichen, mit dem bereits erwähnten Grundsatz der Erforschung der materiellen Wahrheit übereinstimmenden Hinweis, daß die Erkenntnis der Wahrheit eben den „Gegenstand der Untersuchung" bilde[30].

Ganz ausdrücklich ist hingegen eine zweite Einteilung angesprochen, die ebenfalls aus der Praxis des Ancien Régime übernommen ist, nämlich diejenige zwischen informatorischem Prozeß *(processo informativo)* und Verteidigungsprozeß *(processo difensivo)*. Mit der Bezeichnung „informatorischer Prozeß" ist jener Verfahrensabschnitt gemeint, in dessen Rahmen der Magistrat die eigenen Untersuchungen durchführt, zugleich aber auch die Gesamtheit der Untersuchungshandlungen, die in dieser Phase vom Magistrat durchgeführt werden, d.h. Zeugenvernehmungen, Gegenüberstellungen, Gutachten, Sammlung von Urkunden usw. Alle diese Prozeßhandlungen müssen einer skrupulösen Protokollierung unterzogen werden – dies mit Rücksicht auf den die Untersuchung beherrschenden Grundsatz der Schriftlichkeit,

---

27 „Plan einer neuen Strafprozeßordnung", a.a.O., Kapitel VII, „Von der Verhaftung der Beschuldigten", S. 242–244.

28 Die Probleme der Generalinquisition sind dargestellt in den Kapiteln III – VIII, jeweils a.a.O.

29 Vgl. „Plan einer neuen Strafprozeßordnung", a.a.O., Kapitel IV, a.a.O., wo betont wird, daß „auch vom kleinsten Vorfall [...] mitunter die wichtigsten Spuren für die Untersuchung ausgehen".

30 „Plan einer neuen Strafprozeßordnung", a.a.O., Kapitel IV, a.a.O.: „Ist der wirklich reale Gehalt ... der angezeigten Tat ermittelt, so wird zur Feststellung des Täters geschritten ... und zwar in der Weise, daß, nachdem das Verfahren eröffnet ist, anschließend jene Zeugen vernommen werden [...], von denen eine gründliche Kenntnis der Wahrheit des Untersuchungsgegenstandes erlangt werden kann".

der sich eng mit dem anderen inquisitorischen Grundprinzip der Heimlichkeit verbindet, wonach die Prozeßakten in einem besonderen Bündel aufbewahrt werden und erst am Ende des informatorischen Verfahrens „eröffnet", d.h. dem Beschuldigten bekannt gemacht werden. Auf den „informativen Prozeß" folgt dann in der Tat auch im Veroneser System der „Verteidigungsprozeß", in dessen Verlauf der Beschuldigte, nachdem er endlich die Verfahrensakten kennengelernt hat, Gelegenheit bekommt, seine Verteidigung aufzubauen, wofür ihm allerdings nur sehr begrenzte Fristen zur Verfügung stehen, in unserem Falle in der Regel zwei Wochen[31].

Im Zusammenhang mit dem zuletzt erwähnten Problem erscheint es nicht überflüssig, die Regelung der Stellung des Beschuldigten und der Rechte der Verteidigung näher ins Auge zu fassen – eine Regelung die sich als vorzüglicher Untersuchungsgegenstand anbietet, wenn man feststellen will, ob wenigstens einige der tragenden Gedanken der strafrechtlichen Reformbewegung des 18. Jahrhunderts nachhaltige Wirkungen auf die besondere und spezielle Lage in Verona ausgeübt haben.

Wie bereits bemerkt, kann der Beschuldigte, abgesehen von Sonderfällen wie dem der flagranten Tat, nur in Ausführung eines vom Kriminalgericht erlassenen Haftbefehls verhaftet werden[32]. Die Dauer dieser Freiheitsentziehung wird nicht genauer geregelt, doch muß jedes Verfahren im Verlauf von drei Monaten abgeschlossen werden, vorbehaltlich einiger „rechtfertigender Gründe im Sinne besserer Justiz", zu denen natürlich das Vorziehen von Verfahren, in denen der Beschuldigte sich in Haft befindet, gehört[33]. Während der Haftzeit und natürlich auch während der Verbüßung einer etwaigen Gefängnisstrafe können der Beschuldigte bzw. der Verurteilte Petitionen oder Beschwerden über ihre Haftbedingungen einreichen. Im einzelnen heißt es dazu im *Plan für eine neue Gestaltung des Kriminalgerichts,* daß dem Öffentlichen Kriminalzensor sowohl „Beschwerden derjenigen, die sich in den Gefängnissen befinden und entweder verstimmt oder unsicher über ihr weiteres Schicksal sind", als auch „alle sonstigen Klagen gegen das Aufsichtspersonal" der Gefängnisse vorgelegt werden sollen[34].

---

31 „Plan einer neuen Strafprozeßordnung", a.a.O., Kapitel VIII, a.a.O., Kapitel X, „Von der Verteidigung der Beschuldigten und deren Fristen", S. 248–249, sowie Kapitel XI, „Von der Betreibung der Verfahren gegen anwesende Beschuldigte", S. 250–251.

32 „Plan einer neuen Strafprozeßordnung", a.a.O., Kapitel VII, a.a.O.

33 „Plan einer neuen Strafprozeßordnung", a.a.O., Kapitel XI, „Von den festgelegten Zeiten zur Betreibung der Prozesse", S. 247–248: „Beim Zusammentreffen verschiedener Strafsachen müssen Haftsachen mit Vorrang vor denjenigen der Abwesenden betrieben werden". Gibt es mehrere Beschuldigte und sind einige von ihnen „anwesend, geständig oder überführt", andere hingegen nicht geständig, abwesend oder flüchtig, „so wird das Verfahren gegen die ersteren ohne Verzug betrieben".

34 „Plan für eine neue Gestaltung des Kriminalgerichts", a.a.O., S. 229–230.

Während der Dauer seiner Haft kann der Beschuldigte besonderen Untersuchungshandlungen unterworfen werden wie z.B. einer Gegenüberstellung; die zentrale Ermittlungshandlung in diesem Verfahrensabschnitt – eine Verfahrenshandlung, die häufig endgültige Auswirkung hat – ist jedoch das Verhör, besser gesagt das – um den in der hier betrachteten und übrigens auch in allen anderen Quellen des Ancien Régime gebräuchlichen Begriff zu verwenden – „Anklagekonstitut" *(costituto del reo)*. Und die Merkmale und Begleitumstände gerade dieses Konstituts vermögen uns einige wichtige Aufschlüsse über die Position des untersuchten Textes in einem Zeitalter dauernder Veränderungen wie demjenigen, das die Rechtsinstitute an der Wende vom 18. zum 19. Jahrhundert durchmachen, zu liefern.

Doch wir wollen der Reihe nach vorgehen. Sobald der Beschuldigte in Haft genommen ist, wird er isoliert. Vorbehaltlich anderer Anordnungen des Magistrats wird dieser Isolationszustand bis zum Zeitpunkt der Vernehmung, die im übrigen „schleunig und innerhalb kürzester Frist vorzunehmen ist"[35], aufrechterhalten. Die Vernehmung wird in Anwesenheit eines Richters des Kriminalgerichts vorgenommen und umständlich protokolliert; vor allem müssen die Antworten des Beschuldigten in der ersten Person wiedergegeben werden, „wodurch die Empfindungen am leichtesten beschrieben werden und ihr natürlicher Ausdruck mit größter Klarheit hervortritt"[36]. Nach Beendigung der üblichen Präliminarien (Name, Vorname, Abstammung usw.) teilt der Beamte, der die Vernehmung durchführt – üblicherweise handelt es sich um einen Gerichtsschreiber – dem Beschuldigten die Ergebnisse des laufenden Verfahrens mit und bemüht sich um die Erlangung eines möglichst umfassenden und schleunigen Geständnisses. Zu diesem Zweck darf er nicht Drohungen oder Versprechungen von Straflosigkeit anwenden, sondern „einzig und allein Mittel der Überzeugung [...] und der strengsten Gerechtigkeit", falls die Beschuldigten „im Leugnen verharren"[37].

---

35 „Plan einer neuen Strafprozeßordnung", a.a.O., Kapitel VII, a.a.O. In Strafsachen, „die ihrer Natur nach zur Verhaftung führen," wird der Beschuldigte erst gehört, wenn er sich in der Haft befindet.

36 „Plan einer neuen Strafprozeßordnung", a.a.O., Kapitel VIII, a.a.O.: „Die Fragen müssen ausführlich protokolliert werden, dürfen also weder summarisch noch in abgekürzter Form erstellt sein; die darauf gegebenen Antworten müssen stets in der ersten Person niedergeschrieben werden, da es auf diese Weise leichter ist, die Empfindungen wiederzugeben, und daraus mit größerer Deutlichkeit ihren natürlichen Ausdruck zu entnehmen".

37 „Plan einer neuen Strafprozeßordnung", a.a.O., Kapitel VIII, a.a.O.: „Stets ist es als verboten anzusehen, beim Verhör Drohungen irgendeiner Art anzuwenden oder zur Erzielung des Geständnisses irgend eine Form der Straflosigkeit zu versprechen; zulässig sind einzig und allein Mittel der Überzeugung, und vor allem der Hinweis auf die Auswirkungen, die sich aus dem von ihnen geleisteten Eid ergeben, sowie auf die strengere Gerechtigkeit im Weigerungsfalle". Zur umfänglichen Verwendung des zuletzt genannten Ausdrucks in den Gesetzen der Zeit des späten gemeinen Rechts vgl. *Giarda*, „Persistendo'l reo nella negativa", a.a.O., passim.

Am Ende des Verhörs liest der Gerichtsschreiber das Protokoll dem Beschuldigten „deutlich" vor und vergewissert sich, daß dieser dessen Inhalt verstanden hat. Dieses Protokoll wird sodann vom Gerichtsschreiber sowie, notfalls mit einem Kreuz, vom Beschuldigten unterschrieben und des weiteren vom Richter, welcher der Vernehmung beigewohnt hat, gegengezeichnet[38].

Das volle und umständliche Geständnis, das ein Beschuldigter im Laufe der förmlichen Vernehmung abgelegt hat, führt unmittelbar zur Beendigung des informatorischen Verfahrens, zur Eröffnung der Verfahrensakten und zum Übergang zum erwähnten Abschnitt des Verteidigungsfahrens[39]. Fehlt es hingegen an diesem Geständnis oder entspricht das Geständnis nicht den zuvor gesammelten Beweisergebnissen, so ermächtigt der Magistrat zu einem einmaligen oder mehrfachen erneuten Verhör des Beschuldigten innerhalb einer kurzen Frist. Beharrt der Beschuldigte auf seinem Leugnen und ist der Magistrat der Auffassung, daß es weiterer Beweisergebnisse nicht bedarf, so wird in das Verteidigungsverfahren eingetreten[40]. In diesem Falle werden jedoch dem Beschuldigten im Verlauf der letzten Vernehmung „auf klare und eingehende Weise alle bestehenden Verdachtspunkte und die gegen ihn sprechenden Indizien" zur Kenntnis gebracht, und ihm wird mitgeteilt, daß er „von der Justiz als Täter der ihm vorgeworfenen Straftat und damit als der vom Gesetz angedrohten Strafe verfallen" angesehen wird[41].

Damit wird hinreichend deutlich, daß auch im Veroneser Verfahrensmodell – wie in den Verfahrenssystemen des gemeinen Rechts – das Geständnis eine absolut zentrale Bedeutung besitzt; und wenn es zutrifft, daß die hier betrachtete Prozeßordnung den alles andere als zweitrangigen Grundsatz vertritt, daß von dem Beschuldigten niemals die Wahrheit gefordert werden könne, außer im Hinblick auf die Tat eines

---

38 „Plan einer neuen Strafprozeßordnung", a.a.O., Kapitel VIII, a.a.O.

39 „Plan einer neuen Strafprozeßordnung", a.a.O., Kapitel VIII, a.a.O.: „Gesteht der Verhaftete das ihm vorgeworfene Verbrechen freiwillig und in seinen unbestreitbaren Einzelheiten und bestätigt er, daß diese Aussage als sein Geständnis zu gelten habe, so muß sein Geständnis in diesem Falle als einer der bestmöglichen Beweise angesehen werden, weshalb der Prozeß ohne weitere Vernehmung von Zeugen eröffnet werden kann, indem ihm die Abschrift ausgehändigt wird und ihm zugleich eine kurze Frist gesetzt wird, innerhalb derer er vorbringen kann, was er für erforderlich hält ... wobei ihm anheim gestellt wird, sich dieserhalb einen Verteidiger zu wählen ,,.

40 „Plan einer neuen Strafprozeßordnung", a.a.O., Kapitel VIII, a.a.O.: „Ist er zu der Erkenntnis gelangt, daß es nutzlos sei, ein weitere Vernehmung durchzuführen und daß nichts entgegensteht, den informatorischen Prozeß abzuschließen, ... so wird ihm [dem Beschuldigten] sodann anheim gestellt, seine Verteidiger zu wählen, wobei ihm auch der Zeitraum mitgeteilt wird, der ihm dafür zur Verfügung steht; dieser darf nicht mehr als zwei Wochen betragen".

41 „Plan einer neuen Strafprozeßordnung", a.a.O., Kapitel VIII, a.a.O.

anderen[42], so ist doch auch richtig, daß dieselbe Prozeßordnung konkret das Geständnis „als eines der bestmöglichen Beweismittel" beurteilt[43]. Auf diese Weise wird einer der besonders typischen Verfahrensmechanismen des gemeinen Rechts aufrechterhalten, eben jener Mechanismus nämlich, der im Beschuldigten selbst ein vorzügliches Mittel des Beweises über jene Straftat, die ihm selber vorgeworfen wird, erblickt, und nur wenige Jahre zuvor noch die Anwendung der gerichtlichen Folter ermöglicht und gerechtfertigt hat[44]. Im Veroneser Gesetz ist ihre Anwendung natürlich nicht mehr vorgesehen, aber es wäre auch außerordentlich erstaunlich, wenn wir ein solches Rechtsinstitut in einem Gesetzestext antreffen würden, der von einer, wenn auch nur dem Namen nach, revolutionären Regierung erarbeitet ist, welche mehr als vierzig Jahre nach der Veröffentlichung von Beccarias *Dei delitti e delle pene* und acht Jahre nach dem Sturm auf die Bastille tätig wird.

Der soeben erwähnte Übergang zum sog. Verteidigungsprozeß gibt uns Gelegenheit, an diesem Punkt auf die Kürze der Fristen hinzuweisen, die den technischen und professionellen Beiständen des Beschuldigten in diesem Verfahrensabschnitt eingeräumt sind. Ist nämlich die Verfahrensakte eröffnet worden, so hat der Beschuldigte die Möglichkeit, sich auf eigene Kosten einen Verteidiger zu wählen; will oder kann er dies nicht, so wird ihm ein vom Gericht ausgewählter Verteidiger beigeordnet, damit „in diesem Teil niemand der geeigneten Unterstützung ermangelt"[45]. Das Ganze erschöpft sich dann freilich in der Möglichkeit, dem Gericht innerhalb von zwei Wochen die eigenen „Verteidigungspunkte" *(capitoli a difesa)* zu präsentieren[46]. Nach Vorbringen dieser Punkte – natürlich in schriftlicher Form – hat der Öf-

---

42 „Plan einer neuen Strafprozeßordnung", a.a.O., Kapitel V, a.a.O. (o. Fußn. 21). („Zu beachten ist, ... daß alle ihren Eid leisten, aus dem die Verpflichtung folgt, die Wahrheit zu sagen; die Wahrheit, welche die genannten Angeklagten selbst betrifft, kann man jedoch nicht verlangen, sondern nur diejenige über die Tat eines anderen"), sowie Kapitel VIII, a.a.O. („Es wird angenommen, daß auch bei ... der Vereidigung von Verhafteten der Eid abzunehmen ist, soweit es um die Tat eines anderen geht").

43 „Plan einer neuen Strafprozeßordnung", a.a.O., Kapitel VIII, a.a.O. („... muß sein Geständnis in diesem Falle als einer der bestmöglichen Beweise angesehen werden").

44 S. dazu aber, auch mit Literaturhinweisen, *Paolo Marchetti*, Testis contra se. L'imputato come fonte di prova nel processo penale dell'età moderna. Mailand 1994.

45 „Plan einer neuen Strafprozeßordnung", a.a.O., Kapitel X, „Über die Verteidigung der Beschuldigten und deren Fristen, S. 248–249.

46 „Plan einer neuen Strafprozeßordnung", a.a.O., Kapitel X, a.a.O. Die Frist von 2 Wochen ist peremptorisch und beginnt mit der Aushändigung der Prozeßakte an den Angeklagten oder seinen Verteidiger. In einigen Fällen kann die Frist auch merklich abgekürzt werden, beispielsweise dann, wenn der Angeklagte geständig ist (in diesem Falle spricht man von „kurzer Frist"): vgl. o. (Fußn. 39), oder wenn – immer bei geständigen Angeklagten – es sich um ein „schweres Verbrechen oder um ein bedeutsames Verbrechen, bei dem ein Exempel statuiert werden muß", handelt; in diesem Fall kann die Frist für die Verteidigung „statt auf Tage auch auf Stunden begrenzt werden": „Plan einer neuen Strafprozeßordnung", a.a.O., Kapitel IX („Über die Begrenzung der Frist zwecks Beförderung der Prozesse"), S. 247–248.

fentliche Kriminalzensor oder eine etwaige „opponierende Partei" acht Tage Zeit, um ihre eigenen Gegengründe vorzubereiten, nach deren Präsentation eine weitere Frist von sieben Tagen zu laufen beginnt, innerhalb derer das Kriminalgericht obligatorisch zur „Spedition" der Sache überzugehen hat, d.h. zu dem, was wir heute, natürlich mit den erforderlichen Vorbehalten, als Verhandlungsphase des Verfahrens bezeichnen könnten[47].

Tatsächlich tritt das Gericht in öffentlicher Sitzung zusammen, „bei offenen Toren und mit der Freiheit des Zutritts für jedermann". Wenn er es wünscht, kann auch der Beschuldigte anwesend sein. Ein berichterstattender Richter oder ein Gerichtsschreiber faßt die wesentlichen Punkte der Sache zusammen und verliest des weiteren vollständig oder doch in den wesentlichen Teilen die Verfahrensakten „sowohl zum Zwecke der Information als auch dem der Verteidigung". Sodann ist es am Öffentlichen Kriminalzensor, seine eigene Sachverhaltsdarstellung und seine Schlüsse aus der Sicht der Anklage vorzutragen sowie die „Gesetze anzugeben, die er auf die Straftat, um die es geht, anwenden würde". Schließlich äußern sich die Verteidiger des Beschuldigten, die sich freilich darauf beschränken können, ihre schriftlichen Anlagen vorzutragen, die aber auch mündlich verhandeln können, indem sie, wenn der Fall dies ergibt, eine mündliche Erwiderung abgeben. Am Ende wird der Verhandlungssaal für die Öffentlichkeit geschlossen und die Richter treten unmittelbar in die Urteilsfindung ein[48].

Von den drei klassischen akkusatorischen Grundsätzen der Öffentlichkeit, der Mündlichkeit und des kontradiktorischen Verfahrens findet der erste, die Öffentlichkeit, in diesem Falle uneingeschränkt Anwendung. Auch die Beachtung der Mündlichkeit und der Verhandlungsmaxime ist vorgesehen, jedoch nicht unerläßlich, denn wie wir gesehen haben, kann die Verhandlung sich, theoretisch betrachtet, in der bloßen Verlesung der vorbereiteten schriftlichen Stellungnahmen seitens des Öffentlichen Kriminalzensors und des Verteidigers erschöpfen. Hier begegnen wir also Öffnungen mit unzweifelhaft rechtsstaatlichem Charakter, auf die wir, zumindest teilweise, auch in den Bestimmungen über den Erlaß des Urteils stoßen.

Das Kriminalgericht entscheidet stets als Spruchkörper bei geschlossenen Türen und ohne Beteiligung des Öffentlichen Kriminalzensors. Jeder Richter, beginnend mit dem jüngsten, trägt sein Votum vor und ist verpflichtet, dieses zu begründen. Als letzter äußert sich der Präsident. Die Entscheidungen werden mit einfacher Mehrheit gefaßt, außer in den Fällen, für welche die Todesstrafe vorgesehen ist, dort gilt zum

---

47 „Plan einer neuen Strafprozeßordnung", a.a.O., Kapitel X, a.a.O. Während des Laufes der letzten Frist von sieben Tagen können „sowohl der Angeklagte als auch die Gegenpartei oder auch der Zensor" noch „mündliche oder schriftliche Ergänzungen vornehmen".

48 „Plan einer neuen Strafprozeßordnung", a.a.O., Kapitel XI („Über das Verfahren gegen anwesende Angeklagte"), S. 250–251.

einen eine qualifizierte Mehrheit (die fünf der sieben Richter ausmachen muß), zum anderen wird die Einheitlichkeit der Begründungen für die Einzelstimmabgaben gefordert. Falls im Hinblick auf die Strafe die Abstimmung ein uneinheitliches Ergebnis „über das Mehr oder Weniger" ergibt, so wird stets die geringere Strafe verhängt. Die Urteile müssen, soweit nicht besondere Hindernisse entgegenstehen, innerhalb von 24 Stunden schriftlich abgefaßt, begründet, veröffentlicht und ausgefertigt werden. Die Begründung „faßt knapp die Straftat und ihre wesentlichen Umstände zusammen und gibt eine kurze Darstellung der Gründe, die das Gericht zu der gefällten Entscheidung bewogen haben"[49].

Damit endet der von der Veroneser Gesetzgebung des Jahres 1797 geregelte Verfahrensgang. Bevor wir jedoch Schlüsse aus dem bisher Vorgetragenen ziehen können, müssen wir uns noch einem anderen Problem zuwenden. Es geht um ein Problem von grundlegender Bedeutung für jedes Verfahrenssystem, nämlich um das der Beweisaufnahme. Wir haben es bereits angesprochen, als wir die große Bedeutung erwähnt haben, die auch im hier untersuchten Verfahrensmodell immer noch dem Geständnis beigemessen wird, das nach wie vor weitgehend, wie in den Systemen des gemeinen Rechts, als „Königin der Beweismittel" angesehen wird. Noch bedeutsamer in dieser Hinsicht ist jedoch ein Passus, auf den wir in Kapitel XIV des *Piano di Procedura* treffen, das die Entscheidungen des Kriminalgerichts und die formellen Merkmale des Urteils behandelt. Der Passus lautet folgendermaßen:

> „Liegen vollständige Beweise vor, so wird die vom Gesetz für dieses Delikt angeordnete Strafe verhängt; ist dies aber nicht der Fall und fühlt sich das Gemüt des Richters nicht vollständig beruhigt, so wird eine außerordentliche Strafe ausgesprochen, deren größere oder geringere Höhe sich nach der Art des Delikts und aller anderen Umstände des Verfahrens bestimmt; jedoch dürfen diese nur aus dem Wesen der Zeugnisse, die gegen den Angeklagten abgelegt worden sind, sowie aus einigen anderen Beweisarten, die im Verfahren vorgetragen worden sind, entnommen werden."[50]

Wie man sieht, haben wir es hier mit einem typischen Schema des vorrevolutionären Strafprozesses zu tun: Ist ein voller Beweis erbracht worden, so wird die gesetzlich vorgesehene Strafe verhängt; andernfalls verurteilt der Richter zu einer außerordentlichen und arbiträren Strafe, die niedriger ist als die gesetzliche Strafe und im Verhältnis steht zu einer Reihe nicht abschließend bestimmter Elemente wie beispielsweise dem Wesen der Straftat, den prozessualen Umständen, den verschiedenen

---

49 „Plan einer neuen Strafprozeßordnung", a.a.O., Kapitel XIV („Zu den Sitzungen des Gerichts und zu den Förmlichkeiten seiner Entscheidungen"), S. 254–256. Gemäß einem Grundsatz römischrechtlicher Herkunft führt im Falle eines durch Anzeige eröffneten Verfahrens der Freispruch des Angeklagten „zur Verurteilung des Anklägers zu derselben Strafe, wie sie für die Tat des Angezeigten angedroht ist".

50 „Plan einer neuen Strafprozeßordnung", a.a.O., Kapitel XIV, a.a.O.

Beweiselementen usw.[51] Anders ausgedrückt: Das Veroneser Gesetz erhält mit einer Entscheidung, die von der extremen Bevorzugung des Geständnisses geprägt ist, ein Element des Systems gesetzlicher Beweise des Ancien Régime am Leben, das von den Vertretern des strafrechtlichen Reformdenkens im Aufklärungszeitalter besonders kritisiert worden ist, weil es die tragenden Fundamente der Sicherheit und der Legalität in Frage stellt. In diesem Zusammenhang verdient besondere Erwähnung der Einschub „und sich das Gemüt des Richters nicht vollständig beruhigt", aus dem man zwar eine Öffnung zum Grundsatz der inneren Überzeugung herauslesen kann, jedoch in einem Zusammenhang, der die Anwendung dieses Grundsatzes zu einer konkreten Bedrohung für die Situation des Beschuldigten werden läßt, gerade so, wie es von zahlreichen Autoren des 18. Jahrhunderts befürchtet wurde, die freilich in der Bezugnahme auf die innere Überzeugung das Mittel zur Überwindung der Verschrobenheiten des herrschenden Systems erblickt hatten[52].

Die Existenz des beschriebenen eigentümlichen Rechtsinstituts gerade in einem Teil der untersuchten Regelung wie demjenigen über Verhandlung und Urteil, dem es nicht an Aspekten mit durchaus auch grundlegend innovativen Zügen fehlt, symbolisiert ein wenig die komplexe, nicht einheitliche Natur dieses *Piano di procedura penale*, womöglich auch die der gesamten Veroneser Gesetzgebung von 1797. Es handelt sich nicht nur um einen provisorischen, sondern auch um einen im Hinblick auf Struktur, Systematik und Inhalte unvollständigen, mitunter auch widersprüchlichen Text. Unvollständig ist er u.a. wegen des Fehlens eines Systems von formellen Nichtigkeitsgründen und wegen des offenkundigen Mangels eines Rechtsmittelsystems (ein Mangel, der jegliche strafrichterliche Entscheidung unanfechtbar und endgültig werden läßt)[53]. Widersprüchlich ist er u.a. darin, daß er einerseits im Falle

---

51 Detaillierte Beschreibung der prozessualen Mechanismen, welche in der Zeit des gemeinen Rechts die präzise Verknüpfung zwischen Beweissystem und arbiträrer bzw. außerordentlicher Strafe herstellen, vgl. *Bernard Schnapper*, Les peines arbitraires du XIIIe au XVIIIe siècle (doctrines savantes et usages français), in: Tijdschrift voor Rechtsgeschiedenis XLI (1973), 237–277, XLII (1974), 81–112, sowie, unter besonderer Bezugnahme auf die lombardische Praxis des Ancien Régime, *Adriano Cavanna*, La codificazione penale in Italia. Le origini lombarde. Mailand 1975, S. 197–225.

52 Wir erlauben hierzu uns den Hinweis auf *Ettore Dezza*, Tommaso Nani e la dottrina dell'indizio nell'età dei lumi, Mailand 1992.

53 Sorgfältig geregelt ist hingegen die „Verfahrensweise gegenüber Abwesenden": Der Beschuldigte, der sich im Zeitpunkt der Verhandlung nicht in Haft *(nelle forze)* befindet, wird zweimal zum persönlichen Erscheinen aufgefordert; erscheint er nicht, so ergeht eine Kontumaz-Erklärung über ihn, und es wird in seiner Abwesenheit verhandelt; die in Abwesenheit Verurteilten, die sich binnen drei Monaten nach der Entscheidung freiwillig melden, „werden angehört, und es wird ihnen ihr Verteidigungsvortrag gestattet". Vgl. „Plan einer neuen Strafprozeßordnung", a.a.O., Kapitel XII („Verfahrensweise gegenüber Abwesenden"), S. 251–252, sowie Kapitel XIII („Form und Fristen für die Befreiung von der Kontumaz-Erklärung"), S. 252–254.

des Geständnisses den zweifellos innovativen Grundsatz aufstellt, daß die Mitteilung der Wahrheit von dem Beschuldigten nur im Hinblick auf die Tat eines anderen verlangt werden darf, andererseits aber dahin zurückkehrt, daß das gesamte Verfahren sich um die Vorstellung dreht, daß der Beschuldigte, als *testis contra se*, die entscheidende Quelle des zur Verurteilung führenden Beweises sein müsse.

Schaut man näher hin, so gehen die erwähnten negativen Aspekte weitgehend auf das Konto der einfach chaotischen Situation, in welche die Veroneser Gesetzgeber sich gestellt sahen, der äußerst kurzen Zeit, die ihnen zur Verfügung stand und der politischen Perspektiven, die alles andere als beruhigend waren und in jenen Monaten des Jahres 1797 gerade einer Klärung entgegenstrebten[54]. Diesem Faktorenbündel muß noch ein gesellschaftlicher Zustand und ein Zustand der öffentlichen Ordnung hinzugerechnet werden, der es mit an Sicherheit grenzender Wahrscheinlichkeit ratsam hat erscheinen lassen, bei Reformen des Strafrechts mit großer Behutsamkeit vorzugehen.

Somit erklärt sich leicht, warum man im untersuchten Text Grundsätze und Rechtsinstitute, die dem überkommenen repressiven Verfahrensmodell des Ancien Régime verpflichtet sind, noch massiert antrifft. Was dies angeht, haben wir im Veroneser *Piano* eine strenge und, wie sich sagen läßt, geschlossene inquisitorische Struktur im gesamten ersten Verfahrensabschnitt feststellen können, ferner eine daraus folgende konsequente Anwendung der Grundsätze der Schriftlichkeit und Heimlichkeit, eine zweifellos übergewichtige Bedeutung des Öffentlichen Kriminalzensors, ein nahezu völliges Fehlen des Schutzes der Verteidigungsrechte bis zu einer weit vorangeschrittenen Phase des Prozesses, ein Beweissystem, das mit dem Institut der *poena extraordinaria* arbeitet und um eine spezifische Verfahrenshandlung, das Verhör des Beschuldigten, gruppiert ist, dem zumindest zum Teil rechtliche Schutzgarantien fehlen (es genügt insoweit der Hinweis auf das fehlende Verbot von Suggestivfragen). Auch im Veroneser Reformprojekt ist somit der Beschuldigte noch weitgehend jenes „gedankliche Wesen, das in die Hände des Staates ausgeliefert ist", der „personalen Existenz" beraubt ist, wie es mit wenigen, aber sehr eindrucksvollen Strichen zwanzig Jahre zuvor Pietro Verri in seinen *Betrachtungen über die Folter* gezeichnet hatte[55].

---

54 Vgl. dazu den in Fußn. 1 genannten Beitrag von *Claudio Carcereri de Prati*
55 *Pietro Verri*, Osservazioni sulla tortura e singolarmente sugli effetti che produsse all'occasione delle unzioni malefiche alle quali si attribuì la peste che devastò Milano l'anno 1630 (1776/1777), hrsg. von Roberto Bonchio. Mailand 1979, S. 112 (dt. Ausgabe u.d.T. „Pestverschwörung, Folter und Schandsäule. Die Mailänder Pest in Rechtskritik und Literatur" (mit dem Werk von *Pietro Verri*: Betrachtungen über die Folter und insbesondere über ihre Auswirkungen anläßlich der Schmierereien, denen man die Pest zuschrieb, die Mailand 1630 verwüstete, sowie mit dem Werk von *Alessandro Manzoni*, Die Schandsäule; erscheint voraussichtlich 2007): „Unsere Kriminalpraxis ist wirklich ein Labyrinth sonderbarer Metaphysik. Man

Andererseits müssen wir freilich anerkennen, daß es im *Plan eines neuen Kriminalverfahrens* nicht gänzlich an Aspekten und Merkmalen fehlt, die auf eine Übernahme wenigstens einiger der neuen Grundsätze und der noch nicht im Rest Europas mühevoll eingeführten Modelle hinweisen. Wir erwähnen insoweit vor allem die Verfahrenstruktur, die, wie wir gleich zu Anfang bemerkt haben, in ihren Grundlinien derjenigen entspricht, die dann auch in der endgültigen postrevolutionären Verfahrensform begegnet; wir erwähnen ferner das Vorhandensein einer obligatorischen, wenn auch reichlich spät zum Einsatz gelangenden Verteidigung im technischen Sinne; und schließlich erinnern wir an die substantielle Übernahme der Prinzipien der Öffentlichkeit, Mündlichkeit und des kontradiktorischen Verfahrens im Verhandlungsabschnitt sowie an die sorgfältige Regelung der Entscheidungsphase und an die Vorschriften über die Förmlichkeiten des Urteils. Diesen zweifellos innovativen Zügen sollte unseres Erachtens noch ein weiterer Aspekt hinzugefügt werden, der zumindest auf dem Papier als für das Veroneser Modell kennzeichnend erscheint, nämlich der Aspekt der Verfahrensbeschleunigung[56], eine Beschleunigung, die – wie erinnert werden muß – bereits im Werk Beccarias als indirektes, jedoch unverzichtbares Instrument der Gerechtigkeit und Humanität bezeichnet worden ist[57].

Gegen Ende dieser kurzen Betrachtung wollen wir uns fragen, aus welcher gesetzlichen Regelung die Veroneser Gesetzgeber die besonderen innovativen Aspekte ihrer 1797 vollendeten prozessualen Regelung geschöpft haben.

---

verhaftet einen Menschen, den man wegen eines Verbrechens verdächtigt. Dieser Mensch verliert von diesem Augenblick an seine persönliche Existenz. Es ist ein gedankliches Wesen in den Händen des Staates; dieser verhört ihn, verwickelt ihn in Widersprüche, preßt ihn aus, quält ihn, bis vor lauter Widersprüchen oder Unstimmigkeiten oder wegen eines aus Überdruß an der Gefangenschaft, aus Elend oder aufgrund der Qualen der Folter abgelegten Geständnisses der Staat hinlängliches Material zu seiner Verurteilung erlangt hat. Und nachdem all diese langwierigen und grausamen Prozeduren überstanden sind, während derer es dem Angeklagten nicht gestattet ist, einen Beistand oder Verteidigers beizuziehen, beschuldigt der Staat ihn dieses Verbrechens und stellt ihn deswegen vor den Richter".

56 „Plan einer neuen Strafprozeßordnung", a.a.O., Kapitel IX, a.a.O., S. 247–248: „Das Gericht beginnt die betreffenden Verfahren am selben Tag, an dem es von ihnen Kenntnis erlangt, und es schließt sie so schnell wie möglich ab, und zwar insgesamt innerhalb einer Frist von drei Monaten". Im selben Kapitel wird freilich ergänzt: „soweit [das Gericht] nicht gezwungen ist, aus einem Grunde, der durch den besseren Dienst an der Gerechtigkeit gerechtfertigt ist, anders zu verfahren".

57 *Cesare Beccaria*, Dei delitti e delle pene. Con una raccolta di lettere e documenti relativi alla nascita dell'opera e alla sua fortuna nell'Europa del Settecento, hrsg. von Franco Venturi. Nuova edizione, Turin 1994, § XIX, „Prontezza della pena", (S. 47–49); dt. Ausgabe: *Cesare Beccaria*, Von den Verbrechen und von den Strafen. Aus dem Italienischen von Thomas Vormbaum. Mit einer Einführung von Wolfgang Naucke. Berlin 2004 (Seitenidentische Taschenbuchausgabe Berlin 2005): XIX: „Rasche Bestrafung" (S. 61–63).

Die rein formalen Eigenschaften des untersuchten Textes, insbesondere der Stil der Gesetzessprache, der belehrend, häufig verwickelt und alles in allem noch barock ist, rufen sogleich einen berühmten italienischen Vorläufer in Erinnerung, nämlich die zu recht berühmte *Riforma della legislazione criminale toscana del dì 30 novembre 1786* (Reform der toskanischen Strafgesetzgebung vom 30. November 1786), bekannter unter dem Namen *Leopoldina*[58]. Tatsächlich führt uns die Lektüre des Veroneser Textes zu dem Schluß, daß der gedankliche Standort zumindest einiger der Veroneser Gesetzgeber sich sehr wahrscheinlich nicht stark von demjenigen der zehn Jahre vorher tätigen toskanischen Kollegen unterschieden haben kann. Freilich stoßen wir in der Terminologie des *Piano* von 1797 und noch mehr in den Inhalten des Textes auf nicht wenige Elemente und auf einige punktuelle Entsprechungen (insbesondere bei der Regelung des Verhandlungsabschnitts und der Urteilsfindung), die uns zu einer anderen Annahme führen und uns tatsächlich daran denken lassen, daß die Verfasser des Veroneser *Piano* die neue Regelung des revolutionären Frankreichs, vor allem den *Code des délits et des peines* vom 3. Brumaire des Jahres IV (25. Oktober 1795) gekannt haben müssen, der auch unter dem Namen seines Verfassers als *Code Merlin* bekannt ist[59].

Wir wissen nicht, ob die scaligerischen Gesetzgeber diesen Text materialiter in Händen gehabt haben; wir wissen nicht einmal, ob es einen direkten französischen Einfluß gegeben hat oder ob dieser durch den (niemals in Kraft getretenen, aber im August eben des Jahres 1797 fertiggestellten) *Metodo di procedere per i delitti nella Repubblica Cisalpina* („Verfahrensweise für Verbrechen in der Cisalpinischen Republik") vermittelt worden ist, der zugleich eine Übersetzung und Anpassung des *Code Merlin* darstellt[60]. Gewiß wandern die Gedanken sogleich zu der Rolle, die Angelo Pico bei den hier betrachteten Ereignissen gespielt hat, jener piemontesische Advokat, Geheimagent, politische Agitator und Regierungsangehörige, von dem wir wissen, daß er der Verfasser der ersten Fassung des von uns untersuchten Textes gewesen ist. Doch unser Wissensstand gestattet uns derzeit nicht, insoweit eine endgültige Antwort zu geben[61].

Immerhin ermöglicht uns die Erwähnung des cisalpinischen *Metodo di procedere* den Hinweis auf die relative Gedankenfreiheit, derer sich die Veroneser Gesetzgeber

---

58 Zum berühmten toskanischen Text von 1786 sowie allgemeiner zum Strafrecht im Zeitalter der Aufklärung sei verwiesen auf die bislang 10 erschienenen Bände von *La „Leopoldina". Criminalità e giustizia criminale nelle riforme del Settecento europeo*, hrsg. von Luigi Berlinguer. Mailand 1988–1991.

59 Für einen ersten Überblick über den *Code Merlin* vgl. die oben (Fußn. 5) angegebenen Texte.

60 Über Schicksal und Inhalt des cisalpinischen *Metodo* von 1797 s. *Dezza*, Il Codice di Procedura Penale, a.a.O., S. 18–87.

61 Vgl. dazu den (o. Fußn. 1) angegebenen Beitrag von *Claudio Carcereri de Prati*.

bei ihrer Tätigkeit erfreuen konnten – eine Gedankenfreiheit, die den in Mailand tätigen republikanischen Gesetzgebern von den französischen Besatzern, vor allem von Bonaparte selbst, bekanntlich nicht mehr zugestanden wurde; diese wurden vielmehr bei mehr als einer Gelegenheit gezwungen, Übersetzungsarbeiten von Beamten des cisalpinischen Ministeriums bloß noch notariell zu beglaubigen[62].

Es gibt damit einen grundlegenden Unterschied zwischen dem cisalpinischen Modell einer Erneuerung des Strafrechtssystems und der fast gleichzeitigen Veroneser Gesetzgebungsarbeit in derselben Materie. Ist jenes Modell, wie soeben erwähnt, das Ergebnis einer nahezu obligatorischen Übersetzungsarbeit und einer teilweisen Anpassung eines ganz und gar modernen Gesetzbuches, des *Code Merlin*, und befindet man sich dort bereits gerade deshalb gänzlich jenseits der gedanklichen Grenze, die zwei rechtsgeschichtliche Epochen – das Zeitalter des gemeinen Rechts und das Kodifikationszeitalter – scheidet, so hat die Veroneser Tätigkeit gerade deshalb, weil sie nicht oder doch nur in geringerem Ausmaß gesteuert wurde, in eine Kompromißlösung und damit in ein Werk des Übergangs zwischen jenen beiden Epochen münden können. Das Veroneser Gesetzeswerk zeigt, wenn man so will, eine Unfähigkeit, sich eindeutig von Vorstellungen, die sich über Jahrhunderte hinweg etabliert haben, zu entfernen; es ist ein Werk, das nicht eindeutig den Bruch mit der Vergangenheit vollzieht und das deswegen jene bereits erwähnten stilistischen und formellen Parallelen mit der *Leopoldina* aufweist.

Wir können nicht sagen, ob der in diesem Beitrag untersuchte Gesetzestext das hätte sein können, was es dann nicht gegeben hat, nämlich eine Art italienischer Weg zur Reform des Strafprozesses, doch erscheint es uns nicht verfehlt, ihn als nicht unwürdigen Schritt auf dem Weg der Suche nach einem Verfahrensmodell zu interpretieren, das auf einem neuen Gleichgewicht zwischen den Rechten des Einzelnen und den Erfordernissen der Wahrung öffentlicher Interessen hätte beruhen können. Der Veroneser *Plan eines neuen Kriminalverfahrens* stellt sich damit dem modernen Beobachter als ein – man gestatte diese rhetorische Wendung – halb offener Vorhang dar, hinter dem man bereits die Umrisse einer neuen rechtlichen Wirklichkeit erkennen kann – einer neuen rechtlichen Wirklichkeit, die sich wenige Jahre nach jenem jetzt so fernen Jahr 1797 einstellen und etablieren sollte.

---

62 Vgl. *Dezza*, Il Codice di Procedura Penale, a.a.O., S. 25–49, 71–73 und 85–87.

Modernes Strafverfahren durch ein Provinzgesetzbuch
Die Regelung des Verfahrens im Strafgesetzbuch des Fürstentums Lucca von 1807

1. Ein bemerkenswertes zeitliches Zusammentreffen

Wer sich vornimmt, die formellen Merkmale und den Inhalt der dem Verfahrensrecht gewidmeten 142 Artikel, die den Zweiten Teil des Strafgesetzbuches für das Fürstentum Lucca aus dem Jahre 1807 bilden, auch nur in Kürze zu untersuchen, muß zunächst – als vorgelagerten Umstand – eine chronologische Entsprechung ins Auge fassen, die schon auf den ersten Blick als bedeutsam ins Auge fällt. Als nämlich am 15. November 1807 in dem von Felice Baciocchi und Elisa Bonaparte errichten napoleonischen Kleinstaat das neue Strafgesetzbuch „in Tätigkeit gesetzt" wird[1], ist im benachbarten Königreich Italien genau einen Monat vorher eine ebenfalls weitgehend innovative Regelung in Kraft getreten; sie findet sich in der Prozeßordnung, die auch als *Codice Romagnosi* bekannt ist[2]. Als Synthese der liberalen Lehren aufklärerischer Prägung und neuer napoleonischer Staatsgläubigkeit bedeutet das italische Gesetzbuch nicht nur ein Entwicklungselement in der Geschichte des Strafverfahrens auf der Halbinsel, sondern bildet darüber hinaus den wahrscheinlich bedeutendsten Bezugspunkt für alle nachfolgenden Gesetzgebungsversuche auf diesem Gebiet[3].

Die zeitliche Nähe zum Gesetzentwurf von Romagnosi ist zweifellos ein Umstand, der bei der Bewertung der prozeßrechtlichen Regelung von Lucca berücksichtigt werden muß. Hinzu kommt eine weitere Tatsache, die uns als noch bedeutsamer scheint, nämlich die nicht nur chronologische, sondern gewissermaßen auch ideolo-

---

1 Nach der Bestätigung durch Felice Baciocchi am 1. November 1807 wird das Strafgesetzbuch für das Fürstentum Lucca am 15. November in Ausführung des Art. 1 des Dekrets vom 10. November 1807 „feierlich verkündet und in Kraft gesetzt". Sowohl die Bestätigung wie auch das Publikationsdekret sind unterschrieben in der königlichen Villa von Màrlia und vom Staatssekretär Luigi Vannucci gegengezeichnet. Wir erwähnen noch, daß einen guten Ausgangspunkt für das Studium der napoleonischen Gesetzgebung in Lucca immer noch folgende Zusammenfassung bildet: P. Del Giudice, Fonti: legislazione e scienza giuridica dal secolo decimosesto ai giorni nostri, in: Storia del diritto italiano, pubblicata sotto la direzione di P. Del Giudice. II. Mailand 1923, insbesondere S. 167–170.

2 Durch Dekret des Vizekönigs Eugenio Beauharnais vom 8. September 1807 genehmigt, tritt die Strafprozeßordnung für das Königreich Italien (*Codice di Procedura Penale per il Regno d'Italia*) in Anwendung des Art. 1 des nachfolgenden vizeköniglichen Dekrets vom 16. September 1807 am 14. Oktober des selben Jahres in Kraft. Wir gestatten uns dazu den Hinweis auf E. Dezza, Il Codice di Procedura Penale del Regno Italico (1807). Storia di un decennio di elaborazione legislativa. Padua 1983, insb. S. 300–311.

3 Vgl. F. Cordero, Procedura penale. 4. Auflage. Mailand 1998, S. 67–81.

gische Nähe der beiden Texte. Tatsächlich ist sowohl die italische Prozeßordnung als auch das luccesische Gesetz ein Ergebnis paralleler verfassungsrechtlicher Veränderungen (Übergang von republikanischen zu monarchischen Formen), die sich im napoleonischen Italien seit der Proklamation des Kaiserreichs in Frankreich etablieren, andererseits aber stellen sie Schritte (wenn auch von unterschiedlicher Bedeutung) auf einem breiteren Weg der Reform und Modernisierung des Strafverfahrens dar, der unter dem Druck des erwähnten bonapartistischen Zentralismus dahin führt, daß auf der ganzen Halbinsel Verfahrensstrukturen und -institute sich ausbreiten – nämlich die Strukturen und Institute des napoleonischen „gemischten" Verfahrens (das Ermittlungsverfahren vorwiegend schriftlich und geheim, das gerichtliche Verfahren mündlich und öffentlich), aber ohne Geschworenengericht –, die sich später in den Gesetzbüchern der Restaurationszeit fortsetzen werden[4].

Die Tatsache, daß zeitliche Umstände und inhaltliche Elemente den luccesischen Text mit dem bekannteren und – objektiv – wesentlich wichtigeren italischen Gesetzbuch verbinden, bedeutet aber nicht, daß die Regelung Romagnosis notwendigerweise einen unumgänglichen Bezugspunkt für den luccesischen Gesetzgeber gebildet habe. Vielmehr führt bereits eine kurze synoptische Betrachtung der beiden Texte zur Ablehnung dieser Auffassung; und ein weiteres Abschreiten des Horizontes der damals verfügbaren neuen Modelle erlaubt mit Hilfe der Archivdokumentation, den von den Gesetzgebern in Lucca unmittelbar gewählten Referenzpunkt anderswo zu finden – und zwar, wie sich sofort zeigen wird, ohne jeden Zweifel. Es bleibt freilich dabei, daß die beiden erwähnten Gesetzestexte, um eine von einigen rechtsvergleichenden Richtungen geschätzte Terminologie zu verwenden, derselben „Gesetzes-Familie" angehören, wenngleich die zahlreichen strukturellen und inhalt-

---

4 Einen weiteren Schritt auf dem im Text erwähnten Weg bilden die 1808 durch Joseph Bonaparte verkündeten Gesetze für das Königreich Neapel. Zu diesen Gesetzgebungsaktivitäten verweisen wir allgemein auf die Beiträge in dem Band „Le leggi penali di Giuseppe Bonaparte per il Regno di Napoli (1808)", hrsg. von *S. Vinciguerra*. Padua 1998, sowie, was insb. den Strafprozeß angeht, auf die im selben Band enthaltenen Beiträge von *P. Pittaro* (Il processo penale nelle leggi napoletane del 1808, S. CCLIX–CCLXXV), *C. Carcereri de Prati* (La competenza penale dei giudici di pace del Regno d'Italia und del Regno di Napoli, S. CCLXXVII–CCLXXXVIII), *G. Alessi* (Una magistratura tutta popolare. Giudici di pace e giurisdizione di polizia nell'ordinamento di Giuseppe Bonaparte, CCLXXXIX–CCCVIII), *E. Dezza* (Il procedimento criminale nelle leggi napoletane del 1808. Prime note, CCCXXXV–CCCLXIII). Ferner empfehlen wir dazu die genaue Rekonstruktion von *F. Mastroberti*, La riforma negata. Elaborazione e fallimento del primo „codice" di procedura penale del Regno di Napoli, in: Frontiere d'Europa III,1 (1997), S. 65–165, verweisen schließlich noch auf *E Dezza*, L'organisation judiciaire et la procédure pénale en Italie de 1796 à 1859, in: Révolutions et justice pénale en Europe. Modèles français et traditions nationales. 1780–1830, hrsg. von X. Rousseaux / M.-S. Dupont-Bouchat / C. Vael. Paris, Montréal 1999, S. 131–139; *Ders.*, L'influence du modèle judiciaire français sur le Royaume de Naples (1806–1815), in: L'influence du modèle judiciaire français en Europe sous la Révolution et l'Empire, Actes du Colloque de Lille, 4.–6. Juni 1998. Lille 1999, S. 163–176.

lichen Parallelen der beiden Texte wahrscheinlich nicht aus einer direkten Beziehung stammen, sondern in den Ereignissen zu finden sind, die zu ihrer Erarbeitung geführt haben. Auf diese Ereignisse empfiehlt es sich daher in aller Kürze einzugehen.

2. Hinweise zur Entstehung des luccesischen Strafgesetzbuches

Was das italische Gesetzbuch angeht, beschränken wir uns auf den Hinweis, daß es das Ergebnis einer zehnjährigen Gesetzesberatung von besonderer Komplexität ist. Beginnend 1797 mit der Erstellung des *Metodo di Procedere per i Delitti nella Repubblica Cisalpina* („Verfahrensweise bei Verbrechen in der Cisalpinischen Republik") erlitt die Arbeit an dem Entwurf Rückschläge wegen einer Reihe grundlegender politischer und institutioneller Änderungen und wurde erst 1807 infolge des entscheidenden Beitrages von Giandomenico Romagnosi abgeschlossen[5]. Für die Zwecke unseres Beitrages ist natürlich die Feststellung bedeutsam, daß zu den Quellen des endgültigen italischen Textes neben nicht weniger als neun Entwürfen, die in dem erwähnten Zeitraum in Mailand erstellt worden sind, einige wichtige Reformgesetze von europäischer Bedeutung zählen[6]. Von ihnen sind, neben der *Norma Interinale del Processo Criminale per la Lombardia Austriaca* ("Vorläufiges Gesetz über das Kriminalverfahren für die österreichische Lombardei") von 1786[7], vor allem der bekannte *Code Merlin* von 1795 (genauer: der *Code des Délits et des Peines* vom 3. Brumaire des Jahres VI)[8] sowie der nachfolgende *Projet de Code Criminel* von 1801[9] zu erwähnen.

---

5   Der gesamte Vorgang ist dargestellt b. *Dezza*, Il Codice di Procedura Penale del Regno Italico, a.a.O., S. 1–311.

6   Wir gestatten uns hierzu den Hinweis auf den Band „Le fonti del Codice di Procedura Penale del Regno Italico", hrsg. von *E. Dezza*, Mailand 1985.

7   Zur *Norma Interinale*, die ihrerseits beeinflußt ist durch die (durchgeführte oder geplante) Kodifizierung des Straf- und Strafprozeßrechts in Österreich unter Joseph II., vgl. *G. Provin*, Una riforma per la Lombardia dei Lumi. Tradizione und novità nella „Norma Interinale del Processo Criminale". Mailand 1990.

8   Zum *Code des Délits et des Peines* vom 3. Brumaire des Jahres IV (25. Oktober 1795), auch nach dem Schöpfer des Entwurfs, den berühmten Juristen Philippe Antoine Merlin de Douai als *Code Merlin* bezeichnet – vgl. *A.* Esmein, Histoire de la procédure criminelle en France et spécialement de la procédure inquisitoire depuis le XIIIe siècle jusqu'à nos jours. Paris 1882 (unveränderter Neudruck Frankfurt am Main 1969), S. 440–448; *A. Laingui, A. Lebigre*, Histoire du droit pénal, II, La procédure criminelle. Paris 1980, S. 140; *Dezza*, Il Codice di Procedura Penale del Regno Italico, a.a.O., S. 32–34; *P. Lascoumes / P. Poncela / P. Lenoël*, Au nome de l'ordre. Une histoire politique du code pénal. Paris 1989, S. 163–166; *J.-L. Halpérin*, Continuité et rupture dans l'évolution de la procédure pénale en France de 1795 à 1810, in: Révolutions et justice pénale en Europe, a.a.O., S. S. 109–130, insb. S. 112–122 (mit weiteren aktualisierten Literaturhinweisen).

9   Zum *Projet de Code Criminel, Correctionnel et de Police,* von der von der französischen Regierung eingesetzten Kommission vorgelegt am 7 Germinal des Jahres IX (28. März 1801),

Glatter und viel schneller gestalten sich hingegen die Ereignisse, die zur Erstellung der verfahrensrechtlichen Regelung in Lucca führen, die – woran noch einmal zu erinnern ist – in Vervollständigung und Ergänzung mit der materiellrechtlichen Regelung erfolgt und damit eine Strukturentscheidung trifft, die vor allem in der ersten Zeit der modernen Kodifikationsarbeiten nicht selten ist[10]. Der legislative Weg, der zur Verkündung des Strafgesetzbuches für das Fürstentum Lucca führt, wiederholt und repräsentiert, wenn auch mit einigen originellen Zügen, das typische napoleonische Bild mit der Einsetzung einer Kommission, der Erstellung eines Entwurfes, dessen Diskussion im Staatsrat und der abschließenden Genehmigung durch den Souverän. Die erhaltenen archivarischen Quellen[11] gestatten uns, die entscheidenden Stationen der Arbeit, die unter Leitung und Aufsicht eines Juristen von hohem Ansehen, des Großrichters und Justizministers Luigi Matteucci, vonstatten geht, mit hoher Annäherung zu rekonstruieren[12].

Den Ausgangspunkt bildet das Dekret, mit dem am 8. Januar 1807 Felice Baciocchi eine Kommission mit dem Auftrag einer Reform des im Fürstentum Lucca geltenden Strafrechts und der Strafgesetze einsetzt[13]. Diese Kommission tagt unter dem

---

vgl. *Esmein*, Histoire de la procédure criminelle, a.a.O., S. 451 ff.; *Laingui / Lebigre*, La procédure criminelle, a.a.O., S. 143–144; *Dezza*, Il Codice di Procedura Penale del Regno Italico, a.a.O., S. 149–150; *Lascoumes / Poncela / Lenoël*, Au nome de l'ordre, a.a.O., 203–223.

10   Wir verweisen hierzu auf die Ausführungen in: *E. Dezza*, L'impossibile conciliazione. Processo penale, assolutismo e garantismo nel codice asburgico del 1803, in Codice Penale Universale Austriaco, a cura di *S. Vinciguerra*. Padua 1997, S. CLV–CLXXXIII, insb. CLX–CLXI. (in diesem Band S. 123 ff.).

11   Von diesen Quellen, die im Staatsarchiv von Lucca *(Archivio di Stato di Lucca)* (hier und im folgenden *A.S.Lu.*) aufbewahrt werden, werden einige mitgeteilt und (mit gewissen Ungenauigkeiten) übertragen in: *G. Tori*, Ideali e riforme nei lavori del Consiglio di Stato e del Senato, in: Il Principato napoleonico dei Baciocchi (1805–1814). Riforma dello Stato e della società, Atti del Convegno Internazionale (Lucca, 10.–12. Mai 1984), hrsg. von *V. Tirelli*. Lucca 1986, S. 125–158, weitere sind uns freundlicherweise von unserem Freund Mario Da Passano mitgeteilt worden.

12   Die Verfassung des Fürstentums Lucca, von Napoleon am 24 Juni 1805 zu Bologna bestätigt, sieht neben einem Minister-Staatssekretär nur zwei weitere Staatsminister vor, dem einen obliegen die Finanzen, dem anderen obliegt die Justiz. Der letztere befaßt sich als Premierminister auch mit den inneren und äußeren Angelegenheiten, dem Unterricht, der Landwirtschaft und dem Handel. Den Titel „Großrichter", der den Justizminister an die Spitze der Gerichtsverfassung stellt, wird 1807 in Nachahmung anderer napoleonischer Vorbilder hinzugefügt. Vgl. dazu *S. Bongi,* Inventario del Regio Archivio di Stato di Lucca, III. Lucca 1880, S. 1–19 und 103–114, sowie *P.G. Caimani*, Il patriziato lucchese nell'età napoleonica, in: Il Principato napoleonico dei Baciocchi, a.a.O., S. 159–178, insb. S. 170–172. Über Luigi Matteucci s. jetzt *F. Colao*, Progetti di codificazione civile nella Toscana della Restaurazione. Bologna 1999.

13   Der Entwurf dieses Dekrets wird dem Herrscher durch Matteucci am 6. Januar 1807 übersandt; das Begleitschreiben ist aufbewahrt in *A.S.Lu.*, Segreteria di Stato e di Gabinetto, 36, fasc. I, 53–56 (das Dokument ist wiedergegeben und übertragen in: *Tori*, Ideali e riforme, a.a.O., S. 126 und 140). Auf dasselbe Dekret bezieht sich ein ebenfalls von Matteucci verfaßter Bericht an den Herrscher vom 23. Februar des folgenden Jahres; Exemplare des Berichts werden

Vorsitz des Richters Tommaso Battaglioni, des Präsidenten des Kriminalgerichts, und zu ihren Obliegenheiten zählt nicht nur ein breiter Fächer von – teilweise bereits erfolgten – Eingriffen in das materielle Recht, sondern auch „die Entwicklung der Verfahrensweise des Strafprozesses, die ein völlig unbekannter Teil unserer alten Gesetze gewesen ist, und nur in einer Rohfassung, die wir im Jahre 1802 kompiliert haben, vorhanden ist"[14]. In ihrer ersten Arbeitsphase widmet die Kommission sich vornehmlich den Problemen von Straftaten und Strafen; erst Mitte März geht sie zur Behandlung einer Reihe prozessualer Themen über[15], die ihr von Matteucci selbst in einer Denkschrift vom 24. März bezeichnet worden sind. Es handelt sich um Probleme von besonderer Bedeutung, die einige zentrale Punkte des Strafverfahrens betreffen, nämlich die Ermöglichung der Verteidigung auf freiem Fuß gegen Kaution, die für die Verhaftung erforderlichen Indizien, den Zeugenbeweis, die Gegenüberstellung, die Unterscheidung zwischen Polizei-, Zucht- und Kriminalgerichtsbarkeit und das Abwesenheitsverfahren[16].

---

aufbewahrt in: *A.S.Lu.*, Segreteria di Stato e di Gabinetto, 37, fasc. VI, 107–113, sowie Gran giudice ministro della giustizia, 82, Scritture del protocollo 1807, 322 (der Bericht ist wiedergegeben und übertragen in: *Tori*, Ideali e riforme, a.a.O., S. 127 und 141–142).

14 Es handelt sich um denselben Bericht wie in der vorhergehenden Fußnote zitiert und in zwei Exemplaren aufbewahrt in: *A.S.Lu.*, Segreteria di Stato e di Gabinetto, 37, fasc. VI, 107–113, und Gran giudice ministro della giustizia, 82, Scritture del protocollo 1807, 322.

15 Am 13. März 1807 informiert Präsident Tommaso Battaglioni den Justizminister darüber, daß die Kommission ihre Arbeiten beendet habe – mit Ausnahme des „Verfahrenssystems", im Hinblick worauf „abgesehen von einigen Anmerkungen in der ersten Sitzung" noch nichts besprochen worden sei. Diese Bemerkungen seien aber nicht diskutiert worden, da die Mitglieder der Kommission nicht wüßten, ob das neue Verfahrenssystem „umfassend geregelt" werden solle, ob insbesondere „die öffentlichen Sitzungen für Entscheidungen in jeder Kriminalsache" geregelt werden sollen, oder ob das System nur „in jenen Teilen" reformiert werden solle, „die sich als fehler- oder mangelhaft erwiesen haben [...], ohne daß Neuerungen vorgeschlagen werden, von denen angenommen wird, daß sie der Erstellung des allgemeinen Gesetzbuches vorbehalten werden sollen". Battaglioni bittet deshalb den Minister, ihn mit Instruktionen über den weiteren Gang der Gesetzgebungsarbeiten versehen zu wollen. Der Brief ist aufbewahrt in *A.S.Lu.*, Gran giudice ministro della giustizia, 84, Scritture del protocollo 1807, 597 (das Dokument ist übertragen b. *Tori*, Ideali e riforme, a.a.O., S. 128 und 142).

16 Die Denkschrift vom 24.März, die Matteucci zum Zwecke der Antwort auf die von Battaglioni am 13. März geäußerte Bitte entworfen hat, ist aufbewahrt in *A.S.Lu.*, Gran giudice ministro della giustizia, 84, Scritture del protocollo 1807, 597 (das Dokument ist wiedergegeben und übertragen b. *Tori*, Ideali e riforme, a.a.O., S. 128 und 142–143). Der Minister ersucht die Kommission „ein Gesetz" zu entwerfen, „in dem die Fälle aufgeführt sind, in denen die Angeklagten ihre Verteidigung außerhalb der Haft betreiben können, indem sie eine Sicherheit stellen, und er informiert sie ferner dahin, daß die „Gegenstände der Reform bestehen sollen aus 1) der Regelung der Haftgründe; 2) der geeignetsten Art und Weise, die Zeugen möglichst rasch zu erreichen; 3) der Zulassung der Gegenüberstellung der Zeugen der Staatsanwaltschaft mit dem Angeklagten und denen des Angeklagten mit der Staatsanwaltschaft, was jedoch nur vor dem Kriminalgericht und nicht in öffentlicher Verhandlung geschehen soll; 4) der Abgrenzung zwischen der zuchtpolizeilichen Rechtsprechung und der Kriminalrechtsprechung, wobei jedoch zu prüfen ist, ob einige Fälle, die heute zur Kriminaljustiz gehören, der Ziviljustiz

Die Reformtätigkeit der Kommission sowohl auf materiellrechtlichem Gebiet als auch im Bereich des Verfahrens scheint vorwiegend sektoralen Charakter zu besitzen; sie ist offenkundig darauf gerichtet, provisorische und vorbereitende Eingriffe zu erarbeiten, da man den Erlaß eines einheitlichen allgemeinen Gesetzbuches erwartet, welches das Strafrecht des Fürstentums vollständig und grundlegend erneuert[17].

Tatsächlich ist einige Monate später, nämlich am 17. Juli 1807, Großrichter Matteucci in der Lage, dem Herrscher den umfassenden Entwurf eines „neuen Kriminalgesetzbuchs" nebst einem Bericht und einer Reihe von ihm selbst verfaßter Bemerkungen *(Osservazioni)* vorzulegen[18]. Die Erstellung des Entwurf scheint allerdings nicht auf die Arbeiten der Kommission Battaglioni zurückzugehen, vielmehr auf der Arbeit eines einzelnen Beamten der luccesischen Staatsverwaltung, des Korsen Giovanni Antonio Frediano Vidau, Ehrenrat und Generalkommissar bei den Gerichtshöfen und Gerichten des Fürstentums, zu beruhen[19]. Dazu ist zu bemerken, daß

überlassen werden könnten; 5) der Regelung neuer Verteidigungsmöglichkeiten für die in Abwesenheiten Verurteilten nach dem Vorbild des Code". Am 2. April schreibt Battaglioni erneut an den Minister und fragt an, ob „die Gegenüberstellung der Zeugen mit den Angeklagten vor dem prozeßführenden Richter oder vor dem erkennenden Gericht geschehen solle, und ob nach dieser Gegenüberstellung die öffentliche Verhandlung in der Entscheidung der Sache stattfinden soll oder nicht". Matteucci antwortet, daß die Gegenüberstellung „vor dem prozeßführenden Richter stattfinden" solle und daß man „danach in der Entscheidung der Sache die öffentliche Verhandlung abhalten kann" (*A.S.Lu.*, Gran giudice ministro della giustizia, 87, Scritture del protocollo 1807, 833).

17 Bereits in seinem Bericht an den Herrscher vom 8. September 1806 spricht Matteucci von der Notwendigkeit einiger sektorieller Eingriffe in Erwartung der „allgemeinen Reform unserer Kriminalgesetze" (*A.S.Lu.*, Segreteria di Stato e di Gabinetto, 33, fasc. I, 813–818; das Dokument ist erwähnt und übertragen b. *Tori*, Ideali e riforme, a.a.O., 126 und 139). In der folgenden Dokumentation (und insbesondere in den von Matteucci selbst geführten Akten) wird sodann betont, daß „die besonderen Gesetze, die man zu erstellen im Begriff ist, aber auch jene, die in der Vergangenheit im Bereich des Strafrechts verkündet worden sind, nur provisorische Gesetze sind, die bis zur Erstellung des Gesetzbuches keine endgültige Kraft und dauernde Festigkeit besitzen" (der Satz ist entnommen aus dem oben [Fußn. 13] erwähnten Bericht).

18 Der ministerielle Bericht vom 17. Juli ist aufbewahrt in: *A.S.Lu.*, Gran giudice ministro della giustizia, 100, Scritture del protocollo 1807, S. 2676, und ist erwähnt und transkribiert b. *Tori*, Ideali e riforme, a.a.O., S. 128–129 und 143–145. Die Bemerkungen des Großrichters sind teilweise als Randnoten an dem Entwurf angebracht, teilweise im Bericht selbst fortmuliert. Die letzteren betreffen nur materiellrechtliche Fragen.

19 Im Bericht vom 17, Juli präzisiert Matteucci, daß der „neue Kriminalkodex vom Herrn Generalkommissar (Vidau) erstellt worden" sei, der „seine Aufgabe in löblicher Weise ausgeführt" habe; im selben Dokument spricht der Minister von seiner „Bewunderung für die Aktivität, den Eifer und die hohe Intelligenz, die der Herr Generalkommissar in seiner Arbeit an den Tag gelegt hat". Zu Vidau vgl. *G. Dinelli*, Il corso Vidau commissario generale dei principi Baciocchi a Lucca, in: Archivio Storico di Corsica VIII (1932), 237 ff. Vgl. ferner *Bongi*, Inventario III, a.a.O., S. 20, 93, 225, 330, 408, 417, und IV. Lucca 1888, S. 7, 76. Dazu, daß das Gesetzgebungswerk Vidaus sich bereits zu Beginn des Monats Juni in einem fortgeschrittenen Stadium befand, vgl. u. Fußn. 45 und zugehöriger Text.

Strafgesetzgebung des Fürstentums Lucca (1807) 51

die Anwesenheit von Beamten französischer Herkunft, häufig von solchen korsischer Abstammung, in den italienischen Staaten des napoleonischen Einflußbereiches nichts besonderes ist und daß es nicht selten diese Anwesenheit ist, welche die intensive Gesetzgebungstätigkeit auslöst, von der in jener Zeit die ganze Halbinsel erfaßt ist. Im Falle von Lucca schafft überdies die verbissene Geschäftigkeit Vidaus eine besondere Situation von Aktion und Reaktion im Verhältnis zum Minister Matteucci; und das mitunter rauhe Verhältnis zwischen den starken Persönlichkeiten des Großrichters und des Ehrenrates mit ihren nicht immer übereinstimmenden Vorstellungen erweist sich letztlich als der Motor der gesamten Gesetzgebungstätigkeit im Baciocchi-Fürstentum[20].

Doch wir wollen der Reihe nach vorgehen. Nach seiner Vorlage beim Herrscher wird der von Vidau erarbeitete Entwurf nebst der Anlage mit den *Osservazioni* von Matteucci und der von Vidau verfaßten Stellungnahme *(opinione)* zu den Anmerkungen des Großrichters an den Staatsrat[21] weitergeleitet[22]. In den Sitzungen des

---

20 Zu dem nicht immer reibungslosen Verhältnis zwischen Matteucci und Vidau vgl. *Tori*, Ideali e riforme, a.a.O., S. 128; *M. Da Passano*, La codificazione del diritto penale a Napoli nel periodo francese, in: Le leggi penali di Giuseppe Bonaparte, a.a.O., S. CLV–CLXXIV, insb. S. CLVII; *Ders.,* La codification du droit pénal dans l'Italie „jacobine" et napoléonienne, in: Révolutions et justice pénale en Europe, a.a.O., S. 85–99, insb. S. 94.

21 Vgl. *Tori*, Ideali e riforme, a.a.O., S. 129. Gem. Art. 8 der Verfassung vom 24. Juni 1805, setzt der Staatsrat sich zusammen aus sechs Räten (die zusammen mit den beiden Staatsministern den Rat des Fürstentums bilden), und er umfaßt eine Abteilung für Gesetzgebung und eine Abteilung für Finanzen. Über den Staatsrat des Fürstentums Lucca vgl. *Bongi*, Inventario III, a.a.O., S. 91–95, und *Caimani*, Il patriziato lucchese, a.a.O., S. 171–172 und Fußn. 27.

22 Die „Bemerkungen [des Großrichters]" zum 2. Teil des Gesetzbuches über Verbrechen und Strafen", synoptisch zusammengestellt mit der „Stellungnahme des Generalkommissars [Vidau] zu den Bemerkungen S. E. des Großrichters zum Zweiten Teil des Gesetzbuches über Verbrechen und Strafen", befinden sich in: *A.S.Lu.*, Segreteria di Stato e di Gabinetto, 44, fasc. III, 106–113. Das Dokument ist übertragen b. *Tori*, Ideali e riforme, a.a.O., S. 146–149. Wir erinnern daran, daß im Anhang zu seiner Stellungnahme Vidau dem Großrichter nachdrücklich empfiehlt, dem strafrechtlichen Text zwei Artikel hinzuzufügen, einen, der dem Fürsten das Recht vorbehält, „das gegenwärtige Gesetz zu rektifizieren, wenn er dies nach der Kundmachung jenes Gesetzes, das in Frankreich vorbereitet wird, für das Wohl seiner Untertanen für erforderlich hält", den anderen über „die Abschaffung aller Statuten und Verordnungen, Dekrete und Rechtsgebräuche in dem Bereich, den das gegenwärtige Gesetzbuch zum Gegenstand hat". Die zweite Empfehlung bezieht sich auf Art. 2 des Dekrets vom 10. November 1807, mit dem das neue Strafgesetzbuch in Kraft gesetzt wird (vgl. o. Fußn. 1). Dieser Artikel, der den berühmten Art. 7 des Gesetzes vom 30. Ventôse des Jahres XII über den Code Civil wiederholt, schreibt vor, daß „ab dem Tag, an dem das genannte [scil. Straf-] Gesetzbuch in Kraft tritt, sind die gemeinen und lokalen Gesetze und Gewohnheiten über Strafverfahren, über Verbrechen und über Strafen vollständig beseitigt und abgeschafft". Diese zweite Empfehlung bringt eine Auffassung zum Ausdruck, die von Matteucci teilweise geteilt wird, der in Erwartung der Verkündung der strafrechtlichen Gesetze, die sich in Frankreich und im Königreich Italien „bereits in weit fortgeschrittenem Zustand der Beratung" befänden, schon in seinem Bericht vom 17. Juli 1807 (o. Fußn. 18) den provisorischen Charakter des neuen luccesischen Gesetzbuches betont hatte. Das Ergebnis seiner Stellungnahme ist Art. 3 des erwähnten Dekrets

Staatsrates zwischen Ende Juli und Oktober 1807[23] wird der Text beraten und erhält eine ausgereifte Form. Am 1. November wird der Entwurf schließlich vom Fürsten bestätigt, der am 10. desselben Monats das Dekret unterschreibt, das, wie gesehen, das Strafgesetzbuch zum 15. November 1807 in Kraft setzt[24].

Der Zeitpunkt, der im wesentlichen zur endgültigen Gestalt der prozeßrechtlichen Bestimmungen führt, läßt sich mit der Sitzung des Staatsrates vom 12. August ansetzen, an der sowohl Matteucci als auch Vidau zu Wort melden[25]. Bei dieser Gelegenheit dreht sich die Diskussion gerade um die *Bemerkungen* von Matteucci und die *Stellungnahme* von Vidau[26]; diese betreffen übrigens eine alles in allem begrenzte Zahl von Fragen, die sich auf etwa 10 Artikel beziehen[27]. Alle diese Artikel werden schließlich einstimmig angenommen, in einigen Fällen mit den von Matteucci vorgeschlagenen Änderungen, in anderen Fällen in der ursprünglich von Vidau vorgeschlagenen und dann erfolgreich verteidigten Fassung. Die bedeutendsten Meinungsunterschiede betreffen die Art. 52, 88, 89 und 101. Art. 52, der die Behörden aufzählt, die befugt sind, gerichtspolizeiliche Aufgaben wahrzunehmen und einige daraus folgende Befugnisse festlegt, wird in der vom Großrichter vorgeschlagenen Form neugefaßt[28]. Im Hinblick auf die Art. 88, 89 und 101 allerdings beschließt der Staatsrat, die Vorschläge von Matteucci abzulehnen, die einerseits darauf zielen, das Institut der „Erkennung des Täters *inter plures*"[29], anderseits dar-

---

vom 10. November 1807, der die Einarbeitung etwaiger weiterer Gesetzestexte vorab ankündigt, die „für die vollständige und endgültige Erstellung des Kriminalgesetzbuches notwendig sind".

23 Die betreffende Dokumentation ist aufbewahrt in: *A.S.Lu.*, Consiglio di Stato, 3, Processi verbali, luglio-dicembre 1807. Vgl. *Tori*, Ideali e riforme, a.a.O., S. 129.

24 S.o. Fußn. 1.

25 Das Protokoll der Sitzung ist nachzulesen in: *A.S.Lu.*, Consiglio di Stato, 3, Processi verbali, luglio-dicembre 1807. An der Sitzung, die von Staatssekretär Vanucci geleitet wird, nehmen teil: der Großrichter Matteucci, die sechs ordentlichen Luccesischen Räte Bernardini, Guinigi, Mansi, Martelli und Di Poggio, ferner als Hinzugeladener der Ehrenrat Vidau. Alle Anwesenden haben Rede- und Stimmrecht.

26 Vgl. o., Fußn,. 22.

27 Zur Diskussion gestellt sind auf der Grundlage der Bemerkungen des Großrichters die Art. 9, 49, 52, 57, 61, 88, 89, 101. Daran schließen sich noch Beratungen der Art. 53 und 141 an.

28 Es handelt sich um die von Matteucci in seinen Bemerkungen vorgeschlagene Form. Vgl. *A.S.Lu.*, Segreteria di Stato e di Gabinetto 44, fasc. III, 106–113, und Consiglio di Stato 3, Processi verbali, Juli-Dezember 1807. Vgl. ferner *Tori*, Ideali e riforme, a.a.O., S. 146–147.

29 In seinen Bemerkungen schreibt der Großrichter, daß das Rechtsinstitut „dem Bedürfnis nach Aufdeckung der Wahrheit inhärent ist und keine Nachteile befürchten läßt". In seiner Stellungnahme antwortet Vidau mit überzeugender Bezugnahme auf die französische Praxis: „Das Erkennen des Angeklagten unter mehreren wird in Frankreich als ein Mittel angesehen, von dem die Justiz keinen Gebrauch machen darf, und welche die Beweiskraft des Zeugen beeinträchtigt, der versichert, den Angeklagten zu erkennen. Es erfordert ein Vorgehen, das der erhabenen Funktionen der Gerichtsbarkeit unwürdig ist, und oft liefert es dem kleinmütigen oder par-

auf, die Protokollierung der Zeugenaussagen im Verhör[30] und die Verlesung dieser Protokolle in der Ratskammer zuzulassen[31]. Auch der Rest des Katalogs, in dem fast ausnahmslos die ursprüngliche Fassung von Vidau beibehalten ist[32], wird einstimmig, aber ohne Diskussion angenommen. An dem am 12. August festgestellten Text wird in der Folge nur noch eine einzige Ergänzung vorgenommen; sie betrifft Art. 142 (den letzten Artikel des ganzen Textes), der die Regelung für die im Zeitpunkt des Inkrafttretens des neuen Gesetzbuches laufenden Verfahren enthält[33].

---

teiischen Zeugen das Mittel, den Angeklagten zu retten, noch häufiger bringt es den besonders wahrheitsliebenden Zeugen in Verlegenheit, und statt bei der Aufdeckung der Wahrheit zu helfen, verdunkelt es sie". Vgl. *A.S.Lu.*, Segreteria di Stato e di Gabinetto, 44, fasc. III, 106–113. Vgl. ferner *Tori*, Ideali e riforme, a.a.O., S. 147.

30 Auf die Frage in seinen Bemerkungen „Welche Nachteile bringt es, zu schreiben?", erwidert Vidau in seiner Stellungnahme, daß „der Eindruck der Stimme sehr viel eindringlicher und natürlicher wirkt als derjenige des Geschriebenen", und daß „jeder Richter, der die Bekundung des Zeugen hört, einen isolierten Eindruck empfängt, der ganz unabhängig von demjenigen ist, der in der Vorstellung des Präsidenten entstehen kann, der selbst der Protokollant der Bekundung ist". Auch in diesem Falle sei im übrigen entscheidend der Hinweis auf die französische Praxis: „Alle nach der Revolution verkündeten Gesetze haben das System des Verzichts auf die schriftliche Fixierung der in der öffentlichen Verhandlung erstatteten Zeugenaussagen bestätigt. Und ich kann versichern, daß ich es in meiner Erfahrung mit Kriminalsachen als vorzüglich befunden habe. Vgl. *A.S.Lu.*, Segreteria di Stato e di Gabinetto, 44, fasc. III, 106–113. Vgl., inoltre, *Tori*, Ideali e riforme, a.a.O., S. 147–148.

31 „Ich finde es sehr gefährlich", merkt der Großrichter in seinen Bemerkungen an, „die Zeugenaussage nur dem Gedächtnis der Richter anzuvertrauen. Welche Unzuträglichkeit soll es denn bedeuten, wenn das ganze Gericht den Verfahrensverlauf kennt?" Immer wieder taucht in der Antwort, die Vidau in seiner Stellungnahme niederlegt, der Hinweis auf das französische Vorbild auf: „Die Franzosen haben diesen Artikel ebenso wie den vorhergehenden aus dem Strafgesetzbuch von England kopiert. Ich habe in der Praxis festgestellt, daß die Richter, die im Beratungszimmer im Hinblick auf die schriftlichen Zeugenbekundungen (da leider diese von vielen im Beratungszimmer wenig beachtet wird) Haarspaltereien betreiben wollen, sich von ihrer inneren Überzeugung entfernen, um den Angeklagten mit Argumenten, die meistens mehr aus dem Wortlaut als aus dem wahren Sinn der Zeugenaussage abgeleitet sind, zu verurteilen oder zu retten. Diese Unzuträglichkeit ist auch in einem Lande zu befürchten, in dem die Richter gewohnt sind, lange Kommentare über den Wortlaut der Zeugenaussagen abzugeben". Vgl. *A.S.Lu.*, Segreteria di Stato e di Gabinetto, 44, fasc. III, 106–113. Vgl. ferner *Tori*, Ideali e riforme, a.a.O., S. 148.

32 Im Anschluß an die von Matteucci bezeichneten Artikel diskutiert der Staatsrat (wie o., Fußn. 27, erwähnt) auch über die Art. 53 und 141. Der erstgenannte Artikel übrzeugt die beiden Räte Martelli und Di Poggio dort nicht, wo er eine allgemeine Verpflichtung aufstellt, den Beamten der gerichtlichen Polizei „bei der Durchführung aller Maßnahmen, die diesen vom Gesetz übertragen sind, Hilfe anzubieten", er wird jedoch von der Mehrheit in der von Vidau vorgeschlagenen Form bestätigt. Im Hinblick auf Art. 141 entscheidet anschließend der Staatsrat einhellig, die Vollstreckungsverjährung für in Abwesenheit erfolgte Verurteilungen von 20 auf 30 Jahre anzuheben. Vgl. *A.S.Lu.*, Consiglio di Stato, 3, Processi verbali, Juli–Dezember 1807.

33 Der Artikel schreibt vor, daß diese Verfahren „nach den Vorschriften des gegenwärtigen Gesetzbuches fortgesetzt und zu Ende geführt werden".

3. Struktur der prozessualen Regelung und ihr Vorbild

Nachdem auf diese Weise die äußere Geschichte des luccesischen Textes gleichsam in der Rohfassung dargestellt ist, gehen wir nun zu einer kurzen Betrachtung seiner Struktur, besonders derjenigen der prozessualen Regelung, über. Wir haben bereits erwähnt, daß dieser Regelung der Zweite Teil des Gesetzbuchs gewidmet ist, der, wie das Inhaltsverzeichnis der amtlichen Ausgabe mitteilt, eben die „Ermittlung in Strafsachen" *(l'istruzione in materia penale)* betrifft und 142 Artikel mit separater Zählung umfaßt. Diese muß präzisiert und teilweise korrigiert werden, denn einige besondere Normen prozessualen Charakters sowie zahlreiche Normen, welche die Gerichtsverfassung betreffen, finden sich auch im Ersten Teil des Gesetzbuchs, d.h. in den 158 Artikeln, die, wie das erwähnte Inhaltsverzeichnis mitteilt, „die verschiedenen mit der Erforschung und Bestrafung der Verbrechen befaßten Gerichte sowie die Einteilung der Verbrechen selbst" betreffen.

Eine Vermischung von materiellrechtlichen Vorschriften, Verfahrensprinzipien und gerichtsverfassungsrechtlichen Bestimmungen zeigt sich insbesondere im einführenden Titel sowie im 1. und 2. Titel des Ersten Teils des Gesetzbuches. Diese Titel enthalten durchaus, um nur den prozessualen Bereich anzusprechen, Normen von einiger Bedeutung, besonders solche über die Rechtsmittel. Wir können als Beispiel auf die Art. 13 und 43 verweisen, die einige grundlegende Vorschriften über Rechtsmittel gegen Polizeiurteile[34] und zuchtgerichtliche Urteile[35] enthalten, ferner auf Art. 47, der, ebenfalls für den Bereich der zuchtgerichtlichen Verfahren, die allgemeinen Grundsätze über die Verfahrenseinleitung aufstellt[36].

Diese notwendige Präzisierung ändert freilich nichts daran, daß die Aufmerksamkeit dessen, der die Abläufe im Strafverfahren des Fürstentums Lucca untersuchen will, sich hauptsächlich auf den Zweiten Teil des Textes von 1807 richten muß, der, wie der soeben erwähnte Art. 13 ausdrücklich erwähnt, ein vollständiges und umfassen-

---

34 „13. – Gegen die Entscheidungen der Kantonskommissare über die genannten Straftaten findet, unbeschadet der Möglichkeit der Kassation, Appellation nicht statt, wenn die Strafe nicht höher ist als fünf Franken Geldstrafe oder drei Tage Freiheitsstrafe; ist die Strafe eine höhere, so findet Appellation mit Suspensiv- und Devolutivwirkung an das Präfekturgericht erster Instanz statt. In allen genannten Fällen muß der Ersatz des Schadens nebst Zinsen der verletzten Partei, soweit er besteht und zugesprochen worden ist, in der vom Strafverfahrens-Gesetzbuch vorgeschriebenen Weise geleistet werden".

35 „43. – Für alle Straftaten, für die in diesem Titel zuchtgerichtliche Strafen vorgesehen sind, ist das Gericht erster Instanz zuständig, das, unbeschadet der Möglichkeit der Kassation, ohne Appellationsmöglichkeit entscheidet".

36 „47. – Alle zuchtpolizeigerichtlichen Straftaten, welche die öffentliche Ordnung beeinträchtigen, werden auf Antrag des fürstlichen Kommissars verfolgt; diejenigen, die in erster Linie Interessen Einzelner berühren und erst in zweiter Linie öffentliches Einschreiten verlangen, werden auf Antrag der betreffenden Einzelnen durch das Einschreiten des Staatsanwalts untersucht."

des „Strafverfahrens-Gesetzbuch" bildet[37]. Die in ihm enthaltenen 142 Artikel sind auf vier Titel aufgeteilt, von denen der letzte seinerseits in zwei Abteilungen unterteilt ist. Die Titel betreffen das Polizeiverfahren[38], das zuchtgerichtliche Verfahren[39], die Voruntersuchung in Kriminalsachen (also in denjenigen Sachen, in denen die angedrohte Strafe eine Freiheitsstrafe ist oder auf Ehrverlust lautet[40]) und das Verfahren bei schwerer Kriminalität, dessen Regelung in eine erste Abteilung über das ordentliche Verfahren (förmliche Untersuchung, gerichtliche Verhandlung, Kassation[41]) und eine zweite Abteilung, die sich mit den Fällen der Verhandlung gegen Abwesende befaßt[42], unterteilt ist. Es handelt sich um eine Regelungsstruktur, die sogleich eine erste Erkenntnis ermöglicht, die im übrigen auch der materiellrechtliche Bereich vermittelt, nämlich die Rezeption *en principe* des französischen Grundmodells, insbesondere der Dreiteilung von Straftaten und Strafen der einfachen Polizei, der Zuchtpolizei und der schweren Kriminalität, sowie der daraus folgenden Einteilung der Strafverfahren in einfache Polizeiverfahren, Zuchtpolizeiverfahren und Verfahren bei schwerer Kriminalität.

Diese offenkundige Entsprechung rät zu einer Vertiefung der Problematik und veranlaßt insbesondere dazu, mit größerer Genauigkeit die Beziehungen zwischen dem Werk des luccesischen Gesetzgebers und den neuen Vorbildern zu untersuchen, die ihm zur Verfügung standen. Das Ergebnis dieser genaueren Untersuchung ist eindeutig, denn der Vergleich nicht nur der Verfahrensinstitute, sondern auch des Wortlautes der einzelnen Artikel ermöglicht den zweifelsfreien Schluß, daß die über weite Strecken hinweg vorherrschende – wenn nicht sogar die einzige – Quelle des luccesischen Strafgesetzbuches jedenfalls im Bereich des Strafverfahrens der *Code des Délits et des Peines* vom 3. Brumaire des Jahres IV, also der bereits erwähnte *Code Merlin*, bildet[43].

Zur Bestätigung dieser Behauptung beschränken wir uns – um den geduldigen Leser nicht mit einer Unmenge von Daten und Zahlen zu langweilen – auf die Mitteilung einer Reihe grundsätzlicher Entsprechungen, auf die wir in einigen Fällen später noch genauer zurückkommen werden. Wir beginnen mit der Regelung der einfachen

---

37 S.o. Fußn. 34.
38 Titel I, Vom Verfahren in einfachen, den Kantonskommissaren übertragenen Sachen; Art. 1–21.
39 Titel II, Vom Verfahren in zuchtpolizeilichen Sachen; Art. 22–42.
40 Titel III, Vom Verfahren der Gerichtspolizei; Art. 43–53.
41 Titel IV, Abschnitt I, Verfahren in Fällen schwerer Kriminalität gegen anwesende Angeklagte; Art. 54–120.
42 Titel IV, Abschnitt II, Verfahren gegen Abwesende in Fällen schwerer Kriminalität; Art. 121–142.
43 S.o., Fußn. 8 und zugehörigen Text.

Polizeiverfahren; in diesem Bereich fällt sogleich auf, daß die ersten elf Artikel des Zweiten Teils des luccesischen Gesetzbuches sich als eine Übernahme der Art. 153–162 des Gesetzbuches vom 3. Brumaire erweisen. Im zuchtgerichtlichen Verfahren zeigt sich dasselbe Bild; hier erfahren die Art. 22–42 des Gesetzbuches von 1807 Entsprechung und Anregung durch die Art. 180–205 des französischen Textes. Bei der schweren Kriminalität ist die luccesische Regelung, welche die Vorermittlungen der Gerichtspolizei überträgt (Art. 43–53), aus den Art. 100–139 des *Code Merlin* entnommen, während diejenige des förmlichen Ermittlungsverfahrens, der mündlichen Verhandlung und der Urteilsfindung sich inhaltlich an die Art. 301–446 jenes Textes anschließt und die Kassation in diesen Strafsachen (Art. 115–120) nach den von Art. 447–461 des Vorbildes vorgegebenen Vorschriften vollzieht. Bei den Abwesenheitsverfahren (Art. 121–142) schließlich bilden vornehmlich die Art. 462–482 des französischen Gesetzbuches von 1795 den bevorzugten Bezugspunkt des luccesischen Gesetzgebers.

Diesen zusammengefaßten Ergebnissen der synoptischen Betrachtung schließen sich diejenigen der archivarischen Untersuchung an; sie bestätigen, daß der luccesische Gesetzgeber – in diesem Falle durch Giovanni Antonio Vidau verkörpert – auf den Spuren der französischen Gesetzgebungspraxis wandelt. Während nämlich bei zahlreichen Gelegenheiten die überlieferte Dokumentation für die Erarbeitung des materiellrechtlichen Teils die Heranziehung der geltenden französischen Gesetzgebung seit dem Code Pénal von 1791 bestätigt (freilich die Absicht bekundet, auch andere Vorbilder, z.B. die Entwürfe des Königreichs Italien und des Königreichs Bayern, auszuwerten)[44], informiert uns im Bereich des Prozeßrechts eine Mitteilung Vidaus an Minister Matteucci vom 7. Juni 1807 darüber, daß der Generalkommissar an diesem Tag bereits den „Entwurf der einleitenden Bestimmungen für die Strafprozeßordnung" fertiggestellt hat und daß dieser Entwurf „in der Sache nichts anderes ist als eine Übersetzung einiger Artikel des berühmten Gesetzes vom 3. Brumaire des Jahres IV, genannt ,,Gesetzbuch über die Verbrechen und die Strafen""[45].

Wir können nicht genauer angeben, ob dieser Hinweis den ersten Titel des Zweiten Teils des luccesischen Gesetzbuches betrifft, der sich mit dem einfachen Polizeiverfahren befaßt, oder ob er sich – was uns sehr viel wahrscheinlicher vorkommt – auf jene „Allgemeinen Bestimmungen" *(Disposizioni Generali)* bezieht, die im endgültigen Text des Strafgesetzbuches am Anfang seines Ersten Teils stehen und einige der wichtigsten Punkte der Gerichtsverfassung und des Strafrechts des Fürstentums

---

44 Vgl. dazu, die bei *Tori*, Ideali e riforme, a.a.O., S. 126–129 und 140–140, mitgeteilte und übertragene Dokumentation; vgl. ferner: *Da Passano*, La codificazione del diritto penale a Napoli, a.a.O., S. CLVII; *Ders.*, La codification du droit pénal, a.a.O., S. 94.

45 Der Schriftwechsel ist aufbewahrt in: *A.S.Lu.*, Gran giudice ministro della giustizia, 87, Scritture del protocollo 1807, 1920.

regeln. In beiden Fällen ergibt sich die Übereinstimmung mit dem französischen Text von 1795 vollkommen klar aus der vergleichenden Betrachtung, welche bestätigt, daß das von Vidau fast ausschließlich herangezogene Vorbild der *Code Merlin* ist, und zwar sowohl in Aufbau und Inhalten des verfahrensrechtlichen Teils als auch für den wichtigen Einleitungstitel der materiellrechtlichen Regelung, der das Ergebnis einer Montage von Artikeln darstellt, die verschiedenen Punkten des Gesetzes vom 3. Brumaire entnommen worden sind[46].

Zum Abschluß dieser Betrachtung bemerken wir noch, daß uns eine weitere Bestätigung dafür, daß Vidau den Code Merlin in besonderer Weise berücksichtigt hat, in einer Dokumentation zur Verfügung steht, die wenige Monate nach Inkrafttreten des luccesischen Strafgesetzbuches, genau gesagt im Verlauf des Jahres 1808, die Erarbeitung des Strafgesetzbuches für das Fürstentum Piombino begleitet. Auch die Erstellung dieses Entwurfes wird dem korsischen Beamten übertragen, und auch bei dieser Gelegenheit – und dies ist der hier interessierende Punkt – nimmt Vidau Anleihen bei dem Gesetz auf, das er selbst wiederholt „das berühmte Gesetz vom 3. Brumaire des Jahres IV" nennt und ausdrücklich neben dem italischen und dem bayerischen Entwurf zu den Hauptquellen des neuen Gesetzeswerkes zählt[47].

4. Ziele und Methode der Arbeit des luccesischen Gesetzgebers

An dieser Stelle erscheint es angebracht, vor der kurzen Betrachtung einiger Inhalte des Zweiten Teils des hier interessierenden Gesetzbuches sich zu fragen, welche Ziele der luccesischen Gesetzgeber im prozessualen Bereich anstrebt und welche Methode er bei der Verfolgung dieser Ziele anwendet. Insoweit läßt sich feststellen, daß die Arbeit an der Erstellung der prozeßrechtlichen Bestimmungen drei grundlegende Zielsetzungen im Auge hat; dies sind a) die Übertragung und Anwendung des französischen Modells auf den kleinen *État-client* Lucca; b) die Anpassung dieses Modells an die Bedürfnisse begrenzter lokaler Verhältnisse, die, beginnend mit dem Umfang und mit der beweglichen institutionellen Struktur, beachtliche Unterschiede gegenüber der herrschenden Nation aufweist; c) als weitere heikle Operation die Beseitigung des im französischen Modell vorhandenen Instituts des Geschworenen-

---

46 Wir erwähnen in Klammern neben der Nummer des jeweiligen Artikels der allgemeinen Bestimmungen des ersten Teils des luccesischen Strafgesetzbuches die Nummer des entsprechenden Artikels des Code Merlin, der mehr oder weniger wörtlich in das Gesetzbuch des Fürstentums übersetzt und eingefügt worden ist: 1 (150), 2 (150 und 603), 3 (607), 4 (602), 5 (603), 6 (15), 7 (20), 8 (21 und 22). Entsprechende Auflistungen könnten für zahlreiche andere Teile des Texters von 1807 vorgenommen werden.

47 Vgl. dazu *Da Passano*, La codificazione del diritto penale a Napoli, a.a.O., S. CLVII; Ders., La codification du droit pénal, a.a.O., S. 94.

gerichts, das Napoleon nicht liebt[48] und das seit der dreijährigen Zeit der Jakobinerherrschaft in Italien nur wenige für praktisch durchführbar halten[49].

Die drei genannten Zielsetzungen erfordern eine Arbeitsmethode, die sich in einer Tätigkeit des Zusammenstellens und, wenn dies Wort erlaubt ist, des Beschneidens erschöpft. Die Tätigkeit des luccesischen Gesetzgebers erweist alles in allem als leicht, soweit es sich darum handelt, mehr oder minder geschlossene Teile des Gesetzes vom 3. Brumaire einfach auszuscheiden – dieses eben zu beschneiden. Dies geschieht beispielsweise mit den Vorschriften, welche im umfassenden französischen Gesetzeswerk die Zusammensetzung und Tätigkeit von Polizei- oder Justizorganen regeln, die aber im kleinen luccesischen Staatswesen gänzlich fehlen oder doch sehr viel beweglicher sind[50]. Größer erscheinen die Schwierigkeiten, wo versucht wird, die genaue und gewissenhafte Regelung eines „Meisterwerkes der Gesetzestechnik"[51] wie des *Code Merlin,* einer „loi dogmatique, qui définit, divise, distingue et marche au milieu d'innombrables détails, escortée de perpetuelles nullités"[52], zu erhalten, sie jedoch auf wenige wesentliche Grundsätze zurückzuführen. Dies ist der Fall bei Vorschriften über Zwangsmaßnahmen (wie Vorladungen, Beschlagnahmen, Haftbefehlen) oder über Zeugenvernehmungen, denen der *Code Merlin* umfangreiche Regelungsabschnitte widmet[53], bei denen sich hingegen der luccesische Text auf wenige, im übrigen Gesetzestext verteilte Regelungen beschränkt[54]. Dasselbe gilt für die Artikel, die sich mit den einfachen Polizeiverfahren und den Zuchtpolizeiverfahren befassen; in ihnen vermag die Bündigkeit der Einleitung die inhaltliche Anlehnung an das französische Modell nicht zu verbergen[55].

---

48 Vgl. dazu zuletzt *Halpérin*, Continuité et rupture, a.a.O., S. 122–130.

49 Vgl. mit besonderer Bezugnahme auf die cisalpinische und italische Praxis *Dezza*, Il Codice di Procedura Penale del Regno Italico, a.a.O., S. 42–49, 99–106, 148–150, 163, 170. Vgl. ferner die in „Le fonti del Codice di Procedura Penale del Regno Italico", a.a.O., S. 319–331, wiedergegebene Dokumentation.

50 Im Code Merlin finden wir ganze Titel den *commissaires de police* (Livre Premier, Titre II, Art. 25–37), den *gardes champétres* oder *gardes forestiers* (Livre Premier, Titre II, Art. 38–47) gewidmet, und Dutzende von Artikeln befassen sich mit der Zusammensetzung und räumlichen Verteilung der Zuchtgerichte (Art. 167–179). All dieses Gesetzesmaterial wird vom luccesischen Revisor entschieden verworfen.

51 *Cordero*, Procedura penale, a.a.O., S. 56.

52 *F. Hélie*, Théorie du code d'instruction criminelle, ed. Bruxelles 1845, I, S. 175.

53 Und insb. die Titel V und VI des *Livre Premier* (Art. 56–139).

54 S. z.B. für die Vorladungen Art. 49, 50, 52, 61–63, und für die Zeugenaussagen Art. 67–70.

55 Wie schon bemerkt, schließt die luccesische Regelung der einfachen Polizeiverfahren sich an die Art. 153–162 des Gesetzbuches vom 3. Brumaire an, während im Bereich der Zuchtsgerichtsbarkeit die Art. 22–42 des Gesetzbuchs von 1807 durch die Art. 180–205 des französischen Textes beeinflußt sind.

Die Revisions- und Anpassungsarbeit gestaltet sich hingegen in allen jenen Fällen erheblich komplizierter, in denen man in die Regelung der schweren Kriminalität eingreifen muß. Dies ist offensichtlich nicht leicht, wenn man einen Text als Vorbild heranzieht, der aus der Jury (oder besser: aus den Jurys, nämlich der Anklagejury und der Urteilsjury) das Rückgrat und entscheidende Element des gesamten Verfahrens, nicht etwa bloß des Urteils macht. In diesem Fall geht es nicht nur darum, aus einem prozeßrechtlichen Corpus, das mit der Jury (oder, wie man vielleicht noch besser sagen könnte, *für* die Jury) entstanden ist, jene Normen, Regelungen und Artikel zu entfernen, die unmittelbar dieses Rechtsinstitut betreffen, sondern auch die verschiedenen Verbindungen, die es mit den anderen Teilen des äußerst detaillierten Normengeflechts verbinden. Letztlich geht es darum, das ganze neu zu knüpfen, dabei aber eine rationale Ordnung aufrecht zu erhalten und keine logischen Sprünge und inhaltsleeren Regelungen zu produzieren.

Diese Punkte führen alles in allem zu der Einsicht, daß das Werk Vidaus und der anderen luccesischen Juristen nicht – wie es auf den ersten Blick erscheinen könnte – eine bloße Übersetzung und allgemeine Anpassung darstellt, sondern Interesse und Beachtung auch über die bloße Gesetzestechnik hinaus verdient. Tatsächlich beschert die im Frühling und Sommer 1807 in Lucca verrichtete Arbeit uns einen Text, der trotz seines geringen Umfangs von nur 142 Artikeln, die sich einem System verteilen, das im Vergleich mit den geometrischen Strukturen des Code Merlin als ausgeplündert und auf ein Gerippe reduziert erscheint, sich doch, wenn auch nur in den wesentlichen Zügen, als eine moderne, vollkommene und vollständige Strafprozeßordnung erweist. Es ist daher jetzt an der Zeit, den wichtigsten Entscheidungen des Textes unsere Aufmerksamkeit zu widmen; besondere Beachtung verdienen die hervorstechenden Eigenschaften des Kriminalverfahrens.

5. Die gesetzlichen Richtungsentscheidungen: Untersuchungsphase des Verfahrens

Wie gerade bemerkt, ist der luccesische Text ein für seine Zeit recht modernes Strafgesetzbuch, u.zw. besonders aufgrund einiger seiner formellen Eigenschaften, noch mehr aber deshalb, weil er eine Verfahrensstruktur erkennen läßt, die dem Juristen und Praktiker der nachfolgenden Epochen weitgehend bekannt vorkommen muß. Er bietet nämlich ein typisches Beispiel für jene „gemischten" Formen, die, wie bekannt, der Code Merlin als erster entworfen hat und mit denen er zwei Jahrhunderte europäischer Zeitgeschichte des Strafverfahrens bestimmt hat. Doch innerhalb einer Struktur, die grundsätzlich aus einer schriftlichen und geheimen Untersuchung und einer öffentlich und kontradiktorisch ablaufenden mündlichen Verhandlung zusammengesetzt ist, scheint es in der luccesischen Regelung zwei entscheidende Punkte zu geben, die teilweise in enger Verbindung mit denen stehen, die durch die vom „französischen Rechtsimperialismus"[56] vorgeschriebenen transalpinen Vorbilder, teilweise aber auch durch nicht immer unbedeutende Unterschiede gekennzeichnet sind.

Der erste Punkt betrifft das Untersuchungselement des Verfahrens, das sich – genau so wie im Gesetzbuch von Romagnosi und in einer klaren und eindeutigen Weise, wie sie im Code Merlin nicht vorgesehen ist – in einen Voruntersuchungs-Abschnitt, der den Beamten der Gerichtspolizei anvertraut ist, und einen förmlichen Untersuchungs-Abschnitt unterteilt. In der förmlichen Untersuchung fällt auf, daß es mehrere öffentliche Organe gibt, welche parallele und unterschiedene Funktionen ausüben, nämlich: einen oder mehrere Untersuchungsrichter, zu denen ein „beauftragter Richter", der Gerichtspräsident[57] sowie ein Kommissar des Fürsten, der von der Staatsanwaltschaft bestellt wird, hinzutreten[58].

„Der Präsident, der Kommissar des Fürsten und der Untersuchungsrichter" – bestimmt hierzu Art. 66 – „sind alle drei ermächtigt, die Maßnahmen zu ergreifen, die sie für geeignet halten, um das Verbrechen aufzudecken und seinen Täter zu ermitteln". Insbesondere besorgen die Untersuchungsbeamten das Verhör des Beschuldigten, die Beschaffung der Beweismittel (besonders der Zeugenaussagen und Gutachten) und die entsprechenden Protokolle (Art. 67–71). Diese Untersuchungshandlungen können sowohl vom Gerichtspräsidenten als auch vom Untersuchungsrichter vorgenommen werden, während für Maßnahmen, welche die persönliche Freiheit einschränken, ausschließlich der Präsident zuständig ist (Art. 61, 62). Der Kommissar des Fürsten wiederum „befördert *ex officio* die Bestrafung jedes Verbrechens, indem er dem Gericht jedes zur Sicherung des Beweises des Verbrechens und zur Ermittlung des Täters geeignete Mittel bezeichnet" (Art. 55). Zu diesem Zwecke kann er dem Gericht „alle Beweismittel, die er für geeignet hält, vorlegen" (Art. 77), er kann an Untersuchungshandlungen teilnehmen (Art. 75), und er ist überdies – was besonders hervorgehoben zu werden verdient – ermächtigt, Anordnungen zur Verfahrenssicherung zu treffen, welche in die Freiheit des Beschuldigten eingreifen, vor allem, in den gesetzlich vorgesehenen Fällen, Haftbefehl zu erlassen (Art. 61, 62). Am Ende des Ermittlungsverfahrens legt der Kommissar sodann dem Gericht, wenn

---

56 Definition nach *A. Cavanna*, Codificazione del diritto italiano e imperialismo giuridico francese nella Milano napoleonica. Giuseppe Luosi e il diritto penale, in: Ius Mediolani. Studi di storia del diritto milanese offerti dagli allievi a Giulio Vismara, Mailand 1996, S. 659–760.

57 Der „mit der Ermittlung befaßte Richter", an anderer Stelle auch einfach als „Ermittlungsrichter" bezeichnet, wird vom Gerichtspräsidenten (der übrigens auch „sich selbst abordnen darf") nach dem ersten förmlichen Verhör des Beschuldigten (Art. 65).

58 Die fürstlichen Kommissare sind in der Hierarchie dem Generalkommissar für das ganze Fürstentum untergeordnet. Nebenbei sei bemerkt, daß das Amt des Generalkommissars keinem anderen als dem Verfasser des luccesischen Strafgesetzentwurfs, Giovanni Antonio Vidau, anvertraut ist.

er es für geboten hält, die „Anklageakte" vor, die zugleich bewirkt, daß der Beschuldigte dem Gericht überstellt wird (Art. 76–79).

Mit der soeben geschilderten Regelung zeigt sich im luccesischen Gesetzbuch in aller Deutlichkeit jener grundlegende Perspektivenwechsel gegenüber den Rechtsgrundsätzen der ersten Revolutionsphase[59], der in der napoleonischen Gesetzgebung zu einer Abschwächung der Verteidigungsrechte während der Untersuchungsphase des Verfahrens und zur Schaffung von starken und stabilen Gewalten zur Erreichung einer autoritären Verfahrensweise der Strafjustiz führt[60]. Diese Veränderung, die teilweise bereits im *Code Merlin* sichtbar wird, findet ihren unmißverständlichen Ausdruck in einigen Verordnungen des Konsulats, vor allem im bekannten Gesetz vom 7. Pluviôse des Jahres XI (27. Januar 1801), welches die Grundsätze der Schriftlichkeit und Heimlichkeit des Ermittlungsverfahrens stärkt und die einheitliche Figur des Staatsanwalts in der Person eines Beamten der Exekutive – Kommissare und Unterkommissare der Regierung – schafft, die sie mit Zuständigkeiten für die Festnahme von Personen ausstattet[61]. Unleugbar ist daher, daß in den eben betrachteten Bestimmungen das Gesetzbuch von Lucca gedanklich dem französischen Gesetzbuch von 1801 sehr nahe steht, billigt ersteres doch dem Staatsanwalt eine zweifellos bedeutende Rolle zu und vollzieht damit – eine gleichgerichtete französische Entwicklung vorwegnehmend – einen rückwärtsgewandten Weg, der in Frankreich mit dem *Code d'Instruction Criminelle* von 1808 zur Beseitigung der Anklage-Jury und infolge dessen zum Verschwinden der Ermittlungszuständigkeiten führt, welche das Gesetzbuch vom 3. Brumaire dem *directeur du jury d'accusation* zugewiesen hatte[62].

---

59   Zu den unterschiedlichen Ansätzen vgl. *Esmein*, Histoire de la procédure criminelle, a.a.O., S. 417–438, sowie den jüngsten Überblick b. *J.-M. Carbasse*, Introduction historique au droit pénal. Paris 1990, S. 319–321. Zur Einführung der akkusatorischen Formen in der revolutionären französischen Rechtsordnung vgl. *R. Martucci*, La Costituente ed il problema penale in Francia (1789–1791). I. Alle origini del processo accusatorio: i decreti Beaumetz. Mailand 1984. Zur Einführung der Jury vgl. *A. Padoa Schioppa*, La giuria penale all'Assemblea Costituente francese, in: The Trial Jury in England, France, Germany. 1700–1900, hrsg. von *A. Padoa Schioppa*. Berlin 1987, S. 75–163, und *A. Padoa Schioppa*, La giuria penale in Francia. Dai „Philosophes" alla Costituente. Milano 1994, S. 63–162. Für die Justizinstitutionen bietet *E. Seligman*, La justice en France pendant la Révolution (1789–1792), 2 Bde. Paris 1901–1913, bis heute für den erwähnten Zeitabschnitt einen grundlegenden Bezugspunkt.

60   Dazu zuletzt *Halpérin*, Continuité et rupture, a.a.O., S. 109–130.

61   Zum Gesetz vom 7. Pluviôse vgl. *Esmein*, Histoire de la procédure criminelle, a.a.O., S. 452–461; *Laingui / Lebigre*, La procédure criminelle, a.a.O., S. 141; *Carbasse*, Introduction historique au droit pénal, a.a.O., S. 329; *Halpérin*, Continuité et rupture, a.a.O., S. 123.

62   Vgl. *Esmein*, Histoire de la procédure criminelle, a.a.O., S. 527–559; *Laingui / Lebigre*, La procédure criminelle, a.a.O., S. 143–145; *Carbasse*, Introduction historique au droit pénal, a.a.O., S. 329–330; *Halpérin*, Continuité et rupture, a.a.O., S. 122–130. Umfassend zu den im Text erwähnten Vorgängen s. die – trotz einiger Schematismen in der Interpretation der ver-

Auf der anderen Seite begegnet uns in Art. 71 des luccesischen Gesetzbuches ein Hinweis auf das Fortbestehen von Untersuchungskonzepten, die in mancher Hinsicht von denen nicht weit entfernt sind, die den Strafprozeß des Ancien Régime prägen. Aufgrund dieses Artikels werden erst nach dem letzten Verhör des Beschuldigten und erst, nachdem der Kommissar des Fürsten schriftlich erklärt hat, daß „in der Sache keine Beweis mehr zu erheben sind, „dem Beschuldigten alle Prozeßakten vorgelesen"; zugleich wird dem Beschuldigten, wenn er noch keinen eigenen Verteidiger hat, nunmehr ein solcher *ex officio* bestellt, und dem Verteidiger (der sich erst jetzt mit seinem Klienten in der Haftzelle „frei unterhalten" kann) werden die Untersuchungsakten zugänglich gemacht. Ohne Zweifel erinnern diese Regelungen in ihrer Gesamtheit sehr stark an die klassische *publicatio processus*, die für das Strafverfahren des späten gemeinen Rechts typisch ist[63]. Dennoch weist das Untersuchungsverfahren, wie es im luccesischen Gesetzbuch geregelt ist, eine Reihe von Merkmalen auf, welche es im Vergleich mit demjenigen des kaiserlichen Gesetzbuches von 1808 als weniger „obskur" – um eine glückliche Bezeichnung von Adhémer Esmein zu übernehmen[64] – erscheinen läßt.

Tatsächlich präsentiert sich das Untersuchungsverfahren der französischen Regelung von 1808 als außerordentlich arm an rechtsstaatlichen Garantien[65]; in weiten Teilen ist es dem Ermessen des Untersuchungsrichters und des kaiserlichen Prokurators überantwortet, der unmittelbar bei sich auch die Untersuchungen der Gerichtspolizei konzentriert[66]. Im Falle von Lucca erscheint die Regelung weniger unausgewogen – nicht nur deshalb, weil der Beschuldigte verlangen kann, daß die Untersuchung um die Erhebung neuer Beweise ergänzt wird (Art. 73, 74) und weil der Kommissar des Fürsten erst nach dem Abschluß der von den Beamten der Gerichtspolizei betriebenen Vorermittlungen eingreift (Art. 43–53), sondern auch deshalb, weil wir im Strafgesetzbuch des Fürstentums Bestimmungen finden, die dem Schutz vor will-

---

schiedenen Phasen des revolutionären Jahrzehnts – genaue Übersicht b. *M. Nobili*, Accusa e burocrazia. Profilo storico-costituzionale, in: Pubblico ministero e accusa penale. Problemi e prospettive di riforma, hrsg. G. Conso. Bologna 1979, S. 89–141, insb. 91–112.

63 Dazu jetzt *L. Garlati Giugni*, Inseguendo la verità. Processo penale e giustizia nel Ristretto della prattica criminale per lo Stato di Milano. Mailand 1999, insb. S. 188–189.

64 Während im *Code d'Instruction Criminelle* von 1808 von der Regelung der Ermittlungsphase ausgegamngen wird, um sodann in die Verhandlungsphase einzutreten, gilt für das luccesische Gesetzbuch, daß „on passe de l'obscurité au plein jour" (*Esmein*, Histoire de la procédure criminelle, a.a.O., S. 539).

65 Dazu die zusammenfassende Übersicht b. *Cordero*, Procedura penale, a.a.O., S. 64–66.

66 Zu dieser Zentralisierung, die bereits im Gesetz vom 7. Pluviôse vorgesehen war, vgl. *Esmein*, Histoire de la procédure criminelle, a.a.O., S. 452. Vgl. ferner *Dezza*, Il Codice di Procedura Penale del Regno Italico, a.a.O., S. 322.

kürlichen verfahrenssichernden Anordnungen dienen[67], ferner Öffnungen im Sinne der persönlichen Freiheit des Beschuldigten[68] und insbesondere eine lange Reihe von Regelungen und förmlichen Garantien im Zusammenhang mit den Untersuchungshandlungen; sie werden durch ein System von Nichtigkeitsgründen abgesichert, das im kaiserlichen Gesetzbuch von 1808 nur wenige Entsprechungen findet[69]. Es handelt sich um Gesetzesbestimmungen, die zu einem Teil – wie im Falle der Nichtigkeitsgründe – aus dem Code Merlin übernommen sind[70], zu einem anderen Teil das Ergebnis eigener Initiativen und Besorgnisse des Gesetzgebers von Lucca zu sein scheinen[71].

Als letztes verdient noch Erwähnung, daß ähnliche Vorschriften wie diejenigen von Lucca sich auch in der Regelung des Ermittlungsverfahrens im zeitgenössischen *Codice Romagnosi* finden[72]. Zweifellos kann eine Erklärung für diese Parallelen

---

67   Der Gerichtspolizei ist ausdrücklich untersagt, „unter welchen Umständen auch immer" zur Verhaftung zu schreiten, soweit es sich nicht um die in Art. 49 (vgl. folgende Fußn.) vorgesehenen Fälle handelt oder die zuständige Behörde – d.h. der Gerichtspräsident oder der fürstliche Kommissar – es anordnet (Art. 50). Diese Anordnung kann aber nur die „gewichtigen" Fälle der schweren Kriminalität betreffen und muß schriftlich und mit Begründung dem Verhafteten mitgeteilt werden (Art. 61). Auch wenn es sich um schwere Kriminalität handelt, ist die Verhaftung allerdings verboten (und wird durch die Vorladung ersetzt), wenn die Indizien „leicht" sind und wenn es sich um eine als ehrenwert angesehene Person mit Wohnsitz im Fürstentum handelt" (Art. 62). Die Haft ist „an einem möglichst bequemen und von den Strafgefangenen getrennten Ort zu vollziehen"; der Haftbefehl kann erst nach „dem Anklageakt", der das Eremittlungsverfahren beendet und die Überstellung an das Gericht bewirkt, erlassen werden (Art. 63).

68   In polizei- und zuchtgerichtlichen Verfahren ist in der Regel keine Art von Untersuchungshaft vorgesehen (Art. 50). In den Fällen der schweren Kriminalität „soll" die Gerichtspolizei zur Verhaftung schreiten bei Betreffen auf frischer Tat sowie dann, „wenn der öffentliche Lärm oder die aus dem Prozeßprotokoll hervorgehenden Fakten den Täter eines Verbrechen anzeigen, jedoch ist „der Beschuldigte", der „durch Tatsachen die Beschuldigungen widerlegt, die zu seiner Verhaftung geführt haben, unverzüglich auf freien Fuß zu setzen" (Art. 49). Im übrigen kann die vorläufige Freilassung des Beschuldigten stets durch den Gerichtspräsidenten mit den in Art. 125 vorgesehenen Förmlichkeiten und Garantien nachgelassen werden (außer in Verfahren wegen eines „grausamen Verbrechens" *[delitto atroce]*), d.h., nachdem der fürstliche Kommissar gehört worden ist und durch den Beschuldigten „durch Zahlung von 3000 Franken geeignete Sicherheit geleistet hat, daß er jeder Vorladung des Gerichts folgen und eine Geldstrafe zahlen werde".

69   Die Nichtbeachtung der in Art. 68 bis 74 und 78 vorgeschriebenen Formen, die sich alle auf das förmliche Ermittlungsverfahren beziehen, führt in Anwendung der Bestimmung des Art. 114 zur Nichtigkeit sowohl der Prozeßhandlung als auch des abschließenden Urteils.

70   Und in diesem Falle insb. aus Art. 380 des Gesetzes vom 3. Brumaire.

71   Die Bedeutung des Problems der persönlichen Freiheit beispielsweise ist bereits in der von Matteucci am 24. März 1807 an Battaglioni übersandten Denkschrift herausgestellt. (vgl. o. Fußn. 16 und zugehörigen Text).

72   Hierzu gestatten wir uns den Hinweis auf *Dezza*, Il Codice di Procedura Penale del Regno Italico, a.a.O., S. 318–55.

darin gefunden werden, daß sowohl der Mailänder Gesetzgeber als auch derjenige von Lucca bei ihrer Arbeit dieselben Vorbilder haben heranziehen können, insbesondere den bereits mehrfach zitierten *Code des Délits et des Peines* vom 3. Brumaire. Diese gemeinsame Abstammung genügt jedoch nicht als Erklärung für eine Entsprechung, die ersichtlich über diejenige eines gemeinsamen Vorbildes hinausgeht und die, wenn sie schon nicht die förmlichen Aspekte der gesetzlichen Regelung betrifft, so doch den Wesensgehalt der Rechtsinstitute ausmacht und jene gleichsam ideologische Nähe der beiden zu Beginn dieses Beitrages vorgestellten Gesetze bestätigt.

6. Die „schreckliche Waffe"

Wir kommen nun zum zweiten Problembereich, der uns bei der Erörterung der Vorstellungen des untersuchten Gesetzbuchs erwähnenswert scheint. Es geht um die heiklen Beziehungen, die sich zwischen dem Beweissystem, dem Grundsatz der freien richterlichen Überzeugungsbildung und der Figur des Richters auftun. In diesem Bereich wird die Tätigkeit des luccesischen Gesetzgebers stark von einer vorgefaßten Meinung beeinflußt, auf die wir bereits früher hingewiesen haben, nämlich von dem klaren und eindeutigen politischen Wunsch, das Rechtsinstitut der Jury nicht in die Rechtsordnungen der Halbinsel einzuführen, und zwar weder in der Anklagephase noch im Zeitpunkt der Urteilsfindung[73]. Wir haben es hier – dies sei wiederholt – mit einer der wesentlichen Eigenheiten des Gangs der Modernisierung des Strafverfahrens im napoleonischen Italien zu tun – eine Eigenheit, die sich später in den Gesetzbüchern der Restaurationszeit fortsetzen sollte. Es geht also jetzt darum, zu untersuchen, welches die Konsequenzen dieses (im Wortsinne) Präjudizes auf das Verfahrensmodell des kleinen luccesischen Staatswesens gewesen sind.

Erste und offenkundige Konsequenz ist der Eintritt jener Verknüpfung von *intime conviction* und Berufsrichtertum, die Giovanni Carmignani – der sie als gefährlich, weil der reinen Willkür gefährlich benachbart und potentiell despotisch, beurteilt – mit Ausdrücken wie „schreckliche Waffe" und „pestilenziellen Fehler" abgestempelt hat[74], die indes eine der Konstanten in der Geschichte des Strafverfahrens im 19. und 20. Jahrhundert bildet (jedenfalls dort, wo das Rechtsinstitut der Jury in seiner klassischen Form nicht eingeführt oder wieder aufgegeben worden ist und wo der Weg zu jeglicher Form des gesetzlichen Beweises versperrt worden ist)[75].

---

73 Vgl. o. Fußn. 48 und 49.
74 Vgl. die Nachweise zum Schrifttum b. *Dezza*, Il Codice di Procedura Penale del Regno Italico, a.a.O., S. 338–338 und Fußn. 113.
75 Zur freien Überzeugungsbildung als „Nachschlüssel in der Hand des allwissenden Richters" vgl. die Ausführungen und Beispiele b. *Cordero*, Procedura penale, a.a.O., S. 582–585.

Strafgesetzgebung des Fürstentums Lucca (1807)

Im luccesischen Strafgesetzbuch kommt eine Schlüsselrolle in diesem Bereich der Vorschrift es Art. 101 zu, wonach die Richter ihre Entscheidung nach „ihrer persönlichen Überzeugung" fällen[76]. Diese Überzeugung – so Art. 101 wörtlich – „muß aus der Gesamtheit dessen, was sie in der Verhandlung wahrgenommen haben, hervorgehen", und die einzigen schriftlichen Dokumente, die sie im Beratungszimmer lesen können – jedoch ausschließlich, „um ihr Bewußtsein besser zu erleuchten" – bestehen aus den Protokollen der Verhöre des Beschuldigten im Ermittlungsverfahren. Der luccesische Gesetzgeber gibt sich jedoch mit den gerade erwähnten Vorschriften nicht zufrieden und beschließt den fraglichen Artikel mit einer langen erläuternden Ausführung, die wir hier in voller Länge wiedergeben wollen:

„Die Richter sollen sich durch nicht anderes zur Verurteilung oder zum Freispruch bestimmen lassen als vom Empfinden ihrer inneren Überzeugung. Das Gesetz verlangt von ihnen keine Auskunft über die Mittel, durch welche sie überzeugt worden sind; es schreibt ihnen keine Regel vor, von der die Vollständigkeit eines Beweises abhängt; das Gesetz verlangt von den Richtern einzig und allein, sich leidenschaftslos zu befragen und aufrichtig und ruhig ihr Gewissen zu erforschen, welchen Eindruck in ihrer Seele die gegen den Angeklagten vorgetragenen Beweise und die von demselben vorgetragenen Verteidigungsmittel gemacht haben. Das Gesetz fragt letztlich die Richter einzig und allein nach ihrer inneren Überzeugung."

Nun ist der gerade mitgeteilte Passus, der Berufsrichter über das belehren soll, was doch nur das Wesen ihres Berufes ist, nichts anderes als die fast wörtliche Übersetzung der „Instruktion", die nach Art. 372 des *Code des Délits et des Peines* vom 3. Brumaire der Gerichtspräsident den Mitgliedern der Jury vorlesen muß, bevor diese sich zur Entscheidung zurückziehen, überdies wird sie „affichée en gros caractères dans la chambre destinée à leurs délibérations"[77].

Es handelt sich um eine Entscheidung, die m.E. viel über die Zweifel aussagt, welche wahrscheinlich die Arbeit der luccesischen Gesetzgeber in dem Augenblick beschlichen haben, als sie – auf der Linie des ihnen vom napoleonischen Rechtsimperialismus aufgezwungenen Modells – jegliche Form des gesetzlichen Beweises haben aufgeben müssen und eine Beweismethode wie die der *intime conviction* haben

---

76 Das von Art. 101 aufgestellte Prinzip ist vorweggenommen im Art. 96, wonach der Gerichtspräsident und der fürstliche Kommissar während der mündlichen Verhandlung „dem Angeklagten die Fragen stellen können, von denen sie annehmen, daß sie ihre Kenntnisse erweitern können"

77 Der Text der in Art. 372 des Code Merlin enthaltenen „Instruktion" hat seinerseits zum Vorbild die „Instruktion für die Geschworenen" in den beiden Dekreten über das Kriminalverfahren vom 16. / 29. September und 29. September / 21. Oktober 1791 gedient. Vgl. M. *Nobili*, Il principio del libero convincimento del giudice. Mailand 1974, S. 150–155 (dt.: Die freie richterliche Überzeugungsbildung [Juristische Zeitgeschichte Abteilung 1 Band 8]. Baden-Baden 2001, S. 121 ff.), und *Padoa Schioppa*, La giuria penale all'Assemblea Costituente francese, a.a.O., S. 122–143 der Ausgabe Mailand 1994.

berücksichtigen müssen, die als völlig neu[78] und im Sinne des Wortes „revolutionär" (umwälzend) wahrgenommen wird[79]. Bei der Entscheidung, in der beschriebenen Weise zu verfahren, haben sie zwar die Berufsrichter nach dem Maßstab unerfahrener Anfänger behandelt, haben aber zugleich eine wörtliche Übernahme jener Grundsätze bewirkt, die Napoleon persönlich zwei Jahre zuvor in Mailand vorgeschrieben hatte, als er am 7. Juni 1805 in einer Ansprache anläßlich der Eröffnung der Session der Gesetzgebungskörperschaft den Plan für eine Justizreform im Königreich Italien vorgestellt hatte. Der entscheidende Passus dieser Ansprache lautet:

> „Ich habe nicht geglaubt, daß die Lage, in der Italien sich zur Zeit befindet, mir gestatte, an die Einrichtung der Jury zu denken. Die Richter müssen jedoch, ebenso wie die Geschworenen, nach ihrer inneren Überzeugung ihr Urteil fällen, ohne sich auf jenes System der halben Beweise zu stützen, das noch viel häufiger die Unschuld als denjenigen beleidigt, der zur Aufdeckung des Verbrechens berufen ist. Die sicherste Richtlinie eines Richters, der eine Verhandlung geleitet hat, ist die Überzeugung seines eigenen Gewissens."[80]

Die Worte des Kaisers bilden die Spur, an auf der sich sowohl der italische als auch der luccesische Gesetzgeber gemeinsam bewegen. Von den beiden zeigt sich jedoch der zweite stärker an das französische Vorbild von 1795 gebunden, denn er wiederholt wörtlich dessen Vorschriften, die er einfach von der Jury auf die Berufsrichter überträgt[81]; und gerade deshalb eröffnet er nicht die ausdrückliche Möglichkeit, auf jene dritte, *non liquet* genannte Zweifelsformel zurückzugreifen, die in das nach ihm benannte Gesetzbuch einzubringen Romagnosi gelingt, der damit eine eindeutig garantistische Abschwächung eines Systems bewirkt, das von einem starken Ungleich-

---

78 S. i.ü. zur Bedeutung der moralischen Überzeugungsbildung auch im Zeitalter des gemeinen Rechts *G. Alessi Palazzolo*, Prova legale e pena. La crisi del sistema tra Evo Medio und Moderno. Napoli 1979, sowie zuletzt *A. Cavanna*, La „coscienza del giudice" nello stylus iudicandi del Senato di Milano, in: Studi di storia del diritto, II. Mailand 1999, S. 581–626. Das Thema steht im Zusammenhang mit demjenigen des *arbitrium iudicis*; zu diesem vgl. *M. Meccarelli*, Arbitrium. Un aspetto sistematico degli ordinamenti giuridici in età di diritto comune. Mailand 1998.

79 Über die historische Entwicklung der inneren Überzeugung s. vor allem die kenntnisreiche Untersuchung von *Massimo Nobili*, Il principio del libero convincimento, a.a.O., S. insb. 81–266 (dt. Ausgabe S. 65–180).

80 Die Ansprache ist wiedergegeben b. *F. Coraccini* (rectius: *G. Valeriani*), Storia dell'amministrazione del Regno d'Italia durante il dominio francese. Lugano 1823, S. 35–41 (insb. der im Text wiedergegebenen Passus, S. 36–37). Vgl. dazu *Dezza*, Il Codice di Procedura Penale del Regno Italico, a.a.O., S. 169–171. Zum Aufenthalt Napoleons in Mailand im Mai und Juni 1805 s. *Cavanna*, Codificazione del diritto italiano e imperialismo giuridico francese, a.a.O., S. 691–702.

81 Wir beziehen uns auf Art. 102 ff. des Strafgesetzbuches des Fürstentums, welche die Regelungen der Art. 373 ff. des Code Merlin aufgreifen.

gewicht zwischen der Stellung der Anklage und derjenigen der Verteidigung geprägt ist[82].

Es bleibt noch darauf hinzuweisen, daß nicht alle mit den von Napoleon in der Ansprache von 1805 diktierten Grundsätzen und mit den geschilderten gesetzgeberischen Entscheidungen, die daraus folgen, einverstanden sind. Wir wissen von einigen Rechtspraktikern in der Lombardei, die nicht zögern, die kaiserliche Vorgabe umzukehren und aufgrund ihrer Erfahrung bemerken, daß schon, wenn das italische – und luccesische – System nur im Hinblick auf die Vermehrung der Zahl der Verurteilungen ausgewirkt habe, es sich damit schon als „äußerst fatal für die bürgerliche Sicherheit" erwiesen habe[83]. Wir wissen, daß auch in Frankreich die Verbindung zwischen *intime conviction* und Berufsrichtertum bei den Beratungen über das kaiserliche Gesetzbuch von 1808 abgelehnt wird, weil „ce sarait armer les juges de profession d'un pouvoir trop redoutable"[84]. Wir wissen schließlich auch, daß in Italien ein beachtlicher Teil der Lehre – zu ihm zählen die besten Namen der Strafrechtswissenschaft jener Zeit von Nani bis Pagano, von Galanti bis Filangieri und bis zum bereits erwähnten Carmignani – die einfache Ersetzung der Geschworenen durch den Berufsrichter ablehnt und, wenn auch behutsam und mit verschiedenen Abwandlungen, die Einführung eines Systems vorschlagen, das bei Fehlen der Jury den

---

82 Vgl. *Dezza*, Il Codice di Procedura Penale del Regno Italico, a.a.O., S. 363–372. Wir ergänzen noch, daß weder der italische Text noch derjenige von Lucca eine Begründung der Entscheidung vorschreiben. Vgl. dazu die Ausführungen von *Cordero*, Procedura penale, a.a.O., S. 908–909.

83 Die innere Überzeugung ist – so schreibt 1811 in Mailand der ehemalige Richter und Strafverteidiger Pietro Mantegazza – „ein Mittel, das, vorsichtig genossen, außerordentlich vorteilhaft für die Gesundheit sein kann, schlecht angewendet aber das Leben nehmen kann"; in der Praxis habe sich der Grundsatz als „höchst nützlich erwiesen, um die Straflosigkeit von Tätern zu vermindern", er könne aber auch „häufig sehr fatal für die bürgerliche Sicherheit sein". Der Gesetzgeber – schließt Mantegazza – solle „gewisse Regeln" und „bestimmte Beweisarten" vorsehen; nur dann sei der Richter gebunden, „seine Willkür in bestimmten Grenzen zu halten". Vgl. *P. Mantegazza*, Alcune osservazioni sulla legislazione criminale del cessato Regno d'Italia. Mailand 1814, insb. S. 44–73. S. dazu *E. Dezza*, Un critico milanese della codificazione penale napoleonica. Pietro Mantegazza e le Osservazioni sulla legislazione criminale del cessato Regno d'Italia (1814), in: Ius Mediolani, a.a.O., S. 909–977, insb. 939–947.

84 Der Satz, den Jean Bérenger im Conseil d'Etat am 5. Juni 1804 formulierte, ist mitgeteilt b. *Cordero*, Procedura penale, a.a.O., S. 581. Vgl. zur selben Problematik *Esmein*, Histoire de la procédure criminelle, a.a.O., S. 510 und 523, und *Nobili*, Il principio del libero convincimento, a.a.O., S. 176–179 (dt. Ausg. S. 143 ff.). Bereits vorher hatte Robespierre in der Debatte von 1791 über die Einführung der Jury gesetzliche Korrektive auch gegenüber der inneren Überzeugung der Geschworenen vorgeschlagen. Das Thema ist ausgiebig behandelt b. *Padoa Schioppa*, La giuria penale all'Assemblea Costituente francese, a.a.O., S. 102–122 der Ausgabe Mailand 1994.

Maßstab der freien Überzeugungsbildung mit mehr oder weniger Elementen gesetzlicher Beweisregeln verbindet[85].

Und gerade die zuletzt genannte Richtung, insbesondere die Lehre Gaetano Filangieris, scheint den Kompromiß hervorgebracht zu haben, den der neapolitanische Gesetzgeber in dieser Frage gefunden hat. Ingesamt fügen sich die Strafverfahrensgesetze Joseph Bonapartes für das Königreich Neapel zwar ganz und gar in die legislative Richtung ein, der auch der Codice Romagnosi und das luccesische Gesetzbuch angehören[86], sie ordnen jedoch bei der Würdigung des im Verfahren gewonnenen Beweismaterials die moralische Überzeugung (auch) gesetzlichen Kriterien unter und verlangen darüber hinaus die Verkündung der Zweifelsformel, wenn trotz Vorliegens einer „fest begründeten" Vermutung der Täterschaft doch noch ein „Mangel an Beweisen, die zur Verurteilung hinreichen", waltet[87].

Die Auswirkungen der gesetzlichen Neuerungen im hier betrachteten Bereich sind nicht homogen und können unterschiedlich interpretiert werden. Trifft es nämlich wirklich zu, daß das sowohl im Mailand als auch in Lucca übernommene System der freien Überzeugungsbildung – besonders dann, wenn man es aus einer an Rechtsstaatlichkeit orientierten Sicht betrachtet – ernsthafte Probleme aufwerfen kann, so trifft andererseits doch auch zu, daß der damit im Zusammenhang stehende Verzicht auf die gesetzlichen Beweisregeln auch andersartige Rückwirkungen mit sich bringt. Hinzuweisen ist insbesondere auf das Verschwinden der absolut vorherrschenden Bedeutung, die in der traditionellen Verfahrensökonomie das Geständnis besessen hat. In der Tat findet sich im luccesischen Text in den Artikeln, die sich mit dem Ermittlungsverfahren beschäftigen, und in denjenigen, die der mündlichen Verhandlung gewidmet sind, kein einziger signifikanter Hinweis auf das Geständnis oder auf seine etwaigen gesetzlichen Auswirkungen[88]. Das luccesische Verfahren ist m.a.W. nicht mehr – wie es im typisch römischrechtlich-kanonischen Verfahren des im späten gemeinen Rechts üblich war – darauf ausgerichtet, diese besondere „prova

---

85 Zu der im Text angesprochen Lehrmeinung vgl. *E. Dezza*, Tommaso Nani e la dottrina dell'indizio nell'età dei lumi. Mailand 1992, S. 120–129, sowie *I. Rosoni*, Quae singula non prosunt collecta iuvant. La teoria della prova indiziaria nell'età medievale und moderna. Mailand 1995, S. 331–347.

86 S.o. Fußn. 4.

87 Zum letztgenannten Punkt sei der Hinweis gestattet auf *Dezza*, Il procedimento criminale nelle leggi napoletane del 1808, a.a.O., S. CCCL–CCCLII.

88 Täuschen wir uns nicht, so findet sich die einzige ausdrückliche Erwähnung des Geständnisses im luccesischen Gesetzbuch in Art. 96. Danach können während der mündlichen Verhandlung der Präsident und der fürstliche Kommissar dem Angeklagten die Fragen stellen, die sie für geeignet halten, um „ihre Kenntnisse zu vermehren"; die Antworten des Beschuldigten müssen nicht ausdrücklich protokolliert werden, es sei denn, daß „der besagte Angeklagte das Verbrechen gesteht und dabei einen im Verfahren noch nicht bekannt gewordenen Mittäter offenbart".

regina" zu erzielen[89]. Und die Tatsache, daß diese Entscheidung, auch wenn sie in Italien von einigen Stellungnahmen in der Rechtslehre des spätern 18. Jahrhunderts vorgeformt war[90], unmittelbar aus dem französischen Vorbild übernommen ist, ändert nichts an der Einschätzung, daß sie eine Neuerung von großer Bedeutung im Gesamtbild der Strafjustiz Italiens bildet. (Allerdings gibt sie Anlaß, darüber nachzudenken, daß das, was seit zwei Jahrhunderten in der Gesetzgebung abgeschafft ist, in der täglichen Praxis einiger Angehöriger des Justizapparats *in viridi observantia* steht).

7. Eine Bilanz

Indem wir uns dem Ende dieses Beitrages nähern, erscheint es angebracht, noch auf einige weitere Aspekte der lucceser Gesetzgebung einzugehen, die, wenngleich nur kurz auf sie hingewiesen wird, doch zur Formulierung eines weniger vorläufigen Urteils über den prozessualen Teil des Gesetzbuches von 1807 beitragen können.

Wir bemerken vorweg, daß der untersuchte Text einige Öffnungen im humanitären Sinne aufweist, die in manchen Fällen auf Anregungen des Gesetzbuches vom 3. Brumaire zurückgehen[91] und sich in eine wahrlich kurze Reihe von Normen einfügen, welche von der Achtung der Person geprägt sind[92]. Sodann sei auf die alles in allem begrenzte Bedeutung hingewiesen, welche der Initiative der privaten Parteien in der Prozeßökonomie zukommt, woraus eine entschieden staatsbezogene Einstellung des luccesischen Gesetzbuches in diesem Bereich als offenkundige Rückwirkung der napoleonischen Justizkonzeptionen folgt[93]. Erwähnenswert ist freilich auch die präzise Regelung des Abwesenheitsverfahrens, das durch seinen ausgesprochen

---

89 Wir verweisen insoweit auf die Untersuchung von *P. Marchetti*, Testis contra se. L'imputato come fonte di prova nel processo penale dell'età moderna. Mailand 1994.

90 Vgl. *Dezza*, Tommaso Nani e la dottrina dell'indizio, a.a.O., S. 77–86.

91 Die Vorschrift des Art. 104, wonach im Falle der Verurteilung der Präsident an den Verurteilten „eine kurze Bemerkung über die Unparteilichkeit, mit der sein Fall beurteilt worden ist", richtet, ihn ermahnt, sich abzufinden, und ihm mitteilt, daß er drei Tage Zeit habe, um einen Kassationsantrag zu stellen, und daß er ferner die Gnade des Fürsten anrufen könne", stammt aus einer entsprechenden Bestimmung in Art. 439 des Code Merlin.

92 Beispiele für derartige Normen bieten Art. 101 (der Beschuldigte, der auf die Verlesung des Urteils wartet, kann „vorübergehend in die Haftanstalt gebracht werden, um dort die Nahrung zu sich zu nehmen, die er benötigt"), 117 („das auf Zuchthaus erkennende Urteil oder das Todesurteil gegen eine schwangere Frau wird weder verlesen noch exekutiert, bevor sie geboren hat"), und 128 (Straffrei bleiben die Kinder, Eltern und der Ehegatte eines nicht erschienenen Beschuldigten, die diesem Unterkunft und Hilfe geleistet haben).

93 Die Initiative der privaten Partei hat nur bei einfachen Polizeistraftaten oder bei zuchtpolizeilichen Straftaten, welche nicht die öffentliche Ordnung beeinträchtigen, Bedeutung. In den anderen Fällen sowie in sämtlichen Fällen der schweren Kriminalität liegt die Verfahrenseinleitung von Amts wegen bei den öffentlichen Behörden; zu dieser kann unter Umständen die Parteiklage hinzutreten (Art. 2, 22, 54, 57).

rechtsstaatlichen Charakter hervorsticht[94]. Schließlich sei die Aufmerksamkeit des geduldigen Lesers noch auf die Regelung der Rechtsmittel gelenkt, die im Vergleich mit dem *Code Merlin* einige eigenständige Aspekte aufweist[95]. Der luccesische Gesetzgeber stellt insoweit Normen auf, die dem verhältnismäßig geringen Geltungsbereich der Rechtsordnung des Fürstentums angepaßt sind; er hält daher ein zweistufiges Verfahren für ausreichend[96]. In dieser Hinsicht noch erwähnenswert ist die Tatsache, daß die Verkündung des zweitinstanzlichen Urteils in der Regel in die Zuständigkeit des Kassationshofes fällt[97], womit einem Grundsatz gefolgt wird, der ursprünglich für die Urteile der Geschworenengerichte entwickelt worden ist, so daß auch in diesem Falle eine Übertragung von dort auf die Urteile der Berufsrichter stattfindet[98]. Wenn ferner der Kassationshof die Nichtigkeit nicht einer „wesentlichen Prozeßhandlung", sondern „nur" des Urteil annimmt, so schreitet er – im Gegensatz zu dem, was im französischen Vorbild geregelt ist – sogleich selbst zum endgültigen Erlaß des zutreffenden Urteils[99].

Bevor wir zu einer kurzen Schlußbetrachtung übergehen, fügen wir dem bisher Ausgeführten noch die chronologische Information an, daß im Rahmen der vollständigen Vereinheitlichung der Gesetzgebung des Fürstentum mit dem Recht des franzö-

---

94   Dieser Problematik ist ein ganzer Abschnitt des Zweiten Teils des Gesetzbuches (Titel IV, Abschnitt II, Verfahren gegen Abwesende in Fällen der schweren Kriminalität, Art. 121–142) gewidmet). Das zugrundeliegende Prinzip ist das der Nichtigkeit des Abwesenheitsurteils und des Beginns eines neuen Verfahrens, wenn die Verurteilung im Abwesenheitsverfahren zu Haft oder zu Gefängnisstrafe geführt hat (Art 137 mit Verweisung auf Art. 476 des Gesetzbuches vom 3. Brumaire, der im übrigen nicht [wie in Lucca] eine [verlängerbare] Frist von 5 Jahren festsetzt, nach deren Ablauf das Abwesenheitsurteil rechtskräftig wird).

95   Wir bemerken zusammenfassend, daß nach der Regelung vom 3. Brumaire die zuchtgerichtlichen Urteile beim Kriminalgericht angefochten werden können und die darauf folgenden Urteile zweiter Instanz der Kassation zugänglich sind (Art. 198 und 205). Gegen kriminalgerichtliche Urteile ist nur der Rekurs an den Kassationshof möglich (Art. 439), der aber niemals über die Tatsachen entscheidet (Art. 457–460). Die für den Kassationsrekurs in Kriminalsachen aufgestellten Regeln gelten auch für polizeigerichtliche Sachen (Art. 163).

96   Drei Instanzen kann es nur für einfache Polizeiurteile geben, gegen die beim Gericht erster Instanz Appellation möglich ist (Art. 13 des ersten Teils des Gesetzbuches); die von diesem erlassenen Appellationsurteile sind der Kassation zugänglich (Art. 21).

97   Dieser Grundsatz gilt sowohl für einfache, nicht der Appellation zugängliche Polizeisachen (Art. 21) als auch für zuchtpolizeilich Sachen (Art. 33) und für Fälle der schweren Kriminalität (Art. 104 und 109).

98   Die Tatsache, daß die Entscheidung der Geschworenengerichte inappellabel und nur der Kassation zugänglich sind, bidet „eines der charakteristischen Eigenschaften" des schwurgerichtlichen Verfahrens. Vgl. *Padoa Schioppa*, La giuria penale all'Assemblea Costituente francese, a.a.O., S. 141–142 der Ausgabe Mailand 1994.

99   Art. 40 und 118. Nach dem rechtskräftigen Kassationsurteil bleibt dem Verurteilten nur noch die Anrufung der Gnade des Fürsten (Art. 106).

sischen Staates[100], die am Ende des ersten Jahrzehnts des 19. Jahrhunderts unmittelbar nach dem Inkrafttreten des Strafgesetzbuches und der anderen *in loco* erarbeiteten Gesetzeswerke beginnt, auch das hier behandelte Gesetz zu einem bestimmten Zeitpunkt französischen Gesetzen weichen muß. Unter den luccesischen Regelungen ist allerdings die strafprozessuale die letzte, die – vor dem Hintergrund der (freilich bereits niedergehenden) napoleonischen Macht – durch die kaiserliche ersetzt wird[101]. Dies geschieht durch Dekret vom 28. Juli 1813, das die Geltung des *Code d'Instruction Criminelle* von 1808 auf den toskanischen Kleinstaat ausdehnt[102]. Diese Ausdehnung bedeutet indes keinen Einschnitt in die bedeutendste der zuvor dargestellten rechtspolitischen Entscheidungen, denn Art. 2 des erwähnten Dekrets stellt klar, daß „die Jury und die Assisenhöfe im Fürstentum nicht eingerichtet werden"[103].

Nach diesen notwendigen Hinweisen interessiert als erstes Problem im Rahmen einer zusammenfassenden Bilanz der klar zum Ausdruck gebrachte Wunsch des luccesischen Gesetzgebers, die gesamte Regelung des Strafverfahrens von Grund auf zu erneuern und diesen Eingriff im Wege eines Anschlusses an ein prozessuales Modell, nämlich an dasjenige des „gemischten" Systems, ins Werk zu setzen, welches das kontinentaleuropäische Gesamtbild über das gesamte 19. und 20. Jahrhundert hinweg beherrschen wird. Die Vermutung, daß diese Option weitgehend durch die

---

100 Zu diesem Prozeß der Vereinheitlichung vgl. *Del Giudice*, Fonti: legislazione e scienza giuridica, a.a.O., S. 167–170, und *Tori*, Ideali e riforme, a.a.O., S. 129–138.

101 Zur Ersetzung der materiellstrafrechtlichen Regelung durch das kaiserliche Gesetzbuch von 1810, vgl. *Del Giudice*, Fonti: legislazione e scienza giuridica, a.a.O., S. 168–169, und *Tori*, Ideali e riforme, a.a.O., S. 129–131

102 Genau gesagt aufgrund des Dekrets vom 28. Juli 1813. Bereits vorher hatte ein anderes Dekret vom 21. Juli 1811 angeordnet, daß „spätestens ab Anfang 1813 der zur Zeit im französischen Kaiserreich geltende *Code d'Instruction Criminelle* [...] im Fürstentum mit denjenigen Veränderungen übernommen wird, die der Fürst für notwendig erachtet, um ihn den lokalen Gegebenheiten und dem Gerichtssystem des Fürstentums anzupassen". Vgl. *Del Giudice*, Fonti: legislazione e scienza giuridica, a.a.O., S. 168–170.

103 Die Regelung der Jury hatte zunächst den Minister Matteucci veranlaßt, von der Einführung des Prozeßgesetzes in Lucca abzuraten. In einem Bericht vom 22. Oktober 1810 über die Ausdehnung des materiellstrafrechtlichen Gesetzbuches von 1810 findet sich die folgende Bemerkung des Ministers: „Bei der Übernahme des neuen Strafgesetzbuches habe ich jedoch geglaubt, daß man keine Änderung in den Justizförmlichkeiten und im Verfahrenssystem, wie sie bereits in den Gerichten Eurer Kaiserlichen Hoheit eingeführt sind, vornehmen solle. Die Erfahrung hat dies gerechtfertigt, andererseits paßt das neue, in Frankreich verkündete Strafverfahrensgesetzbuch nicht auf die hiesigen Gegebenheiten" (vgl. *Tori*, Ideali e riforme, a.a.O., S. 130 und 149). Wir erinnern noch einmal daran, daß in Lucca nach dem Sturz des napoleonischen Regierungssystems die französische Regelung von 1808 durch zwei Gesetze vom Juni 1815 und vom Oktober 1819 geändert werden sollte: das erste „erweitert das Recht der Verteidigung", das zweite führt nach österreichischem Vorbild die Revisionsinstanz für Urteile in Kapitalstrafsachen ein. Vgl. dazu das positive Urteil b. *Del Giudice*, Fonti: legislazione e scienza giuridica, a.a.O., S. 242.

politische Situation, also durch das bestimmt war, was wir auch weiterhin als napoleonischen Rechtsimperialismus bezeichnen, ist natürlich mehr als begründet. Der Punkt, der besonders ins Auge gefaßt werden muß, ist jedoch ein anderer: es ist der Umstand, daß der luccesische Gesetzgeber nur bei wenigen Gelegenheiten den Weg einer Vermittlung und Fortentwicklung der lastenden Tradition gemeinen Rechts zu beschreiten versucht. Er entscheidet sich also nicht, wie es anderswo im revolutionären[104] und napoleonischen[105] Italien und auch noch im Italien der Restaurationszeit[106] geschieht, die Feder in ein Tintenfaß zu tauchen, in dem noch Rückstände der Tinte des *Ancien Régime* zurückgeblieben sind, sondern überschreitet mit seiner Arbeit entschlossen die Demarkationslinie, die den gewöhnlich als römischrechtlich - kanonisch bezeichneten Prozeß von dem „gemischten" Prozeß des 19. Jahrhunderts trennt. Diese Richtungsentscheidung erklärt zu einem guten Teil die „Modernität" des luccesischen Gesetzbuches. Es verdient Erwähnung, daß die Verwendung des Begriffes „Modernität" nicht notwendigerweise ein positives Werturteil einschließt, sondern ganz einfach auf den Umstand hinweisen soll, daß, wie bemerkt, das Strafgesetzbuch dieses Fürstentums einzigartig früh ein prozessuales Umfeld schafft, das dem Strafrechtler des 19. und 20. Jahrhunderts ganz und gar vertraut ist.

Der Wunsch des luccesischen Gesetzgebers nach Erneuerung trägt andererseits zur Erklärung jener mehr noch ideologischen als zeitlichen Nähe zwischen dem Gesetzbuch des Fürstentums und der Strafprozeßordnung des Königreichs Italien bei, auf die wir bereits eingangs hingewiesen haben. Gewiß wird im Werk Vidaus, Matteuccis und der anderen luccesischen Juristen mit großem Nachdruck die mitunter lastende Präsenz des französischen Vorbildes sichtbar; doch indem das luccesische Gesetzbuch sich entschieden diesseits der Grenze zum Zeitalter des gemeinen Rechts positioniert, tut er nichts anderes, als denselben Weg zu beschreiten und sich an denselben Bezugspunkten zu orientieren wie der *Codice Romagnosi*. Die Ergebnisse, die der Mailänder Gesetzgeber zeitigt, sind natürlich viel bedeutungsvoller als diejenigen, zu denen das Gesetzbuch des kleinen Fürstentums gelangt; doch ganz verschieden, dies bedarf keiner weiteren Erwähnung, sind auch die Vorgänge, die zur Erarbeitung der beiden Texte führen, so wie ihre weiteren Schicksale sich unterscheiden.

---

104 Wir erwähnen als Beispiel den Fall des veronesischen Munizipalgesetzbuches von 1797, für das wir auf die gesammelten Beiträge in „Il Codice Penale veronese (1797)", hrsg. von *S. Vinciguerra*, Padua 1996, verweisen.

105 Wir beziehen uns insb. auf die neapolitanischen Strafprozeßgesetze von 1808; zu ihnen s.o. Fußn. 4.

106 Dies ist der Fall in der päpstlichen Gesetzgebung von 1832; ihr sind die gesammelten Beiträge in dem Band „I regolamenti di papa Gregorio XVI per lo Stato Pontificio (1832), hrsg. von *S. Vinciguerra*, Padua 1998, gewidmet.

Ist nämlich die gewichtige Strafprozeßordnung für das Königreich Italien das Ergebnis einer umfassenden, eingehenden und häufig streitigen Redaktionsarbeit, die sich über mehr als ein Jahrzehnt erstreckt, so sind die prozessualen Vorschriften im spröden Strafgesetzbuch für das Fürstentum Lucca das Ergebnis einer zurückgezogenen Tätigkeit regelrechter legislativer Destillation, die sich auf wenige Monate, wenn nicht gar wenige Wochen Arbeit zusammendrängt. Und wie es bei solchen Destillationsvorgängen zu geschehen pflegt, geht auch bei der Erstellung des luccesischen Gesetzes viel vom Ausgangsmaterial verloren, und manches wird neu entwickelt; was aber schließlich bleibt, ist ein gewiß überstürztes, jedoch insgesamt nicht zu verachtendes Ergebnis jener Gesetzgebungsklugheit, welche diese erstaunliche italienische Provinz im Verlauf des 19. Jahrhunderts so oft demonstriert hat.

Frediano Vidau und die Entdeckung des „Codice Romagnosi"
Bemerkungen zum Prozeßrecht im Strafgesetzbuch für das Fürstentum Piombino
(1808)

1. Das gesetzgeberische Werk von Frediano Vidau

Einmalig, wenn nicht einzigartig in der Geschichte der Strafgesetzgebung erscheint dem modernen Betrachter das gesetzgeberische Werk, das im Verlauf weniger Monate – zwischen Frühjahr 1807 und März 1808 – von dem aus Korsika stammenden Advokaten, hohen Beamten und Richter Frediano Vidau geschaffen wird. Im Verlauf seines privat und beruflich recht bewegten Lebens[1] verbringt er das letzte Jahrzehnt der napoleonischen Herrschaft, von 1805 bis 1814, im Dienste von Felice Baciocchi und Elisa Bonaparte, den Fürsten von Lucca und Piombino[2]. In seiner Eigenschaft als Generalkommissar der Gerichte und als Staatsrat damit beauftragt, zwei verschiedene, jeweils das materielle Strafrecht und das Strafprozeßrecht umfassende Gesetzbücher zu entwerfen, das eine für das Fürstentum Lucca, das andere für das Fürstentum Piombino, schafft Vidau in äußerst kurzen Zeiträumen ein beachtliches *corpus* von Gesetzen, das, wenngleich weitgehend beeinflußt von bekannten französischen und italienischen Vorbildern, doch ein ungeachtet der geringen Bedeutung des von ihm betroffenen geographisch-politischen Gebietes ein Element von beachtlichem Interesse in der Geschichte der napoleonischen Gesetzgebungsgeschichte in Italien bildet.

Am 10. November 1807 von Felice Baciocchi unterzeichnet, ist das Strafgesetzbuch für das Fürstentum Lucca das erste, das – am 15. desselben Monats – in Kraft tritt. Das Strafgesetzbuch für das Fürstentum Piombino wird am 24. März 1808 verkündet und tritt am folgenden 15. April in Kraft[3]. In beiden Fällen – dies sei wiederholt

---

1   Zur umstrittenen Person von Frediano Vidau s. neben dem hervorstechenden Beitrag von *P. Dinelli*, Il corso Vidau commissario generale dei principi Baciocchi a Lucca, in: Archivio Storico di Corsica VIII, 2 (1932), 237–246, auch *A. Rovere*, Frediano Vidau: itineraire d'un contre-revolutionnaire, in: Codice Penale per il Principato di Lucca (1807). Unveränderter Neudruck mit Beiträgen von A. Cadoppi, F. Callaioli, C. Carcereri de Prati, M.A. Cattaneo, A. Colao, M. Da Passano, E. Dezza, T. Padovani, P. Pittaro, A. Rovere, S. Vinciguerra, hrsg. von Sergio Vinciguerra. Padua (CEDAM) 1999, S. LXI–LXXX.

2   Zu den Entwicklungen in Lucca und Piombino im napoleonischen Zeitalter nennen wir unter den neueren Beiträgen die gesammelten Beiträge in: Il Principato napoleonico dei Baciocchi (1805–1814). Riforma dello Stato e società, Atti del Convegno Internazionale (Lucca, 10.–12. Mai 1984), hrsg. von *V. Tirelli*. Lucca 1986.

3   Das luccesische Gesetzbuch bleibt bis 1811 für den materiellrechtlichen Teil und bis 1813 für den prozessualen Teil in Kraft, während das Gesetzbuch von Piombino erst am 18. Februar 1816 durch die großherzogliche Gesetzgebung ersetzt wird. Vgl. *P. Del Giudice*, Fonti:

– haben wir es mit Gesetzeswerken zu tun, die weitgehend derselben Person, nämlich Frediano Vidau, zu verdanken sind[4]; und in beiden Fällen handelt es sich um Gesetze, die sowohl das materielle Strafrecht als auch das Strafverfahrensrecht einschließen, womit sie eine strukturelle Entscheidung treffen, die zwar nicht gerade üblich, andererseits aber in der Geschichte der Strafgesetzgebung auch nicht unbekannt ist[5].

Das luccesische Gesetzbuch von 1807, das in jüngster Zeit Gegenstand eingehender Untersuchungen geworden ist[6], erscheint gleichsam als Vorläufer desjenigen von Piombino[7]. Andererseits hindert die zweifellos vorhandene formelle und materielle Beziehung der beiden Texte nicht, im letzteren das Vorhandensein von Normen und Rechtsinstituten wahrzunehmen, welche die im ersteren getroffene Regelung in beachtlicher Weise anreichern und mitunter sogar radikal verändern. Denn wenn sich das piombinesische Gesetzbuch einerseits als Ergebnis einer Arbeit an der technischen und strukturellen Verbesserung des Luccesischen Gesetzbuches darstellt (man braucht nur an die größere Genauigkeit des Allgemeinen Teils der materiellrechtlichen Regelung und an die bessere Abgrenzung des prozeßrechtlichen Teils vom

---

legislazione e scienza giuridica dal secolo decimosesto ai giorni nostri, in: Storia del diritto italiano, pubblicata sotto la direzione di *P. Del Giudice*. Bd. II. Milano 1923, insb. S. 168–169; G. *Tori*, Ideali e riforme nei lavori del Consiglio di Stato e del Senato, in: Il Principato napoleonico dei Baciocchi, a.a.O., S. 125–158, insb. S. 129–131; *F. Callaioli*, Rapporti fra il codice penale di Lucca e il codice penale di Piombino, in: Codice Penale per il Principato di Lucca (1807), a.a.O., S. CXVII–CXXXVIII, insb. S. CXXII; *E. Dezza*, Una procedura moderna per un codice di provincia. La disciplina del processo nella legislazione penale del Principato di Lucca (1807), in: Codice Penale per il Principato di Lucca (1807), a.a.O., S. CLI–CLXXXIV, insb. S. CLXXXI–CLXXXII [in diesem Band S. 45 ff.].

4   Zur Bedeutung anderer toskanischer Juristen und besonders zu derjenigen Luigi Matteuccis bei der Erstellung des luccesischen Gesetzbuches vgl. *M. Da Passano*, La formazione del codice penale lucchese, in: Codice Penale per il Principato di Lucca (1807), a.a.O., S. IX–XXXIV, und *F. Colao*, Luigi Matteucci, un giurista progettatore di codici in una terra di ius commune, in: Codice Penale per il Principato di Lucca (1807), a.a.O., S. XXXV–LX, insb. S. XXXVII–XXXVIII.

5   Vgl. dazu *E. Dezza*, L'impossibile conciliazione. Processo penale, assolutismo e garantismo nel codice asburgico del 1803, in: Codice Penale Universale Austriaco (1803), ristampa anastatica, con scritti di S. Ambrosio, A. Cadoppi, C. Carcereri de Prati, M. A. Cattaneo, M. Da Passano, P. De Zan, E. Dezza, P. Pittaro, P. Rondini, S. Tschigg, S. Vinciguerra, hrsg. von S. Vinciguerra. Padua (CEDAM) 1997, S. CLV–CLXXXIII, insb. S. CLXI und Fußn. 15 (in diesem Band S. 123 ff.).

6   Wir nehmen Bezug auf die Abhandlungen von A. Cadoppi, F. Callaioli, C. Carcereri de Prati, M.A. Cattaneo, A. Colao, M. Da Passano, E. Dezza, T. Padovani, P. Pittaro, A. Rovere, S. Vinciguerra, hrsg. von *S. Vinciguerra* in dem erwähnten Sammelband zum Strafgesetzbuch für das Fürstentum Lucca (1807).

7   Vgl. *M. Da Passano*, Emendare o intimidire? La codificazione del diritto penale in Francia e in Italia durante la Rivoluzione e l'Impero. Turin 2000, S. 174–176.

materiellrechtlichen Teil zu denken), so entfernt es sich auf der anderen Seite in einigen charakteristischen Regelungen ganz entschieden von dem letzteren.

Der Hauptgrund für diese Unterschiede liegt in dem – höchstwahrscheinlich von dem Fürstenpaar Baciocchi selbst ausgehenden – Wunsch, bei der Aufstellung des Piombinesischen Gesetzbuches die besonderen Gegebenheiten des kleinen Fürstentums in der Maremma zu berücksichtigen[8]. Vidau selbst, der zunächst gegen das Inkraftsetzen zweier verschiedener Gesetze war[9], mußte die Vorteile einer solchen Entscheidung einsehen. Tatsächlich wird in dem Bericht, mit dem der korsische Jurist dem Herrscher den endgültigen Text des Piombinesischen Gesetzbuches vorlegt[10], betont, wie verschieden die Bedürfnisse einer bereits „florierenden und gebildeten Bevölkerung" wie derjenigen des Fürstentums Lucca von denjenigen der Einwohner eines Gebietes wie des Fürstentums Piombino seien, das bis dahin als „ein vernachlässigtes, an die Ufer des Mittelmeeres geworfenes Atom" angesehen worden sei.

Sehr bezeichnend erscheint insoweit die minutiöse Auflistung der beachtlichen Besonderheiten des territorialen Gebildes Piombino, in der man ein Echo der Lehre Montesquieus von der notwendigen Differenzierung der positiven Gesetze zu vernehmen glaubt. Zu diesen Unterschieden zählen „die abgelegene Lage dieses Fürstentums und seine räumliche Trennung vom luccesischen Fürstentum, die geringe Bevölkerungszahl auf einer großen Fläche unbebauten und sumpfigen Landes, das zwangsläufige Fehlen all jener Gerichte, welche das Justizsystem ausfüllen, die eindrucksvollen örtlichen Bedingungen, welche die Wald- und Forstgebiete bieten, und schließlich das Meer, welches mit diesem Land an dessen breitester Stelle eine Küstenlinie bildet"[11].

---

8 Vgl. dazu *Callaioli*, Rapporti fra il codice penale, a.a.O., S. CXXVII–CXXVIII und CXXXIV.

9 Diese Stellungnahme geht aus einem Brief Vidaus an einen luccesischen Staatsbeamten hervor, worin er es als nutzlos bezeichnet, ein Gesetzbuch für Piombino in einem Augenblick zu kompilieren, in dem sich ein solches für das gesamte napoleonische Kaiserreich ankündige. Das Dokument ist mitgeteilt in: *Callaioli*, Rapporti fra il codice penale, a.a.O., S. CXXVIII, Fußn. 29.

10 Der an Felice Baciocchi adressierte und von dem korsischen Juristen unterzeichnete Bericht führt in die offizielle Druckfassung des Strafgesetzbuches des Fürstentums Piombino ein.

11 Die Sätze in Anführungszeichen entstammen dem Text des in der vorigen Fußnote erwähnten Berichts.

2. Die Quellen der Strafgesetzbuches von Piombino und die Entdeckung des Codice Romagnosi

Gewiß erregt die geschmeidige, an die flexible Verfügbarkeit von Cambacérès als Verfasser von Zivilgesetzbüchern[12] erinnernde Geschwindigkeit, mit welcher der korsische Jurist im Verlauf weniger Monate seine doppelte legislative Aufgabe zu Ende bringt, Erstaunen. Diese Geschwindigkeit verdankt sich freilich zu einem großen Teil dem Umstand, daß Vidau, wie schon bemerkt, eine Reihe gesetzlicher Vorbilder auswerten konnte, von denen er in einigen Fällen eine mehr als gründliche Kenntnis hatte. Im Falle des luccesischen Gesetzbuches bilden die *points de repère* fast ausschließlich der *Code Pénal* von 1791 für den materiellrechtlichen Teil[13] und der Code Merlin (präzise: der *Code des Délits et des Peines* vom 3. Brumaire des Jahres IV) für den prozessualen Teil[14]. Im Falle des piombinesischen Gesetzbuches stellt der korsische Jurist selbst in seinem erwähnten Bricht an den Fürsten Baciocchi ein Verzeichnis der gesetzlichen Bezugspunkte auf, mit deren Hilfe er „den Weg zur Vollendung der fürstlichen Gesetze schneller hat finden können"[15]. Wieder handelt es sich um den *Code Merlin* („das berühmte Gesetz vom 3. Brumaire des Jah-

---

12 Von den jüngsten Beiträgen zur Geschichte der napoleonischen Zivilrechtskodifikation nennen wir *S. Solimano*, Verso il Code Napoléon. Il progetto di codice civile di Guy Jean-Baptiste Target (1798–1799). Mailand 1998. Für eine zusammenfassende Darstellung der Kodifikationsarbeiten von Cambacérès erlauben wir uns den Hinweis auf *E. Dezza*, Lezioni di storia della codificazione civile. Il Code Civil (1804) e l'Allgemeines Bürgerliches Gesetzbuch (ABGB, 1812). 2. Auflage. Turin 2000, insb. S. 5–47.

13 Vgl. dazu *Da Passano*, La formazione del codice penale lucchese, a.a.O., S. XXIII–XXVII; *T. Padovani*, Uno sguardo d'insieme sul codice penale lucchese del 1807, in: Codice Penale per il Principato di Lucca (1807), a.a.O., S. LXXXI–XCI, insb. S. LXXXIX; *A. Cadoppi*, Il codice penale di Lucca del 1807: spunti in tema di principio di legalità, in: Codice Penale per il Principato di Lucca (1807), a.a.O., S. XCIII–CIII, insb. S. XCIII; *M.A. Cattaneo*, Un confronto con il codice francese del 1791, in: Codice Penale per il Principato di Lucca (1807), a.a.O., S. CXI–CXV.

14 *Dezza*, Una procedura moderna, a.a.O., S. CLXIII–CLXVI. Zum *Code des Délits et des Peines* vom 3. Brumaire des Jahres IV (25. Oktober 1795), der – als Huldigung an den Verfasser des Entwurfs, den berühmten Philippe Antoine Merlin de Douai – auch *Code Merlin* genannt wird, vgl. *A. Esmein*, Histoire de la procédure criminelle en France et spécialement de la procédure inquisitoire depuis le XIIIe siècle jusqu'à nos jours, Paris 1882 (unveränderter Neudruck Frankfurt am Main 1969), S. 440–448; *A. Laingui / A. Lebigre*, Histoire du droit pénal. Bd. II : La procédure criminelle. Paris 1980, S. 140; *E. Dezza*, Il Codice di Procedura Penale del Regno Italico. Storia di un decennio di elaborazione legislativa. Padua 1983, S. 32–34; *P. Lascoumes / P. Poncela / P. Lenoël*, Au nome de l'ordre. Une histoire politique du code pénal. Paris 1989, S. 163–166. Vgl. ferner (mit weiteren aktuellen Literaturhinweisen) *J.-L. Halpérin*, Continuité et rupture dans l'évolution de la procédure pénale en France de 1795 à 1810, in: Révolutions et justice pénale en Europe. Modèles français et traditions nationales (1780–1830). Paris, Montrèal 1999, S. 109–130, insb. S. 112–122, sowie *Da Passano*, Emendare o intimidire?, a.a.O., S. 71–86.

15 Die Sätze in Anführungszeichen stammen aus dem in Fußn. 10 genannten Bericht Vidaus.

res 4")[16], um den Entwurf des Strafgesetzbuches für das Königreich Italien („das vortreffliche Strafgesetzbuch für das Königreich Italien"[17]) und um den von dem französischen Juristen Scipion Bexon erarbeiteten Entwurf eines Strafgesetzbuches für das Königreich Bayern („das lehrreiche Werk Bexons")[18].

Vidau ist jedoch nicht ganz aufrichtig, jedenfalls macht er sich bei der Angabe der Quellen seines *coup de chapeau* einer Unvollständigkeit schuldig. Können wir die fehlende Erwähnung de luccesischen Gesetzbuches, dessen Bedeutung als Vorläufer des piombinesischen Gesetzbuches ohnehin zu erwarten war, noch verstehen, so können wir doch gewiß nicht darüber hinweggehen, daß in einem Katalog, der sozusagen amtlich die von dem korsischen Juristen herangezogenen Vorbilder auflistet, ein Text fehlt, der tatsächlich einen profunden Einfluß auf den prozessualen Teil des piombinesischen Gesetzbuches ausgeübt hat. Wir meinen damit den *Codice Romagnosi* (genauer gesagt: die Strafprozeßordnung für das Königreich Italien), der, im Herbst 1807, also fast gleichzeitig mit dem luccesischen Gesetzbuch in Kraft getreten[19], von Vidau bei der Erstellung dieses seines ersten Gesetzeswerkes nicht hat berücksichtigt werden können, das aber jetzt, auch wenn es nicht ausdrücklich erwähnt wird, einen hervorragen Platz unter den für den piombinesischen Entwurf herangezogenen Quellen einnimmt.

---

16 Wir bemerken dazu, daß die Art. 1–8 des Strafgesetzbuchs von Piombino, die den „Verbrechen und Strafen im allgemeinen" gewidmet sind, nichts anderes als die wörtliche Übersetzung der Art. 1 – 8 des Gesetzbuches vom 3. Brumaire darstellen.

17 Vidau bezieht sich auf den in Mailand 1805/1806 veröffentlichten Entwurf eines Strafgesetzbuches, erstellt von einer von Minister Giuseppe Luosi berufenen Kommission von Juristen, der u.a. Tommaso Nani und Giuseppe Raffaelli angehört haben. Der Text des Entwurfes wird vom Minister herausgegeben in den 6 Bänden der „Sammlung der Materialien zum Strafgesetzbuch für das Königreich Italien" *(Collezione dei Travagli sul Codice Penale del Regno d'Italia)*, 6 Bde. Brescia (Bettoni) 1807. Vgl. dazu *E. Dezza*, Appunti sulla codificazione penale nel primo Regno d'Italia: il progetto del 1809, in: Ders., Saggi di storia del diritto penale moderno, Milano 1992, S. 199–280, insb. S. 225–238 (der Beitrag ist auch veröffentlicht in: Diritto penale dell'Ottocento. I codici preunitari e il codice Zanardelli, hrsg. von S. Vinciguerra. Padua 1993, S. 101–182), sowie *A. Cavanna*, Codificazione del diritto italiano e imperialismo giuridico francese nella Milano napoleonica. Giusepppe Luosi e il diritto penale, in: Ius Mediolani. Studi di storia del diritto milanese offerti dagli allievi a Giulio Vismara. Milano 1996, S. 659–760 (der Beitrag ist mit Ergänzungen erneut publiziert in: *A. Cavanna / G. Vanzelli*, Il primo progetto di codice penale per la Lombardia napoleonica [1801–1802]. Padua 2000, S. 145–240).

18 In diesem Fall bezieht sich der Hinweis auf *S. Bexon*, Application de la théorie de la législation pénale, ou code de la sûreté publique et particulière, fondé sur les régles de la morale universelle, sur le droit des gens ou primitif des sociétés, et sur le droit particulier, dans l'état actuel de la civilisation; redigé en projet pour les Etats de Sa Majesté le Roi de Bavière. Paris (Coucier) 1807. Über Bexon vgl. *E. Dezza*, Il Codice di Procedura Penale del Regno Italico (1807). Storia di un decennio di elaborazione legislativa. Padua 1983, S. 189–190 sowie Fußn. 87, ferner *Da Passano*, La formazione del codice penale lucchese, a.a.O., S. XI, Fußn. 9.

19 Genau: am 14, Oktober 1807. Vgl. *Dezza*, Una procedura moderna, a.a.O., S. CLI–CLIV.

Schon eine erste oberflächliche Lektüre reicht aus, um zu erkennen, daß Vidau in den wenigen Monaten zwischen der Erarbeitung des luccesischen Gesetzbuches und derjenigen des entsprechenden piombinesischen Gesetzbuches den *Codice Romagnosi* gleichsam entdeckt hat. Er hat ihn entweder in der amtlichen gedruckten Fassung zu Rate ziehen können oder – was wahrscheinlicher ist – in der Ausgabe im letzten der sechs Bände der „Sammlung der Materialien zum Strafprozeßbuch für das Königreich Italien *(Collezione di Travagli sul Codice Penale del Regno d' Italia),* ein Werk, das mit an Sicherheit grenzender Wahrscheinlichkeit für den korsischen Juristen die Hauptquelle für die Kenntnis und das Studium dieses Entwurfs eines Strafgesetzbuchs für das Königreich Italien gewesen sind, den Vidau, wie schon erwähnt, unumwunden als „vorzüglich" bezeichnet[20].

3. Der Einfluß des Entwurfs Romagnosis auf die Prozeßordnung von Piombino

Da der vorliegende Beitrag im wesentlichen der Untersuchung einiger bedeutsamer Punkte der prozeßrechtlichen Regelung des piombinesischen Gesetzbuches gewidmet ist[21], kann er nicht von dem Einfluß absehen, den der Entwurf von Romagnosi – der als „Hauptquelle" der italienischen Strafprozeßordnungen bezeichnet worden ist[22] – auf die Entstehung dieser Regelung ausgeübt hat.

Dieser Einfluß macht sich auf unterschiedliche Weise und in unterschiedlichen Formen bemerkbar, und er wirkt sich auf unterschiedliche Phasen und Punkte des vom Strafgesetzbuch von Piombino geregelten Verfahrensganges aus, einen Verfahrensgang, der übrigens – wie vorauszuschicken ist – ebenso wie das luccesische Gesetzbuch[23] sich vollständig in den strukturellen Rahmen des napoleonischen „gemischten" Prozesses einfügt. In Frankreich aus der Verdrängung der schützenden und humanitären Regelungen revolutionärer und *lato sensu* aufklärerischer Prägung durch die Forderungen des neuen zentralistischen napoleonischen Autoritarismus geboren, schlägt der „gemischte" Strafprozeß im Verlaufe des ersten Jahrzehnts des 19. Jahrhunderts parallel zur Aufstieg des bonapartistischen Imperialismus tiefe Wurzeln, übersteht unbeschädigt den Zusammenbruch der napoleonischen Regime und wird sich in den Verfahrensordnungen der Restaurationszeit fortsetzen. Es handelt sich um einen Verfahrenstypus, für den der *Codice Romagnosi* ein technisch hochverfei-

---

20 S.o. Fußn. 17 und zugehöriger Text.
21 Wir erinnern daran, daß die Regelung des Verfahrens im Strafgesetzbuch des Fürstentums Piombino den Teil III, „Von der Verfolgung und Bestrafung der Verbrechen" (Art. 341–508), und den Teil IV, „Verschiedene Verfahren nach dem abschließenden Verfahren" (Art. 509–569), bilden.
22 Vgl. *F. Cordero*, Procedura penale. 4. Auflage. Mailand 1998, S. 69.
23 Vgl. *Dezza*, Una procedura moderna, a.a.O., S. CLXXXII.

nertes Beispiel bietet. Stark vereinfacht gesagt, ist dieser Typus auf der Halbinsel nicht nur, wie in Frankreich, durch ein schriftliches und geheimes Ermittlungsverfahren auf der Linie der Tradition des *Ancien Régime* und von einer formal mündlichen und öffentlichen Verhandlung gekennzeichnet, sondern auch – und dies sind die besonderen Eigenschaften der italienischen Gesetzgebung – durch das Fehlen der Jury sowie, ungeachtet dieses Fehlens, durch die Tendenz zur Einschränkung der Rechtsmittel auf den Kassationsantrag.

Die Mechanismen, durch die Romagnosis *chef-d'oeuvre* Einfluß auf die Ausarbeitung des piombinesischen Gesetzes ausübt, sind doppelter, nämlich formeller und materieller Art, und natürlich können sie am besten eingeschätzt werden, indem man als Vergleichspunkt die Regelung des luccesischen Gesetzes ins Auge faßt, des unmittelbaren und einflußreichen Vorgängers der in Piombino durchgeführten Gesetzgebungsarbeit.

Einerseits steht die Entdeckung des italischen Textes durch Frediano Vidau am Anfang von Eingriffen einer gleichsam legislativen *maquillage*. Einzelne Artikel, auch ganze Blöcke von Artikeln, werden aus dem Werk Romagnosis übernommen und – mitunter im Wege der Zusammenfassung und Vereinfachung – in den piombinesischen Text eingefügt, teils zur Erhöhung seines technischen Niveaus, teils, um ihm zu größerer Regelungsdichte zu verhelfen. Diese Hinzufügungen verändern übrigens nicht das zugrundeliegende Modell, das bereits vorher für den luccesischen Text erarbeitet worden ist, doch bereichern und ergänzen sie es dadurch, daß sie dazu beitragen, jenen Eindruck großer Genauigkeit zu begründen, der beim Lesen des zweiten Gesetzgebungswerkes von Vidau entgegentritt.

Andererseits führt die Verwertung der Strafprozeßordnung des Königreichs Italien zu einer Reihe von Einfügungen mit entscheidend und substantiell innovativem Charakter. In diesen Fällen zeigt der Einfluß Romagnosis sich besonders nachdrücklich, da er sich auf charakteristische Regelungen und Knotenpunkte des Verfahrensganges auswirkt, mitunter sogar die für das Fürstentum Lucca erarbeitete und wenige Monate zuvor in Kraft getretene Regelung radikal abändert.

4. Die Elemente einer legislativen „maquillage"

Eine vollständige Auflistung der Komplexe, die Vidau von Romagnosi übernommen und in seinen Entwurf eingebaut hat, um die bereits im luccesischen Entwurf enthaltenen prozeßrechtlichen Institute zu „verfeinern", würde unsere Darstellung übermäßig belasten. Dennoch können einige rasch aufgezählte Beispiele uns helfen, die Natur und die wesentlichen Eigenschaften dieser Eingriffe zu begreifen.

Betrachten wir zunächst die Regelung der Appellation in den Polizeiverfahren. Die Materie ist im piombinesischen Gesetzbuch in den Art. 376–392 geregelt. Nun, diese Artikel enthalten nichts anderes als die – überwiegend wörtliche – Wiederholung der Art. 321–346, die der *Codice Romagnosi* derselben Materie widmet. Ihre dürre Regelung in Art. 13 des Ersten Teils und in den Art. 12–14 des Zweiten Teils des luccesischen Strafgesetzbuches wird auf diese Weise in großem Umfang durch Normen ergänzt, die zwar sehr viel gründlicher und genauer sind, jedoch nicht die im ersten Gesetzeswerk Frediano Vidaus gezogenen großen Linien dieses Instituts verändern.

Ein zweites Beispiel bildet der wichtige Art. 441, der im piombinesischen Gesetz die heikle Materie des Verhörs des Beschuldigten im Verlauf des Ermittlungsverfahrens regelt. Auch in diesem Fall stammt die Regelung des fraglichen Artikels direkt aus dem *Codice Romagnosi*, genauer: aus dessen Art. 199–210. Die gegliederte und formal reichhaltige Regelung von Romagnosi wird hier zu einem einzigen langen Artikel kondensiert, der in neun Absätze unterteilt ist und die oberflächlichere Regelung der Art. 64 und 71 des Zweiten Teils des luccesischen Gesetzbuches ersetzt, die ihrerseits von der noch dürftigeren des Art. 315 des Gesetzbuchs vom 3. Brumaire beeinflußt ist.

Ein drittes ähnliches Beispiel betrifft die Zeugenaussage im Ermittlungsverfahren; im Strafgesetzbuch von Piombino ist sie in einem einzigen umfänglichen und strukturierten Artikel, dem in 17 Absätze unterteilten Art. 448, geregelt. Wie im vorhergehenden Fall ist auch dieser Artikel das Ergebnis eines Deutens und Umbauens der umfassenden Regelung der Art. 157–182 des *Codice Romagnosi* und er ersetzt *en bloc* die Regelung der Art. 67–69 des Zweiten Teils des luccesischen Gesetzes, die ihm zwar in den Grundzügen entspricht, mit ihm verglichen aber inhaltlich weniger entwickelt und vertieft ist.

Das zweite der zuvor angeführten Beispiele, betreffend das Verhör des Beschuldigten, läßt einen weiteren Umstand deutlich werden, der für die Arbeitsweise Frediano Vidaus bei der Erstellung des piombinesischen Gesetzbuches charakteristisch erscheint und darüber hinaus zur Rechtfertigung des vielleicht reduktionistischen Begriffs *maquillage* dienen kann, den wir zur Kennzeichnung dieses Aspekts des Gesetzgebungswerks des korsischen Juristen verwendet haben. Gemeint ist die Tatsache, daß immer dann, wenn im piombinesischen Text ein bestimmtes Rechtsinstitut oder eine bestimmte Regelung aufgenommen wird, welche ursprünglich im *Code Merlin* enthalten und dann vom *Codice Romagnosi* übernommen worden ist, regelmäßig die meistens technisch ausgefeiltere und sprachlich wahrscheinlich passendere des italischen Textes der Regelung des französischen Gesetzbuches vorgezogen wird.

Es handelt sich um ein formales Hilfsmittel, das bei der Erarbeitung des prozessualen Teils des piombinesischen Gesetzbuches mehr als häufig angewendet wird und bei dem wir uns auf zwei Beispiele beschränken wollen, welche diesmal die Rechtsinstitute der Anzeige und der Privatklage betreffen. Was die Anzeige betrifft, hat der Umstand, daß dieses Rechtsinstitut ursprünglich durch Art. 87 des *Code des Délits et des Peines* eingeführt worden ist, Vidau nicht daran gehindert hat, bei der Abfassung des Art. 404 des Gesetzbuchs von Piombino den Text des Art. 58 des *Codice Romagnosi* vorzuziehen und fast wörtlich zu übernehmen. Was die Privatklage angeht, so bildet zwar Art. 94 des *Code Merlin* stets den Bezugspunkt für die betreffende Regelung; das bei der Redaktion des Art. 405 des piombinesischen Gesetzbuchs direkt befolgte Vorbild ist jedoch ohne Zweifel Art. 63 des italischen Gesetzbuchs[24].

5. Die Aufnahme der Zweifelsformel

Sind die Beeinflussungen des Strafgesetzbuchs von Piombino durch den *Codice Romagnosi* schon in vornehmlich formaler und ergänzender Hinsicht zahlreich, so sind die Innovationen inhaltlicher Art, zu denen Vidau durch das italische Gesetzbuch angeregt worden ist, ebenso zahlreich und gewiß noch viel bedeutsamer. Von den letzteren erscheint besonders bedeutsam und deshalb in erster Linie erwähnenswert die Aufstellung der *non-liquet*-Formel als charakteristischer Punkt der Bestimmungen über die Urteilsberatung in Fällen schwerer Kriminalität.

Bei genauem Hinsehen stammt die *gesamte* Regelung dieses wichtigen Abschnitts im Verfahrensablauf im piombinesischen Gesetzbuch aus dem *Codice Romagnosi*. Die Art. 485–491 des Gesetzbuchs von 1808 übernehmen nämlich mitunter wörtlich (noch häufiger zusammenfassend) die Art. 488–508 des Gesetzbuchs für das Königreich Italien. In diesem Rahmen ist wiederum von besonderem Interesse der Umstand, daß dem Spruchkörper die Möglichkeit eröffnet wird, neben den beiden Formeln der Schuld („ist schuldig") und der Unschuld („ist nicht schuldig") als dritte die Zweifelsformel auszusprechen; sie findet sich in Art. 485 des piombinesischen Textes, der unter Heranziehung derselben Worte in Art. 492 des *Codice Romagnosi* – „steht nicht mit hinreichender Sicherheit fest, ob er schuldig ist" – aufgestellt worden ist.

Die Entscheidung Vidaus führt eine legislative Entwicklung bis zu ihren äußersten und folgerichtigen Konsequenzen; diese Entwicklung besitzt in Italien wie in Frankreich ihren Ausgangspunkt in der Regelung des *Code Merlin*, dessen Mittelpunkt, die Einführung einer zweifachen Jury, der Anklage- und der Urteilsjury, bildet; auf der Halbinsel gelangt diese Entwicklung jedoch zu ganz anderen Ergebnissen als

---

24 Ein weiteres Beispiel dieser besonderen Vorgehensweise bei der Erstellung des Textes bietet Art. 479 des Strafgesetzbuchs des Fürstentums Piombino; er regelt den Fall, in dem eine Zeugenaussage als „offenkundig falsch" erscheint. Für diesen Fall schafft Vidau einen Artikel, der in der Form Art. 467 des *Codice Romagnosi* aufgreift, in der Sache aber aus Art. 367 des Gesetzbuchs vom 3. Brumaire abgeleitet ist.

jenen, zu denen es in Frankreich mit der Aufrechterhaltung der Urteilsjury im Strafgesetzbuch von 1808 kommt. In Italien nämlich führt dieser Weg zunächst zur unveränderten Übernahme der Jury in kurzlebigen prozeßrechtlichen Regelungen des jakobinischen Italien, geht sodann dann in die Ablehnung jeder Form von Jury in den Gerichtsverfassungsgesetzen der ersten napoleonischen Periode[25] über und endet schließlich – eben mit dem *Codice Romagnosi* – in der Konstruktion eines Berufsrichters, der zwar auf der Grundlage seiner freien Überzeugungsbildung entscheidet, jedoch als dritte Entscheidungsform die Zweifelsformel zur Verfügung hat und – zumindest rechtlich – verpflichtet ist, seine Entscheidung zu begründen[26].

Im luccesischen Strafgesetzbuch von 1807 ist dieser Weg noch nicht an sein Ende gelangt. Betrachten wir dazu Art. 101, der in diesem ersten Gesetzeswerk von Vidau den einschlägigen Schlüsseltext bildet. Nach diesem Artikel müssen die Richter ihre Entscheidung „nach ihrer persönlichen Überzeugung" fällen, die vollständig aus dem hervorgehen muß, was sie in der mündlichen Verhandlung wahrgenommen haben, während die einzigen schriftlichen Dokumente, die sie im Beratungszimmer lesen dürfen – jedoch einzig und allein, „um ihr Bewußtsein besser zu erhellen" – die Protokolle der Verhöre des Beschuldigten im Ermittlungsverfahren sind. Das luccesische Gesetzbuch beschränkt sich jedoch nicht auf die gerade erwähnten Regelungen und beschließt Art. 101 mit einer Art lehrhafter Abschweifung, die an die Richter gerichtet ist und sich mit der Bedeutung und konkreten Relevanz des Ausdrucks „innere Überzeugung" befaßt. Diese Abschweifung ist aber nichts anderes als die fast wörtliche Übersetzung der langen „Instruktion", die nach Art. 372 des *Code Merlin* der Gerichtspräsident den Mitgliedern der Jury vorlesen muß, bevor diese sich zur Beratung zurückziehen[27].

Gerade die Einfügung dieser eingehenden Abschweifung in den Text des Art. 101 läßt uns nun verstehen, daß Vidau als Gesetzgeber sich in dem hier behandelten Bereich noch nicht von dem französischen Vorbild von 1795 gelöst hat. Er wiederholt nämlich wörtlich dessen Vorschriften, die er lediglich vom Laienrichter auf den Berufsrichter überträgt[28]. Auf diese Weise gelangt Vidau in seinem „Debüt" dazu, die beiden Gestalten – Volksrichter und Berufsrichter – zu überlagern, und gerade deswegen (d.h. gerade weil der Berufsrichter, der den Laienrichter überlagert, ebenso

---

25 Vgl. *Dezza*, Il Codice di Procedura Penale del Regno Italico, a.a.O., S. 25–49, 99–106, 143–150.
26 Zu diesem letzten Punkt verweisen wir auf den Text des Art. 506 des italischen Strafgesetzbuches, wonach das Urteil „den Ausspruch über die Tat und über das Recht enthalten muß. Es legt die Gründe des letzteren dar und nennt ausdrücklich die Artikel des angewandten Gesetzes".
27 Vgl. *Dezza*, Una procedura moderna, a.a.O., S. CLXXIII–CLXXIX.
28 Wir beziehen uns auf die Art. 102 ff. des Strafgesetzbuches für das Fürstentum Lucca, welche die Vorschriften der Art. 373 ff. des *Code Merlin* übernehmen.

wie der letztere angewiesen wird, schlicht und ohne Ausnahme über die Tatfrage zu entscheiden) bietet er nicht ausdrücklich die Möglichkeit an, die dritte Formel des *non liquet* anzuwenden, die hingegen Romagnosi (gewiß nicht ohne garantistische Absichten) mit Nachdruck in das nach ihm benannte Gesetzbuch als Milderungsmoment in ein System hat einbauen wollen, das immer noch durch ein starkes Ungleichgewicht zwischen Anklage und Verteidigung gekennzeichnet ist[29].

Angeregt durch das italische Vorbild ändern sich, wie wir haben feststellen können, die Dinge im Gesetzbuch von 1808. Im Strafgesetzbuch von Piombino läßt Vidau jede Auslegungsunsicherheit und jeden pädagogischen Skrupel über das, was unter freier Überzeugungsbildung zu verstehen sei und wie diese zu bilden sei, fahren, streicht ersatzlos den aus der Laienrichterinstruktion des *Code Merlin* übernommenen Passus und macht sich, wie schon bemerkt, das geschmeidige Instrument der Zweifelsformel zu eigen; er übernimmt allerdings ebenfalls aus dem italischen Gesetzbuch die – freilich zaghafte – Öffnung zur Begründungspflicht bei Urteilen[30]. Die Übernahme der Positionen Romagnosis ist daher eine vollständige und führt damit zu einer Ausrichtung des piombinesischen Textes auf Positionen, die im postnapoleonischen Zeitalter in Italien im Bereich der Gesetzgebung große Verbreitung finden, im Bereich der Strafrechtslehre hingegen Gegenstand von Angriffen werden sollten, die vor allem über die delikaten und wichtigen Beziehungen zwischen Beweissystem, innerer Überzeugung und Ermessensbefugnissen des Berufsrichters entbrannten[31].

6. Vom „non liquet" zur Wiederherstellung des „arbitrium iudicis"

Mit der *non-liquet*-Formel, mit den Ermessensbefugnissen des Richters und ganz allgemein mit dem Entscheidungsmoment des Verfahrensablaufes verbindet sich ein weiterer Aspekt der piombinesischen Strafrechtskodifikation, bei dem die Unmittelbarkeit des Einflusses Romagnosis sich mit präzisen rechtspolitischen Entscheidungen verbindet, welche die Abfassung des 1808 in Kraft getretenen Textes geleitet

---

29 Vgl. *Dezza*, Il Codice di Procedura Penale del Regno Italico, a.a.O., S. 366.

30 Art. 489 des Strafgesetzbuchs von Piombino, der wörtlich Art. 506 des Strafgesetzbuches des Königreichs Italien übernimmt, schreibt vor, daß das Urteil unter anderem, „den Ausspruch über die Tat und über das Recht" enthalten und außerdem „die Gründe des letzteren" darlegen muß. Im Strafgesetzbuch von Lucca wird übersichtlicher vorgeschrieben – in Art. 108 des Zweiten Teils –, daß das „abschließende Urteil in Kriminalsachen" unter anderem enthalten muß: „die Urteilsformel und im Falle der Verurteilung den Text des Gesetzes, auf dem diese Verurteilung beruht"

31 Wir gestatten uns insoweit den Hinweis auf *E. Dezza*, L'"arme terribile". La polemica di Giovanni Carmignani sull'intima convinzione del giudice togato, in: Atti del Congresso Storico-Giuridico Giovanni Carmignani (1768–1847), maestro di scienze criminali e pratico del foro, sulle soglie del diritto penale contemporaneo – Nuove Giornate Carmignani (Pisa 2003, S. 133–148).

haben. Wir meinen damit die Regelung des Normenkomplexes aus Art. 42 und Art. 485 § 13 des Strafgesetzbuches von Piombino, der den Fall betrifft, daß ein Verfahren der schweren Kriminalität „mit der Erklärung endet, daß die Schuld des Angeklagten nicht mit hinreichender Sicherheit feststeht"[32].

Für diesen Fall bestimmt Art. 485 § 13, daß das Richterkollegium zur Entscheidung darüber berufen sei „ob der Angeklagte vorläufig auf freien Fuß gesetzt werden soll oder ob die in Art. 42 vorgesehene Maßnahme auf ihn angewendet werden soll". Art. 42 schreibt nun vor, daß, wenn „hinreichende Beweise für die Bildung der Überzeugung" der Richter fehlen, jedoch „starke Verdachtsgründe" fortbestehen", das Richterkollegium – „unter Berücksichtigung der Natur des Verbrechens, der moralischen Qualitäten des Angeklagten und anderer Umstände der Tat" – für drei Jahre die endgültige Freisprechung aussetzen und ihn „in Haft belassen kann" oder ihm Zwangsarbeiten auferlegen kann.

Die gerade erwähnte Bestimmung besitzt starke Ähnlichkeit mit der in Art. 500 des *Codice Romagnosi* getroffenen Regelung. Bedient sich nach diesem Artikel der Gerichtshof der Zweifelsformel und erklärt er, es stehe „nicht zur Genüge fest, daß der Angeklagte schuldig ist", so ordnet er je „nach Lage der Umstände" an, daß der Angeklagte a) vorläufig auf freien Fuß gesetzt wird; b) vorläufig unter Polizeibewachung auf freien Fuß gesetzt wird; c) bis zur Höchstdauer von sechs Monaten einem Zwangswohnsitz unter der „besonderen" Überwachung der Polizei zugewiesen wird; d) bis zu einer Höchstdauer von 6 Monaten in Haft verbleibt (jedoch nur, „wenn der Gerichtshof der Auffassung ist, daß gewichtige Verdachtsmomente geblieben sind"). In all diesen Fällen weist der Gerichtshof ferner die zuständigen Polizei- und Justizorgane an, „weitere umfassende Informationen zu sammeln"[33].

Es ist bekannt, daß Giandomenico Romagnosi stets die Vaterschaft für die in Art. 500 des *Codice Romagnosi* getroffene Regelung abgelehnt und die Verantwortung dafür dem Justizminister des Königreichs Italien, Giuseppe Luosi, zugewiesen hat. Sehr aufschlußreich ist insoweit ein Brief an seinen Seneser Freund Celso Marzucchi aus dem Jahre 1832, in dem der emilianische Philosoph zunächst das Verdienst für die Einführung der „dritten Formel des *non liquet* beansprucht und dann fortfährt: „Das *amplius cognoscendum* müßte viel stärker eingegrenzt werden, doch ist es mir nie gelungen, die Ablehnung des Ministers zu überwinden"[34].

Gewiß ist hier nicht der Ort, um jenen weit zurückliegenden Vorgang zu vertiefen. Es bleibt jedoch die Tatsache, daß sowohl im Codice Romagnosi als auch im Straf-

---

32   Der Text in Anführungszeichen entstammt Art. 485, § 13.
33   Zum Art. 500 des *Codice Romagnosi* vgl. *Dezza*, Il Codice di Procedura Penale del Regno Italico, a.a.O., S. 351.
34   Vgl. dazu *Dezza*, Il Codice di Procedura Penale del Regno Italico, a.a.O., S. 364–365.

gesetzbuch von Piombino der Preis für die Zweifelsformel in Form von Abschwächungen der prozessualen Garantien bei Betrachtung der gerade erwähnten Vorschriften sehr hoch ist und sich weitgehend als eine teilweise Wiedereinführung jener Regeln und Grundsätze erweisen, die der Strafprozeß des späten gemeinen Rechts kennt und die zu einem guten Teil dessen repressiven Charakter erklären[35]. Es handelt sich um Regeln und Grundsätze, die um jenes *arbitrium iudicis* – ein ganz typisches konstitutives Element der Rechtsordnungen des gemeinen Rechts[36] – kreisen, gegen das zunächst ein Teil der Aufklärungslehre und später die revolutionäre Gesetzgebung einen harten Kampf geführt haben und das dennoch nunmehr von den Strafgesetzgebern des napoleonischen Italien (und in Piombino mit einer im Vergleich mit dem italischen Gesetzbuch noch ausgeprägteren Härte) wieder herangezogen wird[37].

Wir hegen keinen Zweifel, daß – ebenso wie in den vorher betrachteten Fällen, in denen es um die *non-liquet*-Formel und um die Begründung von Strafurteilen ging – auch in diesem Punkt die von Frediano Vidau getroffenen Entscheidungen stark von der Kenntnis des von Romagnosi verfaßten Textes beeinflußt sind. Denn der ursächliche Zusammenhang zwischen der Übernahme der Zweifelsformel und der Regelung von Ermessensmechanismen, die sich nicht nur auf die persönliche Freiheit des Beschuldigten auswirken, sondern auch den Eintritt der Rechtskraft blockieren[38], zeigt in dem hier behandelten Bereich mit großer Klarheit, wie groß – auch wenn man das Fehlen einer entsprechenden Regelung im Strafgesetzbuch von Lucca berücksichtigt – die gleichsam antreibende Kraft des italischen Gesetzes gewesen ist.

Andererseits sei nicht verschwiegen, daß die in diesem Fall vom piombinesischen Gesetzgeber getroffene Entscheidung – eine Entscheidung, die sich, wie noch einmal zu bemerken ist, als Wiederherstellung von Grundsätzen und Institutionen des

---

35 Vgl. *Dezza*, Il Codice di Procedura Penale del Regno Italico, a.a.O., S. 366–368.

36 Dazu aber jetzt *Massimo Meccarelli*, Arbitrium. Un aspetto sistematico degli ordinamenti giuridici in età di diritto comune. Mailand 1998.

37 Während nämlich im italischen Gesetzbuch die Sicherungsmaßnahmen nicht über eine Haft von sechs Monaten hinausgehen dürfen, gestattet das piombinesische Gesetz dem Richter, die „endgültige Lossprechung bis zu drei Jahren hinauszuschieben"; und es gestattet ferner, den Beschuldigten in Zwangsarbeiten einzuweisen.

38 Wir heben insoweit hervor, daß, während Art. 42 des piombinesischen Strafgesetzbuchs dem Richterkollegium gestattet, „die endgültige Lossprechung für einen Zeitraum von 3 Jahren hinauszuschieben", der anschließende Art. 43 bestimmt, daß auch „ein endgültiges lossprechendes Urteil [...] widerrufen werden kann, wenn während eines Zeitraums von drei Jahren vom Tag des Urteilserlasses gerechnet sichere Beweise gegen den losgesprochenen Täter auftauchen". Alles in allem hindert also der Urteilsspruch des Gerichtshofs mit der Zweifelsformel bis zu sechs Jahren das Eintreten der Rechtskraft.

Ancien Régime erweist³⁹ – *auch* einigen allgemeinen Voraussetzungen des besprochenen Gesetzeswerkes entspricht. Es handelt sich um Voraussetzungen, die von Frediano Vidau in seinem einführenden Bericht zum Text des piombinesischen Gesetzbuches unmißverständlich darlegt und – nach diesem Bericht – sowohl aus den gesellschaftlichen Rahmenbedingungen, denen sich das neuen Gesetzbuch stellen muß, als auch aus den „langen dornenvollen Erfahrungen der Kriminaljustiz", die einen Teil der eigenen öffentlichen Laufbahn des korsischen Juristen gekennzeichnet haben, erwachsen⁴⁰.

Die besonderen Anforderungen, die sich aus den Besonderheiten des Territoriums von Piombino ergeben – sie sind in dem einführenden Bericht in einer zu Beginn dieses Beitrags bereits erwähnten Auflistung dargestellt⁴¹ – und die Erinnerung an persönliche Erfahrungen haben Vidau nicht nur veranlaßt, gewisse Strafarten, beispielsweise die Zwangsarbeit⁴², zu bevorzugen, sondern auch, einige große Grundsätze aufklärerischer Art zu verwerfen, die sowohl in der Lehre wie auch in der Gesetzgebung unbezweifelt etabliert scheinen und ganz wesentlich darauf gerichtet sind, „jegliches richterliche Ermessen zu beseitigen". Diese ausdrückliche Stellungnahme erklärt hinreichend vor allem die „Weite" der im Polizeiverfahren bestehenden Ermessensbefugnisse des Gemeindevorstehers, der die Befugnisse des Anklägers, des Richters und der Vollstreckungsbehörde in sich vereinigt. Sie erklärt ferner die von Vidau „wohl erwogene einzigartige Ausnahme, die darin besteht, daß „den Richtern die Entscheidung zwischen zwei Strafen unterschiedlicher Art eingeräumt

---

39 Wir heben noch hervor, daß sowohl im *Codice Romagnosi* als auch im Strafgesetzbuch von Piombino mehr oder weniger deutliche Nachklänge einiger Gesetzgebungen des ausgehenden 18. Jahrhunderts zu vernehmen sind; unter ihnen ist zu nennen die hochberühmte *Leopoldina* (Riforma della Legge Criminale Toscana del dì 30 novembre 1786) vor allem in ihren Art. 110 und 111), ferner die weniger bekannte, indes ebenfalls bedeutsame *Norma Interinale del Processo Criminale per la Lombardia Austriaca* (Vorläufige Ordnung des Kriminalprozesses für die österreichische Lombardei) von 1786, insb. ihr § 242. Zur Regelung der *Leopoldina* vgl. *Dario Zuliani*, La riforma penale di Pietro Leopoldo, 2 Bde. Mailand 1995, Bd. I, S. 616–622. Zu den Bestimmungen der lombardischen *Norma Interinale* (an deren Ausarbeitung Karl Anton Martini beteiligt war) vgl. Dezza, Il Codice di Procedura Penale del Regno Italico, a.a.O., S. 367, Fußn. 270, sowie *Gabriele Provin*, Una riforma per la Lombardia dei Lumi. Tradizione e novità nella „Norma Interinale del Processo Criminale". Mailand 1990, 87–89.

40 Die Sätze in Anführungszeichen stammen aus dem eben genannten Bericht.

41 Vgl. o. Fußn. 11 und zugehörigen Text.

42 In seinem einführenden Bericht zum Gesetzbuch formuliert Vidau dazu die folgenden Grundsätze: „In einem Land, in welchem die Natur in hohem Maße der Kräfte der Bestellung bedarf, um ihre Schätze zu spenden, und in dem die Einwohner nur Feldbesteller sind – welches geeignetere und eben dieser Natur entsprechendere Mittel kann man sich da zur Eindämmung der Verbrechen durch den Gesetzgeber vorstellen, als die Strafe selbst zum Vorteil des öffentlichen Wohl nutzbar zu machen? Welche Torheit wäre es hingegen, kräftige Feldbesteller müßig in den Gefängnissen von Piombino zu halten, nur um den Bestimmungen der gewöhnlichen Kriminalvorschriften Genüge zu tun?"

ist und daß – trotz des „von sehr berühmten Kriminalisten vertretenen" und als „Regelungsmaxime jedes Strafgesetzbuches aufgefaßten Grundsatzes", daß für alle Verbrechen „die proportionale Strafe angegeben" werden muß[43] – ihnen ein Ermessensspielraum zwischen einem Maximum und einem Minimum angegeben ist. Und sie erklärt schließlich auch noch jene Wiederkehr des *arbitrium iudicis*, das wir bereits als direkte Folge der auf die Zweifelsformel gestützten Entscheidungen wirken gesehen haben und das, wie wir soeben bemerkt haben, ein direktes, berühmtes und angesehenes Vorbild in der italischen Regelung des *amplius cognoscendum* findet.

7. Das Kassationsverfahren

Die Übernahme von Regeln, Grundsätzen und Normen aus dem Vorbild des *Codice Romagnosi* bestimmt auch in sehr bezeichnender Weise die kruziale Materie der Rechtsmittel, insbesondere des Kassationsverfahrens, im Strafgesetzbuch von Piombino[44].

Beim ersten Hinsehen erscheint die Regelung der Rechtsmittel in unserem Gesetz als das Ergebnis einer weiteren – mit den mehrfach erwähnten besonderen Bedürfnissen der in Piombino bestehenden Verhältnisse im Zusammenhang stehenden – Vereinfachung der im Strafgesetzbuch für das Fürstentum Lucca getroffenen Regelung, die ihrerseits aus einer Ausdünnung der Regelung des französischen Gesetzes vom 3. Brumaire hervorgegangen ist[45]. Die einzigen Entscheidungen, die nach dem piombinesischen Gesetz mit der Appellation angefochten werden können, sind nämlich die Polizeientscheidungen „in Fällen, in denen die Strafe drei Tage Gefängnis oder Geldstrafe von drei Lire übersteigt" (Art. 342), während die übrigen Polizeientscheidungen, die zuchtgerichtlichen Entscheidungen sowie die Entscheidungen in Fällen schwerer Kriminalität ausschließlich mit der Kassationsbeschwerde angefochten werden können (Art. 342, 247, 254). Entgegen dem Augenschein sind jedoch auch diese dürftigen Verfahrensstrukturen von Vidau unter massiver Heranziehung des italischen Vorbildes geschaffen worden. Und diese Feststellung läßt sich

---

43 Die Sätze in Anführungszeichen sind dem Text des Einführungsberichtes zum Gesetzbuch entnommen.

44 Wir erinnern beiläufig daran, daß Art. 510 des Strafgesetzbuchs von Piombino bestimmt, daß Rechtsmittel an den Kassationshof in Lucca zu richten sind. Die Funktionen des letzteren wurden allerdings bald danach infolge des Dekrets vom 7. November 1808 vom Staatsrat des Fürstentums der Baciocchi übernommen; dieser trat als Plenum unter der Leitung des Großrichters zusammen. Vgl. dazu G. *Tori*, Gli organi collegiali del Principato: Senato e Consiglio di Stato, in: Il Principato Napoleonico dei Baciocchi (1805–1814), a.a.O., S. 6.

45 Zum Rechtsmittelsystem im luccesischen Strafgesetzbuch vgl. *P. Pittaro*, Lineamenti del processo penale lucchese, in: Codice Penale per il Principato di Lucca (1807), a.a.O., S. CXVII–CXXXVIII, insb. S. CC–CCI, sowie *Dezza*, Una procedura moderna, a.a.O., S. CLXXX–CLXXXI.

ebenso für die Appellation in Polizeisachen[46] belegen wie für die brisante Problematik der Kassationsbeschwerde, in deren Regelung der Einfluß Romagnosis unübersehbar ist, angefangen mit der Auflistung der Gegenstände, in denen die Kassationsbeschwerde zulässig ist – eine Auflistung, die aus Art. 516 des italischen Gesetzes genau in Art. 515 des Gesetzbuches von Piombino übergegangen ist.

Dies vorausgeschickt muß noch erwähnt werden, daß die Übertragung von Romagnosis präziser Zulässigkeitsregelung für die Kassationsbeschwerde in das Strafgesetzbuch von Piombino eine wichtige und nicht zufällige Unterlassung enthält, welche einige der bislang beschriebenen Tendenzen in der – wenn man sie so nennen darf – Gesetzgebungsphilosophie Frediano Vidaus bestätigen.

Die Bemerkung bezieht sich darauf, daß, während die Art. 510 und 511 des piombinesischen Gesetzes nichts anderes tun als wörtlich die italische Regelung über die absoluten Nichtigkeitsgründe wegen falscher Gesetzesanwendung, offenkundigen Gesetzesverstoßes und Machtmißbrauchs zu wiederholen[47], es im Gesetzbuch des kleinen toskanischen Fürstentums an jeglichem Hinweis auf die (absolute oder relative) Nichtigkeit wegen Verletzung der Verfahrensförmlichkeiten fehlt, während diese in Art. 11–13 des *Codice Romagnosi* penibel geregelt sind. Ganz im Gegenteil bestimmt das Gesetzbuch von Piombino ausdrücklich (Art. 509), daß in Strafsachen „die bloße Nichteinhaltung oder Verletzung der für die Beschlüsse in Strafsachen vorgeschriebenen Förmlichkeiten keinen Kassationsgrund bildet", und er rechtfertigt diese strenge Position damit, daß „das Kriminalgericht des Fürstentums Piombino in Strafsachen als Spezialgericht erkennt und entscheidet"[48].

Nun stellt aber die Regelung der Nichtigkeit aufgrund von Formverletzungen einen zentralen Punkt des *Codice Romagnosi* dar und bildet, zusammen mit der peniblen Anwendung der Grundsätze der Öffentlichkeit und des kontradiktorischen Verfahrens und den entsprechend weit gefaßten Mitwirkungsrechten der Verteidigung den Teil mit den ausgeprägtesten rechtsstaatlichen Garantien. Vor allem die Nichtigkeit ist das gewöhnliche Mittel, zu dem das italische Gesetzbuch greift, um gerade durch skrupulöse Beachtung der Formen den Schutz der Beschuldigtenrechte, vor allem während des Ermittlungsverfahrens, zu sichern: Das dichte Netz von Verfahrensvorschriften über die Sammlung der Beweismittel – Bestimmungen, die nicht verletzt

---

46 S. dazu bereits o. Abschnitt 4.

47 Die „Machtüberschreitung" der Art. 14 und 15 des *Codice Romagnosi* wird in den Art. 510–511 des Strafgesetzbuchs von Piombino zum „Machtmißbrauch". Die terminologische Änderung scheint aber ohne inhaltliche Bedeutung zu sein.

48 „509. Das Kriminalgericht des Fürstentums Piombino erkennt und urteilt über Strafsachen als Spezialgericht; infolgedessen bietet die einfache Nichtbeachtung oder Verletzung der für die gewöhnlichen strafprozessualen Handlungen vorgeschriebenen Förmlichkeiten keinen Anlaß für den Kassationsrekurs."

werden können, ohne eine absolute oder relative Nichtigkeit zu riskieren – bewirkt nämlich, daß die Ermittlungstätigkeit weniger willkürlich ist als beispielsweise in Frankreich unter der Geltung des nahezu gleichzeitig erlassenen Code d'Instruction Criminelle[49].

Dieser besondere und eigentümliche Aspekt des *Codice Romagnosi* fehlt, wie schon erwähnt, im Gesetzeswerk Vidaus vollständig, obwohl es doch eine umfassende Rezeption des italischen Vorbildes darstellt. Und auch im Bereich der zuchtgerichtlichen Verfahren ist die, ohnehin nur teilweise, Zulassung der Kassationsbeschwerde wegen Verletzung der Form (Art. 513) dadurch weitgehend entleert, daß dieser Nichtigkeitsgrund nicht greift, wenn eine zuchtgerichtliche Entscheidung, die wegen eines Formfehlers angegriffen worden ist, vom Kassationsgericht für „offenkundig gerecht" erkannt wird[50].

In diesem Punkt zeigt Frediano Vidau als Gesetzgeber eine – bereits erwähnte – eigene Einstellung in voller Klarheit. Wir meinen die besondere Fähigkeit des korsischen Juristen, mit größter Sorgfalt gesetzliche Strukturen, die er aus einem Vorbild – nämlich demjenigen Romagnosis – übernommen hat, dessen unbezweifelbare Qualität und Überlegenheit er anerkennt, umzumodeln, aus dem er aber nicht zögert, ohne jeden rechtsstaatlichen Skrupel alles zu entfernen, was ihm für eine schleunige, strenge und wirksame Strafjustiz dysfunktional vorkommt, deren man in einer zweifellos besonderen Lage wie derjenigen in Piombino bedarf.

Ansonsten erweisen sich die gerade dargestellten Entscheidungen als mit Wesen und Tätigkeit des wichtigsten Strafjustizorgans des Fürstentums Piombino, dem Kriminalgericht, welches „über Kriminalsachen als Spezialgericht erkennt und urteilt" (Art. 509) und zu dessen sieben Mitgliedern zwei Militärrichter zählen (Art. 354), nicht nur verbunden, sondern auch und gar passend. Die Einrichtung eines *per definitionem* „speziellen" Justizorgans stellt freilich keine Besonderheit oder Eigenheit

---

49 Vgl. dazu *Dezza*, Il Codice di Procedura Penale del Regno Italico, a.a.O., S. 352–353 und 371.

50 Nach Art. 514 ist in Angelegenheiten der Zuchtgerichtsbarkeit der Kassationsrekurs sowohl für die Fälle der Art. 510 und 511 als auch wegen der Verletzung der in Art. 415, 416, 420, 431 und 433, welche die Prozeßhandlungen im Verhandlungsabschnitt und die Förmlichkeiten des Urteils regeln, zulässig. Art. 514 ergänzt allerdings, daß „in Anbetracht der aktuellen Unmöglichkeit, die neue Untersuchung an ein anderes Gericht des Fürstentums zu verweisen, und weil das Verfahren in einer zuchtgerichtlichen Sache bereits im selben Fürstentum entschieden worden ist, der Kassationshof, wenn er sich mit einer zuchtgerichtlichen Rekurs befaßt und feststellt, daß die durch dieses Gesetzbuch vorgeschriebenen Formen verletzt worden sind, gleichzeitig prüfen soll, ob trotz dieser Verletzung der Urteilsspruch, welcher Gegenstand der Kassation ist, offensichtlich gerecht ist, und er kann, wenn er dies feststellt, den Urteilsspruch bestätigen". Wir fügen ergänzend hinzu, daß die nicht angreifbaren Polizeiurteile Gegenstand eines Kassationsrekurses nur im Hinblick auf „Mißbrauch oder Überschreitung von Befugnissen" werden können; in diesem Falle übernimmt Art. 342 des Strafgesetzbuches von Piombino den Standpunkt des Art. 515 des italischen Gesetzbuches.

dessen dar, was wir als „piombinesisches Modell" bezeichnen könnten. Das Sonderstrafgericht *(Tribunale Criminale Speciale)* von Piombino ist nämlich nur eines von vielen Sonderstrafgerichten (Sondergerichten, aber alles andere als Ausnahmegerichten), die in den ersten 15 Jahren des 19. Jahrhunderts in den direkt oder indirekt unter französischer Herrschaft stehenden europäischen Territorien verbreitet sind, und stellt daher nichts anderes dar als die örtliche Umsetzung einer weitverbreiteten rechtspolitischen Entscheidung, die von rigiden repressiven Maßstäben beeinflußt ist und „eine der charakteristischen Grundlagen des napoleonischen Systems bildet"[51].

8. Beibehaltung des napoleonischen Modells zwischen der Krise der großen Prinzipien und der Wiederherstellung der Tradition

Den vorliegenden Anmerkungen haben wir zwei Vorbemerkungen vorangeschickt. Die erste betrifft die Ursprünge des Strafgesetzbuches von Piombino von 1808, das aus dem wohlbedachten herrscherlichen Wunsch nach einer angemessenen Regelung für eine ganz besondere örtliche Lage resultiert. Die zweite betrifft das Entstehungsmoment des betrachteten Textes, der eine persönliche Schöpfung jener komplexen Gestalt des Juristen und Beamten namens Frediano Vidau ist. Unter Rückgriff auf (materielle und prozeßrechtliche) Vorbilder, welche Ausdrucksformen verschiedener Phasen der revolutionären Vorgänge in der Gesetzgebung sind, hat Vidau es verstanden, in äußerst kurzer Zeit einen recht beachtlichen Normenkomplex zusammenzustellen, der die bereits bei der Erstellung des Strafgesetzbuches von Lucca getroffene Entscheidung, materielles und prozessuales Recht in einem einzigen Gesetz zusammenzufassen, beibehält, auf gesetzestechnischer Ebene aber seinen luccesischen Zwillingsbruder übertrifft.

Im weiteren Verkauf unserer Untersuchung haben wir feststellen können, daß ein sehr gelungener Teil der prozessualen Regelung der piombinesischen Strafrechtskodifikation in enger nachbarlicher Beziehung mit der Strafprozeßordnung des Königreichs Italien steht, und wir haben des weiteren aufgedeckt, daß diese enge Verbin-

---

51 P. *Alvazzi Del Frate*, Juridictions ordinaires et juridictions extraordinaires en matière criminelle dans l'Italie napoleonienne, in: Influence du Modèle Judiciaire Français en Europe sous la Révolution et l'Empire. Colloque Juin 1998. Lille 1999, S. 145–153, insb. S. 148. S. auch vom selben Autor: Il giudice naturale. Prassi e dottrina in Francia dall'Ancien Régime alla Restaurazione. Roma 1999, insb. S. 176–179. Vgl. ferner dazu *Da Passano*, Emendare o intimidire?, a.a.O., S. 87–100, sowie *E. Dezza*, Un critico milanese della codificazione penale napoleonica. Pietro Mantegazza e le Osservazioni sulla legislazione criminale del cessato Regno d'Italia (1814), in: Ius Mediolani, a.a.O., S. 909–977, insb. 947–953. Für das napoleoniche Frankreich vgl. unter den jüngsten Beiträgen *B. Schnapper*, Les systèmes rèpressifs français de 1789 à 1815, in: Rèvolutions et justice pénale en Europe, a.a.O., S. 17–35, insb. S. 32–36, und G. *Landron*, Les tribunaux criminels spéciaux contre les tribunaux criminels avec jury (France, an IX–1811), in: Rèvolutions et justice pénale en Europe, a.a.O., S. 189–198.

dung auf das Konto einer regelrechten Entdeckung des *Codice Romagnosi* geht, die Vidau in den wenigen Monaten zwischen dem Abschluß der Arbeit an dem luccesischen Gesetzbuch und der Erarbeitung des piombinesischen gemacht hat. Schließlich haben wir noch feststellen können, daß Vidau geradezu massenhaft Normen, Institute und Grundsätze Romagnosischer Prägung, regelmäßig in kritischer und selektiver Weise, übernommen hat, daß es sich jedoch um Eingriffe handelt, die vor allem dem Ziel dienen, eine Justizmaschinerie aufzubauen, die schnell und wirksam, mitunter aber auch wenig rechtsstaatlich ist.

Wir wollen jetzt, am Ende unserer Darstellung, noch einige abschließende Bemerkungen zur Einordnung der piombinesischen Regelung in das Gesamtbild der strafprozessualen Gesetzgebung des revolutionären und napoleonischen Italien geben, das (in Nachahmung und Nachfolge dessen, was in Frankreich geschieht) durch eine schnelle Entwicklung der Grundsätze und einen raschen Wechsel der Perspektiven gekennzeichnet ist. Wenn es denn stimmt, daß das Werk Vidaus von besonderen örtlichen Erfordernissen und von persönlichen Einstellungen ausgelöst worden ist, die nicht wenig seine Formen und Inhalte mitbestimmt haben, so trifft doch ebenfalls zu, daß das Gesetzbuch von Piombino die Feststellung gestattet, daß auch in den kleinen Verhältnissen der italienischen Provinz sich in vollem Umfang die Auswirkungen des normativen *revirement* niederschlagen, das sich in Frankreich bereits in der posttermidorianischen Periode abgezeichnet hat, zuerst durch die Machtergreifung Napoleons, dann durch die monarchische und kaiserliche Transformation der politischen Strukturen der französischen Herrschaft in Europa mächtig beschleunigt worden ist[52].

Im strafprozessualen Bereich ist dieses *revirement* – das in Italien, wie zu betonen ist, nicht immer eine Französisierung *tout court* bedeutet – durch drei Hauptrichtungen gekennzeichnet, nämlich a) durch die Wiederherstellung von Einrichtungen der Tradition des *Ancien Régime*; b) durch die gleichzeitige Abschwächung der vom Aufklärungsdenken vorangetriebenen und von den Gesetzgebern der ersten Revolutionsjahre übernommenen großen liberalen, rechtsstaatlichen und rechtsprechungsfeindlichen Grundsätze im Bereich der Gesetzgebung[53], c) durch die gleichzeitige

---

52 Vgl. dazu die Ausführungen von *Solimano*, Verso il Code Napoléon, a.a.O., S. 17–147. Vgl. ferner *Cavanna*, Codificazione del diritto italiano e imperialismo giuridico francese nella Milano napoleonica, a.a.O., passim.

53 Vgl. dazu u.a. *A. Padoa Schioppa*, La giuria penale in Francia. Dai „Philosophes" alla Costituente. Mailand 1994, und *R. Martucci*, La Costituente ed il problema penale in Francia (1789–1791). Bd. I: Alle origini del processo accusatorio: i decreti Beaumetz. Mailand 1984.

Entwicklung von Instrumenten der Konzentration, Kontrolle und Bürokratisierung der Strafjustiz als Ausdruck des neuen napoleonischen Absolutismus[54].

In Piombino sind die drei genannten Tendenzen in aller Deutlichkeit sichtbar, ja sogar mit Tönungen eines noch stärkeren repressiven Reformismus, wie er vergleichsweise z.B. im Königreich Italien mit der Strafprozeßordnung nicht vorkommt. Vidau stellt nicht nur in einigen Fällen – wie schon bemerkt – die richterliche Dimension des Strafprozesses des *Ancien Régime* in Verbindung mit dem *arbitrium judicis* wieder her[55], sondern greift darüber hinaus typische Einrichtungen des gemeinen Rechts wie die *publicatio processus*[56], das „konsultative Votum" des fürstlichen Kommissars[57] und die fürstlichen Strafaufhebungs-, Gnaden-, Nachlaß- und Umwandlungsbriefe[58] wieder auf. Auf der Ebene der von den Denkern des 18. Jahrhunderts vertretenen Grundsätze ist die – von Benthams Utilitarismus vielleicht nicht unbeeinflußte[59] – Deutlichkeit, mit welcher der korsische Jurist voranschreitet, somit alles andere als schmerzlos. Vidau zögert nicht, den „berühmtesten Kriminalisten entgegenzutreten", die eben solche Gedanken vorgetragen haben, und beruft sich dabei auf die besondere Lage des Fürstentums, auf die „Erfahrung" und sogar auf die „Philosophie des menschlichen Herzens", um prozeßrechtliche Entscheidungen zu rechtfertigen[60], die von der totalen Abschottung eines streng an den Grundsätze der Schriftlichkeit und Heimlichkeit gebundenen Ermittlungsverfah-

---

54 Zur Entwicklung der Strafjustiz in Frankreich und Italien im revolutionären und napoleonischen Zeutalter, s. zuletzt u.a. *Schnapper*, Les systèmes rèpressifs français de 1789 à 1815, a.a.O., S. 17–35; *Halpèrin*, Continuité et rupture dans l'évolution de la procèdure pénale, a.a.O., S. 109–130; *Da Passano*, Emendare o intimidire?, a.a.O., passim. Von dem zuletzt genannten Autor s. auch: Dalla „mitigazione delle pene" alla „protezione che esige l'ordine pubblico". Il diritto penale toscano dai Lorena ai Borbone (1786–1807). Mailand 1988.

55 S.o. Abschn. 6.

56 Art. 454 bestimmt nämlich, daß die Verfahrensakten dem Beschuldigten erst verlesen werden, „nachdem „der fürstliche Kommissar erklärt hat, [...] daß neue Beweise nicht zu erlangen sind oder daß er die bereits erhobenen Beweise für ausreichend hält". In diesem Zeitpunkt ist auch dafür zu sorgen, daß der Beschuldigte gefragt wird „ob er bereits einen Verteidiger habe, und daß, falls er antwortet, er habe noch keinen, ihm ein solcher von Amts wegen benannt wird". Sogleich danach „sind dem Verteidiger alle Prozeßakten [...] auszuhändigen, und es ist dem Häftling gestattet, im Haftgebäude frei mit seinem Verteidiger zu sprechen".

57 Gem. Art. 481 „verliest" der fürstliche Kommissar am Ende der Verhandlung „mit lauter Stimme seinen Strafantrag".

58 Diesem Fragenkreis sind die Art. 529–541 gewidmet, die den 2. Titel des 4. Teils des Gesetzbuches bilden. Vgl. dazu in demselben Band, in dem diese Schrift erscheint (s. Nachweis im Anhang) den Beitrag von *P. Rondini*, Il potere di grazia nella legislazione penale del Principato di Piombino (1808).

59 Zum frühzeitigen Einfluß des Denkens von Bentham in Frankreich der letzten Revolutionsjahre vgl. *Solimano*, Verso il Code Napoléon, a.a.O., S. 69–87.

60 Die in Anführungszeichen stehenden Begriffe stammen aus dem Text des einführenden Berichts zum Gesetzbuch

rens[61] bis hin zur geringen Bedeutung, die der Verletzung von Formvorschriften beigelegt wird, vom betont summarischen Charakter einiger Verfahrensabschnitte (vor allem in Verfahren von geringerer Schwere) bis hin zur Reduzierung der Rechtsmittel auf ein Minimum reichen. Was die Zentralisierung, die Kontrolle und die Bürokratisierung der Strafjustiz angeht, genügt der Hinweis auf die beachtliche Zusammenballung der wichtigsten Befugnisse auf einige Justizfunktionäre (zu denken ist vor allem an die Gemeindevorsteher) und auf die Einrichtung der Sondergerichte (besser gesagt, auf das einzige Sonderstrafgericht, das für das kleine piombinesische Fürstentum mehr als ausreichend ist).

Diese besonderen Eigenschaften hindern indes nicht – mitunter gestatten sie sogar –, dem Strafgesetzbuch von Piombino zahlreiche Aspekte vollkommener Modernität zuzuschreiben (wenn man mit diesem Begriff die Übereinstimmung mit einigen gesetzgeberischen Tendenzen versteht, die sich im Strafrecht und Strafprozeß des 19. und 20. Jahrhundert fortsetzen sollten). In dieser Hinsicht haben wir bereits auf struktureller Ebene die endgültige Übernahme der Verfahrensstruktur des „gemischten" Prozesses ohne Jury kennengelernt; ferner haben wir, was einzelne Rechtsinstitute angeht, auf die höchst bedeutsame Befugnis des Richters hingewiesen, sich bei der Festsetzung der Strafe zwischen einem Minimum und einem Maximum zu bewegen[62], ferner auf die ebenfalls wichtige, von Romagnosi beeinflußte Einführung der dritten Zweifelsformel. Wir ergänzen noch, ohne Anspruch auf Vollständigkeit, die an rechtsstaatlichen Sicherungen reiche Regelung der mündlichen Verhandlung, eine gewisse Aufgeschlossenheit für die Problematik der persönlichen Freiheit[63] und die (freilich schon im luccesischen Gesetzbuch durchgeführte) endgültige Verabschiedung des Geständnisses als *regina probationum*.

---

61 Wie zitieren dazu Art. 453, wonach „solange, wie der Kommissar des Fürsten nicht erklärt, daß er neue Beweise nicht vorlegen wolle oder könne, weder dem Häftling noch seinem Verteidiger Kenntnis von der Verfahrensakte gegeben wird". Nicht zufällig enthält auch das Strafgesetzbuch von Piombino in Art. 452 eine Regelung, die nach der bescheidenen Auffassung des Verfassers entgegen dem ersten Anschein einen deutlichen Hinweis für das Fortdauern von typisch inquisitorischen Auffassungen in der Regelung der Ermittlungsphase enthalten; nach der Bestimmung dieses Artikels nämlich legt das Gesetz es „in die Ehre und das Gewissen des Gerichtspräsidenten und des Kommissars des Fürsten, alle Mittel, die sich ihnen nach den Umständen der Tat anbietenden Mittel zu nutzen, die zur Findung der Wahrheit über die Tat sowohl zu Lasten des Beschuldigten als auch zu seiner Entschuldigung führen können".

62 Im Strafgesetzbuch von Piombino findet sich die betreffende Regelung in Art. 25 (s. dazu aber auch Art. 97 des italienischen Entwurfs eines Strafgesetzbuches von 1806).

63 Wir beziehen uns auf das, was in den Art. 423–426 und 456 über die vorläufige Freilassung des Beschuldigten geregelt ist. Aus ihnen ist der präzise Nachhall des Romagnosischen Vorbildes (genau: der Art. 269–292 des Strafverfahrensgesetzbuches für das Königreich Italien) zu vernehmen. Sehr bedeutsam ist insoweit auch Art. 442, wonach „keine wegen irgendeiner Straftat festgenommene Person in Haft behalten werden darf, ohne daß gegen sie ein Haftbefehl von einer zuständigen Stelle erlassen worden ist".

Es bleibt die Tatsache, daß die Gesamtheit der in Kürze geschilderten Regelungen ein prozessuales Gesamtbild entstehen läßt, das der bonapartistischen Staatszentrierung vollständig angemessen ist. So betrachtet bildet das Strafgesetzbuch von Piombino für uns ein vollkommenes Beispiel für die Auswirkungen der Welle napoleonischer Rückwirkungen auf die konkrete Tätigkeit jener Juristen, die in Italien im ersten Jahrzehnt des 19. Jahrhunderts damit befaßt waren, neuen Gesetzesstrukturen auf kodifikatorischer Grundlage Gestalt zu geben. Unter dem wachsamen Schutz des kaiserlichen Adlers tätig, konnte ein gewiß nicht unbegabter Gesetzgeber wie Frediano Vidau nicht nur beneidenswerte Vorbilder hoher Gesetzgebungskunst wie den *Codice Romagnosi* auswerten, sondern auch Elemente ganz unterschiedlichen Ursprungs (Rechtsinstitute des gemeinen Rechts, Rechtsprechungstradition, einige aufklärerische Grundsätze, utilitaristische Vorstellungen, Anforderungen des neuen napoleonischen Zentralismus, eine besondere Situation wie diejenige des kleinen und kargen piombinesischen Territoriums) miteinander verbinden, um ein Gesetz zu schaffen, das zweifellos in technischer, stilistischer und terminologischer Hinsicht beachtenswert ist und eine entscheidende Epoche des Übergangs und der Neuschöpfung in der Geschichte des modernen und zeitgenössischen Straf- und Strafprozeßrechts repräsentiert.

Das Strafverfahren in den neapolitanischen Gesetzen von 1808
Erste Anmerkungen

1. Vorbemerkung

Das dem Friedensrichter übertragene Polizeiverfahren, das zuchtgerichtliche Verfahren, das zwar ebenfalls vom Friedensrichter betrieben, jedoch vom erstinstanzlichen Gericht entschieden wird, und schließlich das Verfahren wegen schwerer Kriminalität, für das die Zuständigkeit des Kriminalgerichts eröffnet ist, bilden die drei grundlegenden Verfahrensformen, die 1808 vom neapolitanischen Gesetzgeber im Bereich des Strafrechts eingeführt werden sind[1]. Die ersten beiden, die zur Verfolgung von Fällen geringerer Bedeutung dienen, sind einer Regelung unterworfen, die durch einen auffällig summarischen Charakter gekennzeichnet und vorwiegend an Maßstäben der Mündlichkeit und Beschleunigung ausgerichtet ist[2]. Sehr viel genau-

---

1   Die im folgenden betrachtete Gesetzgebung besteht aus drei Gesetzen und drei Dekreten, die offizielle Daten zwischen dem 20. und dem 23. Mai 1808 tragen; sie liegen daher unmittelbar vor der Abreise des Herrschers Joseph Bonaparte nach Bayonne, wohin der frühere Student der Pisaner Rechtsfakultät sich begibt, um die Krone Spaniens anzunehmen. Wegen ihrer Bedeutung für die Ziele der gegenwärtigen Untersuchung halten wir es für angebracht, die äußeren Merkmale dieser Vorschriften kurz mitzuteilen, wobei wir in der Reihenfolge ihrer Verkündung im Gesetzblatt des Königreichs Neapel (Bullettino delle Leggi del Regno di Napoli) Jahrgang 1808, von Januar bis Ende Juni, Hefte 26–41 (Neapel [Stamperia Simoniana] 1808), vorgehen: a) Gesetz vom 20. Mai 1808, Nr. 140, „welches die Gerichtsorganisation enthält", üblicherweise als „Organisches Gesetz" bezeichnet (vgl. *Niccola Nicolini*, Della procedura penale nel Regno delle Due-Sicilie. Esposta da Niccola Nicolini con le formole corrispondenti. Neapel (dalla Stamperia di M. Criscuolo) 1828–1831, 9 Bde., insb. Bd. 1, S. 7); b) Dekret vom 20. Mai 1808, Nr. 141, „welches die Bestimmungen über Friedensrichter und Gerichte enthält", und schon sehr bald „gleichsam per Antonomasie Reglement, noch verbreiteter Untersuchungs-Reglement genannt wurde" (*Nicolini*, Della procedura penale, a.a.O., I, S. 7–8); c) Dekret vom 21. Mai 1808, Nr. 142, „mit dem angeordnet wird, daß das vorhergehende Gesetz über die Gerichtsorganisation und das ergänzende Regelement für Friedensrichter und Gerichte vom 20. Mai, sowie das weitere Gesetz über die Verbrechen und die Strafen vom selben Tage zum 1. November des laufenden Jahres in Kraft gesetzt werden und daß gleichzeitig der Code Napoleon als Gesetz des Königreichs anzuwenden ist"; d) Gesetz vom 20. Mai 1808, Nr. 143, „über die Verbrechen und die Strafen" oft, auch in offizielle Dokumenten, ausdrücklich als „Strafgesetzbuch" *(Codice Penale)* bezeichnet; e) Gesetz vom 22. Mai 1808, Nr. 153, „über die Polizeigerichtsbarkeit und über die Zuchtgerichtsbarkeit"; f) Dekret vom 23. Mai 1808, Nr.°154, „mit dem angeordnet wird, daß das vorhergehende Gesetz über die städtische und ländliche Polizei sowie über die Zuchtgerichtsbarkeit zum 1. November des laufenden Jahres in Kraft gesetzt wird".

2   Vgl. Gesetz vom 22. Mai 1808, Nr. 153, „über die Polizeigerichtsbarkeit und über die Zuchtgerichtsbakeit", Titel VIII: Polizeiliches Verfahren und zuchtgerichtliches Verfahren (Art. 120–138). Nach zwei Artikeln mit allgemeinen Bestimmungen (§ 1, Art. 120–121) folgen zwei Paragraphen, in denen die Vorschriften über die Verfahrensarten, für die jeweils die Zuständigkeit der Friedensrichter (§ II, Art. 122–129) und der Zuchtgerichte festgesetzt ist (§ III,

er und detaillierter ist hingegen die Regelung des Kriminalverfahrens, die den Gegenstand der folgenden Ausführungen bilden soll[3].

Im hier betrachteten System erstreckt sich die Zuständigkeit der Kriminalgerichte[4], bei denen die Ämter der königlichen Prokuratoren angesiedelt sind[5], auf alle Straf-

---

Art. 130–138). Der nachfolgende Titel IX (Art. 139–143), der letzte des genannten Gesetzes, enthält einige dürre Bestimmungen zur Strafvollstreckung.

3   Die Regelung des Strafverfahrens findet sich in erster Linie im erwähnten Dekret vom 20. Mai 1808, Nr.°141, „welches die Bestimmungen über Friedensrichter und Gerichte enthält", und nach dem oben erwähnten allgemeinen Brauch, „Untersuchungs-Reglement" oder einfach „Reglement" genannt wird. Die ersten sechs Titel dieses systematisch gegliederten Gesetzes (Art. 1–42) enthalten eine Reihe von Vorschriften allgemeinen Charakters über die Verfahren bei den Friedensrichtern und Gerichten des Königreichs mit besonderer Rücksicht auf die Regelung der Zuständigkeiten, die Zusammensetzung der Gerichte, die Richterablehnung, die Abfassung der Urteile, die Vollstreckung der Urteilssprüche, die Stellung der Präsidenten und der königlichen Prokuratoren, die Aufgaben des Hilfspersonals sowie die Regelung der zur Zeit des Inkrafttretens der neuen Gesetzgebung anhängigen Fälle. Der siebte Titel bietet in etwa 40 Artikeln eine recht kurz gefaßte Regelung des Verfahrens in Zivil- und Handelssachen. Der achte und letzte Titel des Untersuchungs-Reglement, der dem Kriminalverfahren gewidmet ist (Art. 84–256), bildet im wesentlichen ein kurzes Gesetzbuch über das Verfahren in Fällen schwerer Kriminalität; er besteht aus 152 Artikeln, die auf 20 Kapitel verteilt sind. Was die Systematik angeht, so gliedert dieser Titel im Anschluß an ein Kapitel mit allgemeinen Bestimmungen (Kap. I, Art. 84–91) die Materie in fünf große Gruppen von unterschiedlichem Umfang, die jeweils der Vorermittlung (Kap. II, Art. 92–98), der regulären Ermittlung, der Beweisaufnahme und dem „Anklagekonstitut" (Kap. III–X, Art. 99–174), dem gerichtlichen Verfahren und der Untersuchungshaft (Kap. XI–XIII, Art. 175–208), dem Abwesenheitsverfahren (Kap. XIV–XVI, Art. 209–221) und den Verfahrensakten (Kap. XVII–XIX, Art. 222–232) gewidmet sind; und es schließt mit einem Kapitel über die Regelung des Kassationsrekurses (Kap. XX, Art. 233–235). Zahlreiche weitere Vorschriften über das Kriminalverfahren enthält ferner das Gesetz vom 20. Mai 1808, Nr.°140, „welches die Gerichtsorganisation enthält" (auch als „Organisches Gesetz" bezeichnet), sowie das Gesetz vom 20. Mai 1808, Nr. 143, „über die Verbrechen und die Strafen" (d.h., das neue Strafgesetzbuch). Das Organische Gesetz legt die Grundlagen der gesamten Justizverwaltung im Königreich durch Regelung von Funktionen, Pflichten und Zusammensetzung jedes Rechtsprechungsorgans, trägt entscheidend zur Festlegung der verschiedenen Verfahrenstypen bei, richtet insb. ausschließliche Strafgerichte ein, die (nach französischem Vorbild) in die drei Typen der Gerichte für schwere Strafsachen, der Zuchtgerichte und der Polizeigerichte dreigeteilt sind, und schafft alle früheren ordentlichen Gerichte, privilegierten Gerichte und Ausnahmegerichte ab (Art. 90–91). Das Strafgesetzbuch wiederum liefert der Verfahrensmaterie nicht nur mittels Festlegung der verschiedenen Sanktionen das Grundkriterium zur Festlegung der Zuständigkeiten der verschiedenen Gerichte, sondern enthält auch im ersten Abschnitt seines ersten Titels (Art. 1–45) eine Reihe von Grundsätzen allgemeinen Charakters zur öffentlichen und privaten Anklage und zur örtlichen Zuständigkeit.

4   Auf Provinzebene eingerichtet, besteht das Kriminalgericht aus einem Präsidenten und fünf Richtern, die jedes Jahr zu einem Drittel in eine andere Provinz wechseln (Organisches Gesetz Nr. 140, Art. 48–50).

5   Zu bemerken ist, daß das Amt des Staatsanwalts in der Regel von einem königlichen Prokurator oder seinem Stellvertreter ausgeübt wird; die entsprechende Behörde ist bei jedem Rechtsprechungsorgan außer beim Friedensrichter eingerichtet; beim letzteren wird das Amt von einem Polizeikommissar oder einem anderen zu diesem Zweck abgeordneten Beamten versehen

taten, auf welche die von Art. 47 des Strafgesetzbuches vorgesehenen Strafen angedroht sind. Es handelt sich um die Todesstrafe, die Galerenstrafe, die Deportation und die Freiheitsstrafe, die stets Hauptstrafen sind, ferner um die Verbannung aus dem Königreich und die Untersagung der Ausübung öffentlicher Ämter, die Hauptstrafen oder auch Nebenstrafen sein können, und schließlich noch um die besonders exemplarischen Strafen[6], welche stets Nebenstrafen sind. Das zugehörige Verfahren läuft in drei Etappen ab: die Vorermittlung, das ordentliche Ermittlungsverfahren, welches das gerichtliche Verfahren vorbereitet, sowie das gerichtliche Verfahren selbst. Das letztere erfährt eine unterschiedliche Regelung je nachdem, ob der Angeklagte anwesend ist oder ob er abwesend und flüchtig ist[7].

Die Vorermittlung wird von dem Friedensrichter geführt, der in Abhängigkeit vom Kriminalgericht vorgeht. Er nimmt Privatklagen, Anzeigen und Hinweise auf Straftaten entgegen, nimmt den „Beweis des *corpus delicti*" auf und sorgt für dessen Sicherstellung, er führt die ersten Untersuchungen über jede strafbare Handlung und über etwaige Täter und Gehilfen durch und sorgt nötigenfalls für deren Verhaftung[8].

Die ordentliche Untersuchung wird normalerweise von einem zuständigen „kommissarischen" Richter oder „Instruktionsrichter" durchgeführt, der sich der Mitarbeit des Friedensrichters bedienen kann[9]. Die Eröffnung des Prozesses setzt die Einreichung der förmlichen Anklageschrift seitens der „Vertreter der öffentlichen Genugtuung" *(ministri della vendetta pubblica)*, gewöhnlich der königlichen Prokuratoren, oder die Erhebung der Klage durch den Verletzten voraus; die Anklageschrift ist bei öffentlichen Verbrechen obligatorisch, während die Klage bei Privatverbrechen notwendig ist[10]. Das reguläre Ermittlungsverfahren, das durch eine entsprechende

---

(Organisches Gesetz Nr. 140, Art. 16 und 73–84; Untersuchungs-Reglement Nr. 141, Art. 31–32).

6   Diese sind aufgeführt in Art. 60 des Gesetzes über die Verbrechen und die Strafen Nr. 143 (Strafgesetzbuch): Der Galgen, die Schandkleidung, die der zum Tode Verurteilte im Augenblick der Hinrichtung tragen muß, der Pranger, der Ausschluß von öffentlichen Ämtern als Nebenstrafe sowie die Verbannung aus dem Königreich, „wenn sie als Genugtuungsstrafe" für Verletzungen „hinzutritt".

7   Untersuchungs-Reglement Nr. 141, Art. 84–91.

8   Organisches Gesetz Nr. 140, Art. 17; Untersuchungs-Reglement Nr. 141, Art. 92–98.

9   Untersuchungs-Reglement Nr. 141, Art. 87.

10 Organisches Gesetz Nr. 140, Art. 78; Untersuchungs-Reglement Nr. 141, Art. 99–107. In diesem Fall muß die prozessuale Regelung zwangsläufig ergänzt werden durch die Vorschriften des Strafgesetzbuches, Art. 27–34: danach sind öffentliche Verbrechen „diejenigen, die von Amts wegen durch königliche Prokuratoren, von ihren Stellvertretern und vom Beamten, dem das Amt der öffentlichen Vergeltung übertragen ist"; Privatverbrechen sind hingegen „diejenigen, bei denen das Anklagerecht bei den verletzten Personen sowie bei diejenigen liegt, die das Gesetz als an der Bestrafung Interessierte ansieht" (Art. 27); im übrigen sind alle Verbrechen, die nicht ausdrücklich zu Privatverbrechen erklärt sind, [...] als öffentliche Verbrechen anzusehen" (Art. 34).

Verfügung des „kommissarischen" Richters eröffnet wird[11], umfaßt die Vorermittlungen durch den Friedensrichter und die Durchführung aller Maßnahmen zur Ergreifung des „Täters" *(reo)* und zur Erlangung des „Tatbeweises" *(pruova della reità)*[12]. Grundlegende Bedeutung wird in diesem Verfahrensabschnitt den Aussagen des anwesenden Beschuldigten beigemessen, der unmittelbar im Zeitpunkt seiner Verhaftung vernommen wird[13] und später einem weiteren förmlichen Verhör unterzogen wird, das gemäß der terminologischen Tradition des gemeinen Prozesses „Anklagekonstitut" genannt wird[14].

Der gerichtliche Verfahrensabschnitt beginnt nach dem „Konsitut" und wird von einer Reihe von Prozeßhandlungen eingeleitet, die jenen beachtlich nahekommen, welche nach den Verfahrensregeln des Ancien Régime für den Übergang vom „informatorischen Prozeß" *(processo informativo)* zum „Verteidigungsprozeß" *(processo defensivo)*[15] vorgesehen sind. Diese Prozeßhandlungen gehen der eigentlichen Verhandlung voraus[16], auf die wiederum unmittelbar die Beratung des Richterkollegiums und die Urteilsverlesung folgt[17].

Ist der Beschuldigte abwesend, so geht dem gerichtlichen Verfahren eine Vorladung zum Erscheinen[18] und sodann die Feststellung der Abwesenheit des Beschuldigten voraus[19]; bei Kapitalverbrechen folgt eine zweite Vorladung – *al forbando* genannt – und ein Urteil, das ebenfalls, einer besonderen terminologischen Tradition Neapels huldigend, *di forbando* genannt wird[20].

Das blasse Bild von diesem neuen Kriminalverfahrens, das die bisherige Darstellung vermittelt, spricht auf den ersten Blick dafür, daß auch der neapolitanische Gesetzgeber jene Zweiteilung der Prozeßstruktur in eine Ermittlungsphase und eine Verhandlungsphase, die über das gesamte 19. und 20. Jahrhundert hinweg das prozessuale Bild des ganzen Kontinents prägen sollte, übernommen hat. Bekanntlich handelt es sich hier um eine von der Revolutionsgesetzgebung eingeführte strukturelle Entscheidung[21], die darin besteht, mittels der Formen des sog. gemischten Prozesses

---

11 Untersuchungs-Reglement Nr. 141, Art. 128.
12 Untersuchungs-Reglement Nr. 141, Art. 108–158 und 164–168.
13 Untersuchungs-Reglement Nr. 141, Art. 159–163.
14 Untersuchungs-Reglement Nr. 141, Art. 169–174.
15 Untersuchungs-Reglement Nr. 141, Art. 175–181.
16 Untersuchungs-Reglement Nr. 141, Art. 182–195.
17 Untersuchungs-Reglement Nr. 141, Art. 9–18 und 202–208.
18 Untersuchungs-Reglement Nr. 141, Art. 209–213.
19 Untersuchungs-Reglement Nr. 141, Art. 214–216.
20 Untersuchungs-Reglement Nr. 141, Art. 217–221.
21 Und insb. vom *Code des Délits et des Peines* vom 3. Brumaire des Jahres IV, auch bekannt als *Code Merlin* – nach dem Namen des Verfassers des Entwurfs, des berühmten Philippe Antoine

ein erstes, vorwiegend inquisitorisches Element, das der Sammlung von Beweismaterial dient, mit einem zweiten Element, das der Verhandlung dient und sich den akkusatorischen Grundsätzen der Mündlichkeit, der Öffentlichkeit und des kontradiktorischen Verfahrens öffnet, zu vereinigen.

Um aber ein besser fundiertes Urteil über das Verfahrensmodell von 1808 abgeben zu können, wollen wir unsere Untersuchung an diesem Punkt ergänzen – zwar nicht um eine eingehende Prüfung, aber doch um eine weniger oberflächliche Betrachtung einiger charakteristischster Entscheidungen des neapolitanischen Gesetzgebers. Hierzu erscheint es angemessen, einige Schlüsselprobleme zu behandeln, die in der Regelung der Modalitäten von Beginn und Durchführung des Verfahrens, der Beweisaufnahme, der Stellung des Beschuldigten, der Spielräume des richterlichen Ermessens und des Verteidigerhandelns, der Eigenschaften und der tatsächlichen Bedeutung der Verhandlungsphase, der Modalitäten der Urteilsberatung, des Abwesenheitsverfahrens, der Nichtigkeitsgründe und des Rechtsmittelsystems anzutreffen sind.

2. Das Ermittlungsverfahren

Was die Eröffnung des Verfahrens angeht, so ist vorab festzustellen, daß in Fällen schwerer Kriminalität der Beginn der regulären Ermittlungsverfahrens weitgehend von der Initiative *ex officio* des Vertreters der Staatsanwaltschaft abhängt, dem gem. Art. 99 der „Intersuchunhgds-Redgelement" *(Regolamento Istruttorio)* Nr. 141 die Verpflichtung obliegt, in jedem Fall eines öffentlichen Verbrechens die Anklageschrift zu erstellen[22]. Zwar sieht derselbe Artikel vor, daß auch einzelne Bürger den Verfahrensmechanismus in Gang setzen können, und zwar durch Klageerhebung des verletzten Teils oder – allerdings nur bei öffentlichen Verbrechen – durch Anklage, die – eine formelle Huldigung an den alten römischrechtlichen Grundsatz, der dem *quivis ex populo* zur Verfahrenseinleitung ermächtigte – von jedermann, auch von Verfahrensfremden, erhoben werden kann. Tatsächlich ist die Klage des Verletzten zur Eröffnung des förmlichen Verfahrens nur bei Privatverbrechen erforderlich, die indes im Bereich der schweren Kriminalität bei genauem Hinsehen die Ausnahme von der Regel der öffentlichen Verbrechen bilden, wie sich aus dem *Gesetz über Verbrechen und Strafen* ergibt[23]. Was aber die Anklageschrift des *quivis ex populo*

Merlin de Douai. Zusammenfassende Auskünfte sowie weitere Literaturhinweise b. *Ettore Dezza*, Il Codice di Procedura Penale del Regno Italico (1807). Storia di un decennio di elaborazione legislativa. Padua 1984, S. 32–34, sowie *Pierre Lascoumes / Pierrette Poncela / Pierre Lenoël*, Au nome de l'ordre. Une histoire politique du code pénal. Paris 1989, S. 163–166.

22 Eine entsprechende Vorschrift enthält Art 78 des Organischen Gesetzes Nr. 140.
23 Gesetz über die Verbrechen und die Strafen Nr. 143 (Strafgesetzbuch), Art. 27–34: Öffentliche Verbrechen sind „diejenigen, die von königlichen Prokuratoren, von ihren Stellvertretern sowie

angeht, so ist diese zwar bei öffentlichen Verbrechen zugelassen, aber von einer ganzen Reihe von Kautelen und formellen Beschränkungen – angefangen beim Calumnien-Eid – so sehr umringt, daß daraus ein weitgehender Ausschluß ihrer tatsächlichen Einwirkung auf die Justizpraxis folgt[24].

Die Durchführung des Ermittlungsverfahrens ist sodann einem der Richter des Kriminalgerichts anvertraut, der zu diesem Zweck vom Präsidenten des Gerichtshofs „im Einvernehmen mit dem königlichen Prokurator" ernannt wird[25]. Dieser Richter wird im Gesetz mit einer überraschenden terminologischen Vielfalt als „beauftragter Richter" *(giudice commissario)*[26], „Richter für die ordentliche Ermittlung" *(giudice dell'instruzione regolare)*[27], „Ermittlungsrichter" *(giudice istruttore)*[28], „abgeordneter Richter" *(giudice delegato)*[29] oder der „zur Ermittlung abgeordnete Richter" *(giudice delegato per l'istruzione)*[30] bezeichnet wird. Als regelrechter *dominus* dieses Verfahrensabschnitts ist er mit weitreichenden Ermessensbefugnissen ausgestattet, ist aber auch berechtigt, sich in Zweifelsfällen und schwierigen Fällen an das Gesamtkollegium zu wenden, um „eine Bestimmung für sein Vorgehen" zu erhalten[31], auch kann er, wie schon bemerkt, für einige Verfahrenshandlungen und unter einigen im Gesetz genannten Voraussetzungen durch den örtlich zuständigen Friedensrichter ersetzt werden[32].

---

von dem Beamten, dem das Amt des Vertreters der öffentlichen Vergeltung übertragen worden ist, von Amts wegen verfolgt werden. Hingegen sind Privatverbrechen „diejenigen, bei denen das Recht der Anklage bei den verletzten Personen oder bei denen liegt, die das Gesetz als an der Bestrafung Interessierte ansieht" (Art. 27); alle Verbrechen, die „nicht besonders zu Privatverbrechen erklärt sind, [...] sind als öffentliche Verbrechen anzusehen" (Art. 34).

24 Untersuchungs-Reglement Nr. 141, Art. 100–104. Zu erwähnen ist insb. Art. 103: „Die Anklage muß mit dem Eid vor dem Richter beurkundet sein. Die Beurkundung muß von einer Verpflichtung in einer besonderen Akte begleitet sind, womit der Ankläger oder der Privatkläger sich der Strafe der Verleumdung sowie einer Schadensersatzpflicht unterwirft". Der nachfolgende Art. 104 nimmt von der den privaten Anklägern auferlegten Pflicht „alle Vertreter der öffentlichen Vergeltung jeglicher Art" aus. Deutlich ermutigt wird hingegen von der Rechtsordnung die schlichte Privatanzeige; Art. 105 desselben Untersuchungs-Reglements bestimmt nämlich: „Jedermann kann dem Richter jedes Verbrechen anzeigen, dessen Täter ihm unbekannt ist. In diesem Falle ist er keiner der in den vorhergehenden Artikeln festgesetzten Bedingungen unterworfen, so lange er nicht eine bestimmte Person der Tat beschuldigt".

25 Untersuchungs-Reglement Nr. 141, Art. 128.
26 Vgl. Untersuchungs-Reglement Nr. 141, Art. 87 und 128.
27 Vgl. Untersuchungs-Reglement Nr. 141, Art. 136.
28 Vgl. Untersuchungs-Reglement Nr. 141, Art. 150.
29 Vgl. Untersuchungs-Reglement Nr. 141, Art. 129.
30 Vgl. Untersuchungs-Reglement Nr. 141, Art. 130.
31 Vgl. Untersuchungs-Reglement Nr. 141, Art. 129.
32 Vgl. Untersuchungs-Reglement Nr. 141, Art. 87 und 128. Nach *Niccola Nicolini* (Della procedura penale, a.a.O., Bd. I, S. 12), gehört zu den typischen und charakteristischen Eigen-

in den neapolitanischen Gesetzen von 1808

Alles in allem erweist sich demnach die private Initiative bei Beginn und Durchführung des strafprozessualen Ermittlungsverfahrens der betrachteten Gesetze als recht marginal bei der Anwendung der dort noch geltenden inquisitorischen Grundsätze und vielleicht noch deutlicher bei der Beweisfrage.

Die Regelung der Beweisaufnahme in diesen Gesetzen läßt nämlich in einer ganzen Reihe von Problembereichen noch sehr deutlich den Einfluß der traditionellen Muster des späten gemeinen Rechts spüren. Sie räumt – auch aus der Sicht der Verfahrensstruktur – den typischen Erscheinungsformen des gesetzlichen Beweissystems breiten Raum ein und schreibt der Aussage des Beschuldigten und insbesondere seinem Geständnis geradezu die Rolle des Rückgrats des ganzen Verfahrensgerüsts zu und legt damit eine inquisitorische Sicht zugrunde, welche die Ermittlungstätigkeit als auf die Erlangung einer „Wahrheit" ausgerichtet auffaßt – eine Wahrheit, die weitgehend mit der Erlangung des Schuldgeständnis gleichgesetzt wird[33].

Strukturell ist die Unterscheidung zwischen Vorermittlung und regulärem Ermittlungsverfahren nichts anderes als das Wiederaufgreifen der klassischen Einteilung des Ancien Régime zwischen Generalinquisition und Spezialinquisition im falschen Gewande. War doch die erstere darauf gerichtet, die tatsächliche Existenz der Tat und ihrer Umstände festzustellen, die zweite sollte die Verantwortlichkeit des Beschuldigten feststellen, und beide zusammen führten dann zur Bildung des sog. „informatorischen Prozesses" *(processo informativo)*. Es handelt sich um eine Unterteilung, die nicht offen vorgenommen wird, vom Gesetzgeber von 1808 aber als ausgemacht angesehen wird, der denn auch im Text des Untersuchungs-Reglement nicht zögert, die der neapolitanischen Rechtstradition so teuren Begriffe zu verwenden – nämlich: „im allgemeinen" *(in genere;* Generalinquisition)[34] und „im besonderen" *(specie;* Spezialinquisition)[35] –, um zwei prozessuale Elemente zu bezeichnen,

---

schaften des Verfahrensmodells von 1808 der „Grundsatz der Konzentration aller Ermittlungshandlungen bei den betreffenden Richtern, von denen die Befugnis die Zuständigkeit nur aufgrund besonderer und persönlicher Delegation anderen Beamten der Gerichtspolizei übertragen werden darf".

33 Der Drang zur Erforschung einer absoluten Wahrheit ist zweifellos mehrfach in zahlreichen Artikeln des Untersuchungs-Reglements Nr. 141 anzutreffen, insb. in den Art. 132, 136, 150 und 169, die sich gerade auf die Ermittlungsphase beziehen. Über den „Mythos" der Erforschung einer materiellen und objektiven Wahrheit im Strafprozeß des Ancien Régime (und nicht nur in diesem) vgl. *Angelo Giarda,* „Persistendo 'l reo nella negativa". Mailand 1980, S. 5.

34 Die Bezeichnung wird an zahlreichen Stellen in den Art. 109, 116 und 122–126 des Untersuchungs-Reglements Nr. 141 verwendet und findet sich auch in Art. 17 des Organischen Gesetzes Nr. 140.

35 In Art. 124 des Untersuchungs-Reglements Nr. 141 wird das „im allgemeinen", bezogen auf das Bestehen der Tat, ausdrücklich dem „Beweis der Einzelheit bzw. der Täterschaft" entgegengesetzt.

deren Trennung dadurch hervorgehoben wird, daß die Führung des ersten dem Friedensrichter vorbehalten ist[36], während der zweite Aufgabe des „beauftragten" Richters ist[37]. Und es ist gewiß nicht ohne Bedeutung, daß der Begriff „beauftragter Richter" genau demjenigen entspricht, der auch im Verfahren des Ancien Régime verwendet wird, um den mit der Inquisition beauftragten Richter zu bezeichnen[38].

Im Bereich dieser beiden Teile werden typische Maßstäbe des gesetzlichen Beweises in mehr als einem Falle herangezogen. Wir begnügen uns an dieser Stelle damit, zwei besonders deutliche Beispiele von einiger Beweiskraft anzuführen, von denen das erste die Erbringung des Beweises des *corpus delicti* betrifft, der durch die „übereinstimmenden Aussagen zweier Zeugen" erzielt wird[39], das zweite auf die Bestimmung des notorischen Verbrechens, worunter dasjenige verstanden wird, das „am hellichten Tag an einem öffentlichen Ort und in Anwesenheit von sieben Personen, die es übereinstimmend bekunden, begangen wird"[40]. Zum gesetzlichen Beweissystem gehören auch die durchgängige Anwendung des Grundsatzes der Schriftlichkeit (alles wird protokolliert, und jedes Protokoll findet Eingang in die Prozeßakten) und die umfangreichen Initiativ- und Beurteilungsbefugnisse der Ermittlungsbeamten – also des Friedensrichters und des „beauftragten" Richters; insbesondere der letztere hat nicht nur „unbeschränkte Befugnis, Zwang gegen Zeugen auszuüben, die sich weigern, vor ihm zu erscheinen", sondern auch die – seiner „Klugheit" und „Erfahrenheit" anheimgegebene – Befugnis, „diejenigen mit Haftstrafe zu belegen, die sich weigern, die Wahrheit zu sagen, obwohl nachgewiesen ist, daß sie diese kennen"[41].

Im Beweisrecht ist im übrigen der Regelungsbereich, der eines der charakteristischsten Verdienste des ganzen hier interessierenden Verfahrensmodells aufweist, derjenige, der sich um das „Anklagekonstitut" *(costituto del reo)* dreht, das bis dahin als das wichtigste Beweisinstrument zu Lasten des Beschuldigten verstanden wurde und

---

36 Untersuchungs-Reglement Nr. 141, Art. 108–127. Art. 108 schreibt insb. vor, daß „der zur Aufnahme des Beweises des *corpus delicti* zuständige Richter der Richter des Ortes ist, in dem sich die Spuren des Verbrechens selbst vorfinden. Diese Gerichtsbarkeit steht daher den Friedensrichtern zu. [...] Diese üben bei Verbrechen, die in die Zuständigkeit des Kriminalgerichts fallen, diese Zuständigkeit im Namen des Gerichts selbst und in Abhängigkeit von ihm aus".
37 Organisches Gesetz Nr. 140, Art. 17; Untersuchungs-Reglement Nr. 141, Art. 87 und 128.
38 Vgl. als Beispiel *Giovanni Maria Galanti*, Testamento Forense. 2 Bde. Venedig (presso Antonio Graziosi) 1806, Bd. I, S. 93.
39 Untersuchungs-Reglement Nr. 141, Art. 109.
40 Untersuchungs-Reglement Nr. 141, Art. 152.
41 Untersuchungs-Reglement Nr. 141, Art. 136.

darauf zielte, das Geständnis, die *regina probationum* des traditionellen Prozesses des Ancien Régime, zu erlangen[42].

Ein erstes Verhör des Beschuldigten muß unmittelbar bei seiner Verhaftung oder seiner freiwilligen Gestellung zu Beginn oder im Verlauf des Ermittlungsverfahrens durchgeführt werden. Normalerweise muß dieses Verhör sich auf zwei Fragen beschränken, nämlich die nach den Haftgründen (bzw. nach den Gründen der freiwilligen Gestellung) und danach, was der Beschuldigte von der Straftat wisse; eine abschließende Bedeutung kann sie nur erlangen, wenn sie sich auf alle Einzelheiten der Tat erstreckt, weil der Beschuldigte nach den ersten beiden Fragen „zum Geständnis des Verbrechens übergeht"[43].

Sehr viel wichtiger als diese erste Prozeßhandlung, auf die in zahlreichen vom Gesetz genannten Fällen auch verzichtet werden kann[44], ist jedoch das förmliche „Anklagekonstitut", von dem wirklich gesagt werden kann, daß sich darum das ganze Ermittlungsverfahren dreht, das in ihn mündet und mit ihm abschließt. Nicht ohne Züge besonderer Feierlichkeit spielt sich dieses „Konstitut" vor dem Plenum des Richterkollegiums oder – bei Delegation durch dieses – vor dem königlichen Prokurator oder dem beauftragten Richter ab. Nach einer vorgängigen Aufforderung „wahrheitsgemäß zu antworten", führen diese ein gründliches Verhör durch, mit dem das Geständnis des Beschuldigten erlangt werden soll. Beharrt der Beschuldigte auf seinem Leugnen *„auch nach wiederholten Ermahnungen des Richters, die Wahrheit zu sagen"* (Hervorhebung von mir – E.D.), wird er, nachdem das Protokoll abgeschlossen ist („und über das Nichtwissen vom Täter kein Eid verlangt wird"[45]), „in die Gefängnisse zurückgeschickt". Räumt hingegen der „Täter" seine Verantwortlichkeit ein, so formuliert der Richter alle Fragen, die er für das volle Verständnis der Tat für erforderlich hält, und der Schreiber verfaßt das entsprechende Protokoll „nach der Reihenfolge des Dialogs". Sodann wird das Geständnis dem Beschuldigten vorgelesen, der es unterschreibt oder durch Kreuz anerkennt und darauf einen Eid sowohl über seine Verantwortlichkeit als auch über seine etwaigen Aussagen zu Mittätern oder zu „belastenden Umständen für andere"[46] ablegen muß. Gegen diese Verpflichtung legt sich wenige Jahre später (genau gesagt im Jahre 1828) Nicola

---

42 Wir verweisen insoweit auf den gründlichen Beitrag von *Paolo Marchetti*, Testis contra se. L'imputato come fonte di prova nel processo penale dell'età moderna. Mailand 1994. Vgl. im übrigen *Ettore Dezza*, Tommaso Nani e la dottrina dell'indizio nell'età dei lumi. Mailand 1992, S. 80–86.

43 Untersuchungs-Reglement Nr. 141, Art. 159–162.

44 Wenn die reguläre Ermittlung bereits abgeschlossen ist, bei notorischen Straftaten und in den Fällen „zweifelhafter Täterschaft": Untersuchungs-Reglement Nr. 141, Art. 163.

45 Untersuchungs-Reglement Nr. 141, Art. 169–170.

46 Untersuchungs-Reglement Nr. 141, Art. 159 und 171.

Nicolini ins Zeug; er tadelt „die Verpflichtung zur Beeidigung der Tatgeständnisse, die den römischen Gesetzen unbekannt war, den französischen Gesetzen unbekannt war und nur in den Zeiten der Barbarei vor unseren Gerichten galt"[47].

Im übrigen befinden wir uns, wie jedermann sofort erkennt, mitten in den prozessualen Konzeptionen inquisitorischer Art[48], die mühsam ausgeglichen werden durch das dem Richter auferlegte Verbot, „Suggestivfragen und indirekte Fragen zu stellen, die darauf zielen, dem Munde des Beschuldigten mit Kunstgriffen das Geständnis zu entlocken". Es handelt sich um ein Verbot, das in Art. 171 des Intersuchungs-Reglement Nr. 141 ausdrücklich ausgesprochen ist[49]; es übernimmt auf diese Weise wenigstens eine der rechtsstaatlichen Schutzforderungen, die vom Strafrechtsdenken im Gefolge Beccarias aufgestellt worden sind. Auffällig und gewiß nicht zufällig ist insoweit die offenkundig nicht nur inhaltliche, sondern auch sprachliche Parallele, die der Wortlaut des erwähnten Artikels mit jenem Passus aus der *Scienza della Legislazione* bietet, worin Gaetano Filangieri seine eigene Ansicht in dieser Angelegenheit mit den Worten darstellt und dabei die *„Kunstgriffe"* erwähnt, „auf die man leider verfällt [...], um *dem* [...] *Mund ein Geständnis zu entlocken*" (Hervorhebung von mir – E.D.)[50].

Was die Forderungen des aufklärerischen Strafrechtsdenkens angeht, zeigt sich schließlich manche Öffnung humanitären und rechtsstaatlich-schützenden Charakters im Bereich des Ermittlungsverfahrens in der Regelung der untersuchten Texte über Stellung des Beschuldigten, der – wenn auch in einem Rahmen, der in weitem Umfang durch Ermessen der Ermittlungsrichter bestimmt ist – seine persönliche Freiheit in mancher Hinsicht, zumindest in Verfahren von geringerer Bedeutung, geschützt sieht. Der Haftbefehl und die darauf folgende Haft sind nämlich begrenzt

---

47 *Nicolini*, Della procedura penale, a.a.O., Bd. I, S. 11–12. Die Mißbilligung des Rechtsinstituts ist übrigens sehr verbreitet in der neapolitanischen Strafrechtslehre und -rechtsprechung des 18. und 19. Jahrhunderts; vgl. nur *Galanti*, Testamento Forense, a.a.O., Bd. I, S. 89 und 109.

48 Die betrachtete Regelung wird abgerundet von den Art. 172–173 des Untersuchungs-Reglements Nr. 141. Die ersten beiden entsprechen vollständig den gerade erwähnten inquisitorischen Auffassungen: Art. 172 regelt nämlich eine Art Sanktion, wonach der Beschuldigte, der die Antwort verweigert oder sich stumm stellt, eben deshalb nicht mehr „in irgend einem anderen Verfahrensabschnitt" gehört werden kann, während Art. 173 bestimmt, daß die bereits gemachte Aussage des Beschuldigten „als unterschrieben" gilt, wenn der Beschuldigte sich „weigert, sie zu unterschreiben". Von einigem Interesse ist ferner Art. 174, der die Anwesenheit eines (vom Beschuldigten ablehnbaren) Dolmetschers vorschreibt, falls der Beschuldigte „nicht die italienische Sprache versteht".

49 „Verboten sind dem Richter alle Suggestivfragen und indirekten Fragen, die darauf zielen, *dem Munde des Beschuldigten mit Kunstgriffen das Geständnis zu entlocken*" (Hervorhebung von mir – E.D.).

50 *Gaetano Filangieri*, La Scienza della Legislazione, Buch III, 1, Kapitel X. Die im Text zitierte Stelle findet sich auf S. 320 von Bd. II der Ausgabe in 6 Bänden. Mailand (Giovanni Silvestri) 1817.

auf „Taten, die eine Körperstrafe verdienen"[51], und auch in diesen Fällen ist die Haft nur für diejenigen obligatorisch, „denen Verbrechen zur Last gelegt werden, auf welche eine Kapitalstrafe steht" (wobei der Begriff der Kapitalstrafe hier auch jede lebenslange Strafe umfaßt)[52]. In den anderen Fällen steht es im Ermessen des Ermittlungsrichters, ob er Alternativmaßnahmen ergreifen will, die von der „Bestellung zum Gerichtssitz" *(mandato per lo palazzo di residenza del giudice)* über die „Unterstellung unter die Aufsicht einer sicheren Person" *(consegna a persona sicura)* bis zum Verbot des Verlassens der Stadt *(mandato della città)* reicht[53]. Die erste dieser Rechtswohltaten muß, wenn die Straftat nicht „eine mit Kapitalstrafe bedrohte" ist, allen Beschuldigten die sich freiwillig stellen, zwingend gewährt werden, „unter dem ausdrücklichen Vorbehalt, daß sie zur Zeit der Streitfeststellung *(litis contestatio)* erneut in Haft genommen werden".

Es bleibt zu erwähnen, daß in der hier betrachteten Regelung über den Verlauf des Ermittlungsverfahrens jede Spur von professioneller Verteidigung fehlt, insbesondere anläßlich des „Anklagekonstituts", dem Höhe- und Endpunkt des gesamten ersten Verfahrensabschnitts. Denn das „Konstitut" macht mit einer Reihe von Prozeßhandlungen, die, wie gesehen, in Form und Inhalt denen entsprechen, die am Ende des „informatorischen Prozesses" des gemeinen Strafprozesses stehen, den Weg zum Verhandlungsabschnitt frei. Der Gesetzgeber nimmt ja keinen Anstand, für diesen heiklen prozessualen Übergang die traditionelle Terminologie von der „Verfahrenseröffnung" *(publicatio processus*[54]*)* und der „Streitfeststellung" *(litis contestatio)*[55] zu verwenden.

3. Verhandlungsphase und Urteil

Das erste Wort gebührt dem königlichen Prokurator. Nachdem dieser den entscheiden Anstoß zum Beginn des Verfahrens gegeben hat und über die Einhaltung der förmlichen Regeln in diesem Verfahrensabschnitt „gewacht"[56] und an der Erstellung des „Anklagekonstituts" mitgewirkt hat[57], hat er nunmehr die Aufgabe, nachdem er die Akten vom Ermittlungsrichter erhalten hat, den „Prozeßtitel" *(titolo del processo)* und die „Eigenschaft des Verbrechens" *(qualità del delitto)* festzulegen und eine

---

51 Untersuchungs-Reglement Nr. 141, Art. 164.
52 Untersuchungs-Reglement Nr. 141, Art. 166.
53 Untersuchungs-Reglement Nr. 141, Art. 165.
54 Untersuchungs-Reglement Nr. 141, Art. 167–168.
55 Vgl. Untersuchungs-Reglement Nr. 141, Art. 177.
56 Von der „Streitfeststellung" *(contestazione della lite)* wird beispielsweise ganz offen in den Art. 99 und 167 des Untersuchungs-Reglements Nr. 141 gesprochen.
57 Organisches Gesetz Nr. 140, Art. 78.

zweite und nunmehr endgültige Anklageschrift *(atto d'accusa)* zu verfassen[58]. Nach dem Gesetz kommt den königlichen Prokuratoren in ihrer Funktion als öffentliche Ankläger die „besondere Aufgabe" zu, „die Gerechtigkeit und die Beachtung der Gesetze zu befördern und sich von jeder Voreingenommenheit", zu der ihre Aufgabe sie verleiten könnte, „fernzuhalten". Zu diesem Zecke „sollen sie sich beim Betreiben des Verfahrens um die Aufdeckung der Wahrheit bemühen und bei Entscheidungen in der Sache dafür sorgen, daß die Schuldigen nicht der Strenge des Gesetzes entzogen und die Unschuldigen nicht mit ungerechten Beschuldigungen behelligt werden"[59]. Hier sehen wir erneut den bereits erwähnten „Mythos" der Erforschung der materiellen und objektiven Wahrheit am Werke[60], der in diesem Falle kombiniert ist mit der gesetzlichen Fixierung jener formellen Äquidistanz des Anklageorgans, die allzu oft in der Geschichte der Gerichtsverfassungen zur Maskierung streng inquisitorischer Strukturen mißbraucht worden ist[61].

Zu erwähnen bleibt, daß in diesem Stadium des Verfahrens auch der Beschuldigte sich endlich eines professionellen und amtlichen Beistandes bedienen kann. Er wählt nämlich einen Verteidiger, mit dem er „sich frei unterhalten" kann[62] und der im Falle der Untätigkeit seiner Partei vom Gericht – kleiner Schimmer eines rechtsstaatlichen Formalismus – *ex officio* ernannt wird[63]. Er nimmt Einblick in die Prozeßakten, die in der Kanzlei niedergelegt sind und bis zu diesem Zeitpunkt in absolutem Ermittlungsgeheimnis verschlossen gewesen sind; und er unterbreitet innerhalb einer recht kurz bemessenen Frist von fünf Tagen alle Anträge, die Nichtigkeitseinreden oder mögliche „Tatsachenuntersuchungen" *(esperimenti di fatto)* betreffen[64]. Es folgen die Prozeßhandlungen des Austausches der Zeugenlisten zwischen Anklage und Verteidigung und der etwaigen Zurückweisung derselben[65]. Nachdem

---

58 Untersuchungs-Reglement Nr. 141, Art. 175; Organisches Gesetz Nr. 140, Art. 78.
59 Untersuchungs-Reglement Nr. 141, Art. 31.
60 Vgl. o. Fußn. 33.
61 Vgl. dazu *Ettore Dezza*, Alla ricerca di una „nuova procedura criminale". Der Veroneser „Piano" von 1797, in: Il Codice Penale veronese (1797), Unveränderter Neudruck mit Schriften von A. Cadoppi, C. Carcereri de Prati, M.A. Cattaneo, M. Da Passano, E. Dezza, T. Padovani, P. Pittaro, F. Vecchiato, S. Vincinguerra, hrsg. von Sergio Vincinguerra, Vorwort von Antonio Padoa Schioppa. Padua 1995, S. CXLIX–CLXX, insb. CLV–CLVI; dt. Übersetzung in diesem Band S. 25 ff.
62 Untersuchungs-Reglement Nr. 141, Art. 166.
63 Untersuchungs-Reglement Nr. 141, Art. 176.
64 Untersuchungs-Reglement Nr. 141, Art. 177–178. Wir bemerken beiläufig, daß Art. 177 anordnet, daß die Prozeßakten – die selbstverständlich niemals die Kanzlei verlassen dürfen – zur Verfügung gestellt werden, freilich – mit einer mehr paternalistischen als garantistischen Maßgabe – auch „allen, die mit dem Angeklagten verbunden sind und ein Interesse an seiner Verteidigung haben".
65 Untersuchungs-Reglement Nr. 141, Art. 179.

das Kollegium über Nichtigkeitsfragen, Tatsachenuntersuchungen und Zeugen entschieden hat, setzt der Präsident des Strafgerichts[66] schließlich den Tag „für die Verfahrenssitzung" fest[67].

Die Regelung des mündlichen Verfahrens im Gesetz von 1808 ist ohne Zweifel sehr penibel, wenn nicht sogar formalistisch, gegenüber den drei klassischen akkusatorischen Grundsätzen der Öffentlichkeit, Mündlichkeit und des kontradiktorischen Verfahrens, wenngleich der moderne Betrachter den starken Eindruck gewinnt, daß es in dieser Hinsicht für den Beschuldigten sehr schwierig ist, die Ergebnisse des Ermittlungsverfahrens noch umzukehren, und daß seine ganze Hoffnung auf den – in der neapolitanischen Anwaltschaft freilich traditionell stark entwickelten – professionellen Fähigkeiten, auf der Rednergabe und auf der Überzeugungskraft eines Verteidigers beruht, der sein Geschäft wirklich versteht.

„In öffentlicher Sitzung" eröffnet, entwickelt sich das mündliche Verfahren nach einem Schema, das in vielerlei Hinsicht im Strafverfahren des 19. und 20. Jahrhunderts anzutreffen ist. Von großer Bedeutung ist der erste Abschnitt, der aus der Verlesung des Berichts des Ermittlungsrichters besteht und offenkundig ein nicht unbeträchtliches Gewicht für die Entscheidung des Richterkollegiums haben muß. Es folgt sodann die Vernehmung des Beschuldigten, der „von jeder Fessel befreit" ist und von seinem Verteidiger unterstützt wird, zur Person durch den Präsidenten. Sodann wechselt das Wort zum königlichen Prokurator, der die Anklageschrift zur Verlesung bringt. Sodann werden die beeideten Aussagen der Zeugen der Anklage und der Verteidigung angehört, an die unter Vermittlung des Gerichtspräsidenten Rückfragen gestellt werden können. Ist die Vernehmung der Zeugen erschöpft, wird zur Prüfung und Diskussion der Beweisurkunden übergegangen, die während des Ermittlungsverfahrens angesammelt worden sind. Am Ende der mündlichen Verhandlung trägt der königliche Prokurator seine Folgerungen vor, auf die die Verteidigung streitig erwidert; ihr steht stets „das letzte Wort in der Debatte zu"[68].

„Nach Schließung der Verhandlung" durch den Präsidenten schreitet das Richterkollegium – das, wie erinnerlich, aus fünf Richtern und einem Präsidenten besteht[69] – sogleich zur Beratung und Beschlußfassung[70]. Die Regelung der Beratung erscheint dem heutigen Betrachter reich an unzweifelhaft modernen Elementen,

---

66 Dessen Funktionen sind allgemein angegeben in Art. 72 des Organischen Gesetzes Nr. 140 und in Art. 30 des Untersuchungs-Reglements Nr. 141.
67 Untersuchungs-Reglement Nr. 141, Art. 180.
68 Untersuchungs-Reglement Nr. 141, Art. 182–195.
69 Organisches Gesetz Nr. 140, Art. 49.
70 Untersuchungs-Reglement Nr. 141, Art. 195.

wenngleich sie nicht stets und nicht alle eindeutig zu interpretieren sind. Wir weisen besonders auf die Anwendung des Grundsatzes des *favor rei*, auf die grundsätzliche Anerkennung der Rechtswohltat des Zweifelsgrundsatzes, bei dem freilich Beweisgrundsätze zulasten des Beschuldigten zu berücksichtigen sind, auf die Einführung der freien Beweiswürdigung und auf die Pflicht zur vollständigen Urteilsbegründung hin.

Doch wir wollen der Reihe nach vorgehen. Zur Entscheidung gelangt das Gericht durch einen umfänglichen Mechanismus, der auf den Grundsätzen der Mehrheitsentscheidung und der Geltung der für den Angeklagten günstigeren Meinung *(più mite)* in Fällen der Stimmengleichheit *(parità delle voci)* beruht[71]. Zunächst wird die Tatfrage erörtert, sodann wird zur Beratung des Strafmaßes übergegangen. Im Hinblick auf die „Tatfrage, d.h. beim Schuldspruch", stehen dem Gericht drei Urteilsformeln zur Verfügung: *„Es steht fest, daß der Angeklagte nicht schuldig ist"*; *„Es steht nicht fest daß er schuldig ist"*; *„Es steht fest, daß er schuldig ist"*[72]. Die Maßstäbe des gesetzlichen Beweises, die wir in zahlreichen Fällen des Ermittlungsverfahrens haben wirksam werden sehen[73], verbinden sich jetzt mit dem Grundsatz der inneren Überzeugungsbildung. Art. 206 des Untersuchungs-Reglement Nr. 141 schreibt daher vor: „Das Kriminalgericht urteilt nach moralischem Maßstab", fährt jedoch sogleich fort: „Die Beweise und Anzeichen, die zur Überzeugung in der Seele des Richters geführt haben, müssen im Urteil angegeben werden". Das letztere muß genau begründet werden und muß neben Beweisen und Anzeichen auch alle vom Kollegium erörterten Fragen und die zugehörigen Entscheidungen sowie „den Artikel des Strafgesetzes, der auf die Tat angewendet wird und über den entschieden wird", angeben[74]. Das Urteil wird dem Angeklagten vom Gerichtsschreiber in Anwesenheit des Verteidigers und zweier Zeugen vorgelesen[75].

Von den drei Urteilsformeln über die Tat besitzt natürlich diejenige besondere Bedeutung, wonach *„nicht feststeht, daß* [der Beschuldigte] *schuldig ist"*. Dieser Formel darf das Kollegium sich nur bedienen, wenn „die Vermutung fest gegründet ist, daß der Angeklagte schuldig ist, und daß nur der Mangel an zur Verurteilung hinreichenden Beweisen die Sache des Angeklagten begünstigt"[76]. Diese Formel bildet weitgehend ein Vorspiel zu dem, was in den späteren Gesetzen des 19. und 20. Jahrhunderts der Freispruch aus Mangel an Beweisen sein wird, der in einem prozessualen Gesamtbild, das weitgehend von einem Ermittlungsverfahren bestimmt wird,

---

71 Untersuchungs-Reglement Nr. 141, Art. 9–14.
72 Untersuchungs-Reglement Nr. 141, Art. 203.
73 Vgl. o. Fußnoten 39–41 und den zugehörigen Text.
74 Untersuchungs-Reglement Nr. 141, Art. 205.
75 Untersuchungs-Reglement Nr. 141, Art. 208.
76 Untersuchungs-Reglement Nr. 141, Art. 198.

das gewichtige inquisitorische Züge aufweist (und – wie hinzuzufügen ist – durch das Fehlen der Jury gekennzeichnet ist), eine unleugbar rechtsstaatlich-schützende Rolle spielt[77]. Zu erwähnen bleibt, daß das Gericht, wenn diese Zweifelsformel zur Anwendung gelangt, die Befugnis besitzt, eine Reihe von Sicherungsmaßnahmen zur Anwendung zu bringen. Im einzelnen kann es anordnen, daß das Verfahren innerhalb eines Zeitraums von höchstens sechs Monaten „breiter ermittelt" wird oder der Angeklagte für zwei Jahre vorläufig in Freiheit „unter Aufsicht der Polizei" gesetzt wird und nach Ablauf dieser Zeit verlangen kann, „daß der Prozeßtitel kassiert wird"[78]. Im ersten Falle ist offenkundig noch ein Echo des Rechtsinstituts des *amplius cognoscendum* zu vernehmen, das im Strafprozeß des gemeinen Rechts dem Richter gestattete, die Feststellung der *res iudicata* auf unbestimmte Zeit zu verschieben[79].

Was den Grundsatz der freien Überzeugungsbildung angeht, so erblickt der Verfasser dieses Beitrages auch hier in der Regelung des neapolitanischen Gesetzbuches eine Bezugnahme auf Gedanken und Ansichten von Gaetano Filangieri. Der Verfasser der *Scenza della Legislazione* nimmt nämlich an der lebhaften Diskussion teil, welche die europäische Strafrechtswissenschaft in diesem Bereich am Ende des 18. Jahrhunderts belebt, und er schlägt ein Modell vor, in dem der Maßstab der „moralischen Gewißheit" mit gesetzlichen Regeln verbunden wird, die zwar notwendige, aber nicht hinreichende gesetzliche Beweise festlegen. In einem solchen Modell führt das Fehlen entweder des gesetzlichen Beweises oder der moralischen Gewißheit zur Anwendung der Zweifelsformel bzw. in der Sprache des römischen Rechts zum *non liquet*[80]. Wir haben es hier also mit einer im neapolitanischen Denken der Aufklärungszeit sehr verbreiteten Auffassung zu tun. Prinzipiell nicht andere Kriterien sind nämlich auch von Francesco Mario Pagano entwickelt worden[81], während Giovanni Maria Galanti in seinem *Testamento Forense* die Auffassung vertritt, daß „der Prozeß die moralische Überzeugung für die Verurteilung eines Bürgers herausbilden" solle und daß zugleich „der Beweis vollständig, gesetzmäßig und hinreichend sein" müsse[82].

---

77 *Dezza*, Il Codice di Procedura Penale, a.a.O., S. 350–352 und 382.
78 Untersuchungs-Reglement Nr. 141, Art. 198 und 203; Gesetz über die Verbrechen und die Strafen Nr. 143 (Strafgesetzbuch), Art. 48.
79 Vgl. dazu *Dezza*, Il Codice di Procedura Penale, a.a.O., S. 366–368.
80 *Filangieri*, La Scienza della Legislazione, Buch III, 1, Kapitel XIII–XV (S. 372–404 des II. Bandes der zitierten Ausgabe Mailand [Silvestri] 1817). Vgl. *Dezza*, Tommaso Nani e la dottrina dell'indizio, a.a.O., S. 120–122.
81 Vgl. *Dezza*, Tommaso Nani e la dottrina dell'indizio, a.a.O., S. 122–124.
82 *Galanti*, Testamento Forense, a.a.O., Bd. I, S. 85.

Wir meinen aber, daß auch die Regelung aus dem Jahre 1808 sich auf derselben Wellenlänge bewegt. Dies zeigt sich in allgemeiner Hinsicht dort, wo sie dem Richter den „moralischen Maßstab" vorschreibt, diesen jedoch mit den Beweisen und Anzeichen, die im Ermittlungsverfahren gesammelt worden sind, verbindet und damit auch auf gesetzliche Maßstäbe Bezug nimmt[83]; in spezieller Hinsicht zeigt es sich dort, wo sie für die Anwendung der Zweifelsformel verlangt, daß bei Vorliegen einer „fest gegründeten" Vermutung der Schuld ein „Mangel an für die Verurteilung hinreichenden Beweisen" vorliegt[84].

Angeregt durch Filangieri und die anderen Befürworter der geschilderten Methode versucht der neapolitanische Gesetzgeber, anders ausgedrückt, eine Antwort sowohl denjenigen zu geben, welche die nicht geringen Kosten der gesetzlichen Beweisregeln für Gerechtigkeit und Humanität beklagen und auf deren inquisitorische Verfallserscheinungen vor allem in Hinblick auf die Bedeutung des Geständnisses und die außerordentliche Strafe *(poena extraordinaria)*, als auch denjenigen, welche die gefährliche Nachbarschaft der freien Überzeugungsbildung zum freien Ermessen in einer Situation fürchten, in der die Jury zu verschwinden beginnt und sowohl das Urteil über die Tatfrage als auch das über die rechtliche Beurteilung den Berufsrichtern übertragen ist. So betrachtet sind also die im hier betrachteten Gesetz getroffenen Entscheidungen nichts anderes als Bestätigungen dafür, daß der Weg, der im 18. und 19. Jahrhundert vom gesetzlichen Beweis zur Einführung des moralischen Maßstabes führt, im Gegensatz zu dem, was eine weit verbreitete *communis opinio* annimmt, alles andere als geradlinig ist. Dieser Weg ist ganz im Gegenteil reich an Grauzonen und Zwischenpositionen, aus denen deutlich wird, daß nicht alles Übel ausschließlich in dem (nicht immer) verachteten System der gesetzlichen Beweise liegt und nicht alles Gute allein im (mitunter kritisierten) moralischen Maßstab aufzufinden ist[85].

Tiefgreifende Unterschiede gegenüber dem gerade geschilderten Verfahren, das man als ordentliches Verfahren bezeichnen kann, weist die Regelung des Kontumazialverfahrens auf. Die diesbezügliche präzise Regelung der Gesetze von 1808 scheint anzuzeigen, daß der Fall des „abwesenden Angeklagten" eine alles andere als selte-

---

83 Untersuchungs-Reglement Nr. 141, Art. 206.
84 Vgl. o. Fußn. 76 und zugehöriger Text.
85 Wir erlauben uns dazu den Hinweis auf die Ausführungen und die Literaturhinweis in: *Dezza*, Tommaso Nani e la dottrina dell'indizio, a.a.O., S. 56–62, insb. Nr. 6 und 10–15; *Ders.,* Un critico milanese della codificazione penale napoleonica. Pietro Mantegazza e le Osservazioni sulla legislazione criminale del cessato Regno d'Italia (1814), in: Ius Mediolani. Studi di storia del diritto milanese offerti dagli allievi a Giulio Vismara. Mailand 1996, S. 909–977, insb. S. 939–947. Wir verweisen ferner auf die jüngst erschienene, recht genaue Untersuchung von *Isabella Rosoni*, Quae singula non prosunt collecta iuvant. La teoria della prova indiziaria nell'età medievale e moderna. Mailand 1995, insb. S. 313–347.

in den neapolitanischen Gesetzen von 1808 **113**

ne Fallgestaltung in der zeitgenössischen Justiz bildet, und berücksichtigt andererseits durch eine Regelung, in der älteste Rechtsinstitute wie der Bann und die öffentliche Rache nachtönen, das traditionelle rechtliche Vorgehen, das darauf hinausläuft, das Fehlen des Angeklagten vor Gericht mit schwerwiegenden negativen Bedeutungen zu versehen.

Jedem abwesenden Angeklagten wird am Ende des ordentlichen Ermittlungsverfahrens eine Ladung, binnen zwei Wochen vor dem Kriminalgericht zu erscheinen, zugestellt[86]. Das Fernbleiben zieht je nach Schwere des fraglichen Verbrechens unterschiedliche Folgen nach sich. Geht es um ein Verbrechen, das mit einer „zeitlichen Körperstrafe" bedroht ist, so stellt das Gericht eine zweite Vorladung zu, der, „falls der Angeklagte seine Abwesenheit fortsetzt", die Bekanntmachung des Namens des Beschuldigten in dem „öffentlichen Verzeichnis der abwesenden Angeklagten" folgt. Diese Eintragung bewirkt, daß der Abwesende bis zum Augenblick, da er sich stellt, a) „als aus dem Vaterland und dem ganzen Gebiet des Königreichs Verbannter angesehen wird", b) alle Bürgerrechte verliert, c) die Fähigkeit einbüßt, eine Handlung vorzunehmen, aus der eine Verpflichtung vor Gericht abgeleitet werden kann"[87]. Handelt es sich jedoch um ein Verfahren, in dem es um die Verhängung einer Kapitalstrafe geht (wir erinnern uns, daß im Begriff der Kapitalstrafe gem. Art. 166 der Verfahrensverordnung Nr. 141 auch die lebenslange Freiheitsstrafe eingeschlossen ist), so stellt das Gericht eine zweite Vorladung *al forbando* zu, die sogleich mit einer Eintragung in das „Register der abwesenden Angeklagten" verbunden ist. Gegen den abwesenden Beschuldigten schreitet das Gericht auch nach der Vorladung *„al forbando"* zur Verkündung der Entscheidung, die im Falle der Verurteilung „zur Strafe des natürlichen Todes" den Beschuldigten zum Verbannten *(forbandito)* und „aus dem Schutz des Gesetzes entlassen" erklärt[88].

Hier haben wir es weitgehend mit der Wiederaufnahme des „schrecklichen Urteils der Rechtslosstellung" *(forgiudica)* in einer teilweise abgemilderten Form zu tun[89], mit dem im Gerichtssystem des Ancien Régime jedem Mitglied der Gesellschaft die Befugnis zur Tötung des *in criminalibus* in Abwesenheit Verurteilten eingeräumt wurde. Gegenstand heftiger Vorwürfe seitens der neapolitanischen Strafrechtsliteratur im Zeitalter der Aufklärung[90], bleibt dieses Urteil in den unmittelbar nachfol-

---

86 Untersuchungs-Reglement Nr. 141, Art. 209–213.
87 Untersuchungs-Reglement Nr. 141, Art. 214–216.
88 Untersuchungs-Reglement Nr. 141, Art. 217–220.
89 Die Definition ist übernommen aus *Francesco Mario Pagano*, Considerazioni sul processo criminale, Napoli (nella Stamperia Raimondiana) 1787, S. 156.
90 Vgl. u.a.: *Pagano*, Considerazioni sul processo criminale, a.a.O., S. 156–161; *Filangieri*, La Scienza della Legislazione. Buch III, 1, Kapitel VIII (S. 297–304 des 2. Bandes der zitierten Ausgabe Mailand [Silvestri] 1817); *Galanti*, Testamento Forense, a.a.O., Bd. I, S. 98–99.

genden Jahren des napoleonischen Zeitalters „beschämenderweise in Kraft"[91], wenn es auch „glücklicherweise selten"[92] zur Anwendung gelangt und sein Einfluß auf die hier behandelte Materie, abgesehen von einer allgemeinen Milderung der Härte des Systems, ein Gegengewicht durch die Übernahme des (ebenfalls der Tradition entstammenden) Grundsatzes erhält, daß „immer, wenn ein in Abwesenheit Verurteilter in die Hände der Justiz fällt, das Kontumazialverfahren als nicht stattgefunden anzusehen ist und man gegen ihn wie gegen anwesende Angeklagte prozediert"[93].

4. Weitere Eigenschaften des Verfahrens wegen schwerer Kriminalität

Ein weiterer Aspekt des betrachteten Verfahrensmodells, der den modernen Beobachter betroffen machen muß, betrifft das Fehlen jeglichen Rechtsmittels – abgesehen vom Kassationsrekurs – in Verfahren der schweren Kriminalität. Über die Gründe für diese ausdrückliche und höchst bedeutsame Entscheidung können wir nur eine Reihe von Hypothesen aufstellen. In erster Linie ist an eine Auswirkung der in den Verfahrenssystemen des gemeinen Rechts sehr verbreiteten Tendenz zu denken, die Appellation *in criminalibus* – also in Verfahren, in denen die Entscheidung im wesentlichen aufgrund des gesetzlichen Beweises, vor allem aufgrund des Geständnisses des Beschuldigten, unangreifbar ist – nicht zu gestatten oder doch stark einzuschränken. Wir können infolge dessen annehmen, daß auch im Fall des neapolitanischen Gesetzes die überschätzten Kriterien der – nicht nur prozessualen – Ökonomie, die auch anderswo in Europa für das Entstehen der neuen napoleonischen Verfahrensstrukturen typisch sind, sich ausgewirkt haben. Vermutlich war es daher die Überzeugung des Gesetzgebers, daß die Bestimmungen über die Verfahren bei schwerer Kriminalität, die sehr viel genauer und ausführlicher sind als diejenigen bei zuchtgerichtlichen und polizeilichen Verfahren, Schutzgarantien und Sicherheitsgrenzen bieten, welche das Fehlen des Appellationsrechts rechtfertigen. Und wir glauben schließlich nicht fehlzugehen, wenn wir uns einen vermutlich starken Einfluß einiger zeitgenössischer gesetzlicher Vorbilder vorstellen, vorab den des Strafgesetzbuches für das Königreich Italien von 1807[94].

Es bleibt zu erwähnen, daß Art. 51 des *Organischen Gesetzes* Nr. 140 mit äußerster Klarheit vorschreibt, daß „gegen die Entscheidungen des Kriminalgerichts kein anderes gesetzliches Rechtsmittel als der Rekurs an den Großen Kassationsgerichtshof

---

91 *Filangieri*, La Scienza della Legislazione, Buch III, 1, Kapitel VIII (S. 300, Fußn. 1 des 2. Bandes der zitierten Ausgabe Mailand [Silvestri] 1817).
92 *Galanti*, Testamento Forense, a.a.O., Bd. I, S. 99.
93 Untersuchungs-Reglement Nr. 141, Art. 221.
94 Vgl. *Dezza*, Il Codice di Procedura Penale, a.a.O., S. 359–360; *Ders.*, Un critico milanese, a.a.O., S. 937–947.

zulässig ist". Die (Ausschluß-) Frist für diesen Rekurs ist auf drei Tage festgesetzt[95] und hat regelmäßig aufschiebende Wirkung auf die Vollstreckung des Urteils[96].

Auch im Königreich Joseph Napoleons urteilt der Kassationshof, der wie im französischen Vorbild aus dem revolutionären Kassationstribunal hervorgegangen ist, „nicht im Interesse der streitenden Parteien, sondern in demjenigen des Gesetzes", und er hat als erstes Ziel, „die genaue Beachtung des Gesetzes sicherzustellen" und „die Richter, die sich von ihm entfernen könnten, zu seiner Ausführung zurückzurufen"[97]. In Strafsachen urteilt der Oberste Gerichtshof in einer Besetzung mit elf Mitgliedern[98], und er kann im allgemeinen die „wegen Zuwiderhandlung gegen das Gesetz" oder wegen Verletzung wesentlicher Formvorschriften („wenn die Verfahrensvorschriften in wesentlichen Teilen verletzt worden sind"[99]) angegriffenen Entscheidungen" kassieren.

Diese Kassationsgründe veranlassen uns zu einem kurzen Eingehen auf das System der Nichtigkeitsgründe, das, wie allgemein bekannt, beachtliche Auswirkungen rechtsstaatlichen Charakters auf das gesamte Verfahrensgefüge ausüben kann. Wir haben es hier mit Rechtsinstituten und Grundsätzen zu tun, die für die neapolitanische Praxis weitgehend neu sind, wenn man einmal von dem kurzen republikanischen Zwischenspiel von 1799 absieht. Der Einfluß, den die einschlägige Regelung auf die Verfahrensstruktur auszuüben vermag, wird darüber hinaus im Falle Neapels noch verschärft durch eine feste Begrenzung der Nichtigkeitsgründe sowie durch eine Reihe von Vorbehalten und Heilungsmechanismen, die für einige Schlüsselsituationen des Verfahrens charakteristisch sind.

Was den ersten Punkt angeht, erinnern wir daran, daß in einem Kriminalverfahren Nichtigkeit von Verfahrenshandlungen gem. Art. 224 des Untersuchungs-Reglement Nr. 141 eintreten kann a) „wegen des Fehlens wesentlicher Verfahrenshandlun-

---

95 Organisches Gesetz Nr. 140, Art. 62; Untersuchungs-Reglement Nr. 141, Art. 233. Der zuletzt angeführte Artikel enthält zusammen mit dem nachfolgenden Art. 234 auch die Regelung der formalen Aspekte des Rekurses.
96 Untersuchungs-Reglement Nr. 141, Art. 235 „Der Kassationsrekurs in Kriminalsachen führt zur Aussetzung der Urteilsvollstreckung. Rekurriert nur einer der Angeklagten und handelt es sich um verschiedene Personen und um ein teilbares Urteil, so wird das Urteil für die anderen Personen vollstreckt, jedoch bleiben die unteilbaren Urteilssprüche vollständig ausgesetzt"
97 Organisches Gesetz Nr. 140, Art. 60.
98 Organisches Gesetz Nr. 140, Art. 57.
99 Organisches Gesetz Nr. 140, Art. 61. Zum „nahezu unbegrenzten Ermessen [...] bei der Bestimmung der Nichtigkeit", die im Modell von 1808 „das damalige Kassations-Großgericht" gekennzeichnet habe, vgl. *Nicolini*, Della procedura penale, a.a.O., Bd. I, S. 12.

gen"[100]; b) „wegen der Verletzung von Förmlichkeiten"[101]; c) „wegen eines Rechtsmangels"[102]. Was ferner die Möglichkeiten der Heilung von Mängeln angeht, so werden diese vom Gesetzgeber bei mindestens drei Gelegenheiten in den Verfahrensgang eingebaut: vor allem dort, wo dem Ermittlungsrichter die Befugnis eingeräumt wird, in Vorermittlungshandlungen einzugreifen, indem er sie ergänzt und modifiziert[103]. In zweiter Linie dort, wo der königliche Prokurator ermächtigt wird, vor der Eröffnung der mündlichen Verhandlung zu verlangen, daß der „beauftragte" Richter für die Beseitigung etwaiger Nichtigkeitsgründe wegen Formverletzungen sorgt, die im Verlauf des regulären Ermittlungsverfahrens festgestellt worden sind[104]. Schließlich noch dort, wo dem Verteidiger eine mit seiner Ernennung beginnende Frist von fünf Tagen eingeräumt wird, um alle etwaigen Nichtigkeitseinreden aus dem Ermittlungsverfahren vorzutragen. Die Zuständigkeit für die Entscheidung über diese Einreden liegt nach Anhörung des königlichen Prokurators und des Verteidigers beim Kriminalgericht. Gegen sie ist die Möglichkeit des Kassationsrekurses in den gesetzlich vorgeschriebenen Formen und unter den gesetzlich vorgeschriebenen Umständen vorbehalten[105]. Der Große Kassationsgerichtshof wiederum ist ausschließlich zuständig für „Nichtigkeiten, die in Prozeßhandlungen der mündlichen Verhandlung oder in der Form des Urteils aufgetreten sind"[106].

Es bleibt insoweit noch kurz auf jene detaillierte, doch überaus wichtige Gruppe von Regeln und Rechtsinstituten hinzuweisen, die der Gesetzgeber von 1808 in Kapitel XII des Untersuchungs-Reglement Nr. 141 unter der traditionell formulierten Über-

---

100 Art. 225 des Untersuchungs-Reglements Nr. 141 zählt zu den wesentlichen Prozeßhandlungen den Beweis des *corpus delicti* bei Dauerstraftaten sowie die Klageerhebung bei Privatverbrechen.

101 Art. 226 des Untersuchungs-Reglement Nr. 141 ordnet an, daß „die Verletzung der Formen die Nichtigkeit der Handlungen nach sich zieht, wenn der Ankläger oder der Angeklagte bei Ermittlungshandlungen nicht gehört worden sind, bei denen ihre Teilnahme vorgeschrieben ist. Die Wirkung dieser oder anderer Nichtigkeiten, welche die gesetzlich vorgeschriebene Form betreffen, erstreckt sich nicht auf Prozeßhandlungen, die den für nichtig erklärten vorhergehen. Vorhergehende Handlungen bleiben vielmehr wirksam". Im selben Artikel wird präzisiert, daß „die Nichtigkeit der Handlung, bei der der Ankläger nicht gehört worden ist, dem Angeklagten nicht entgegengehalten werden kann; dasselbe gilt im umgekehrten Fall".

102 Nach Art. 227 des Untersuchungs-Reglements Nr. 141 liegt ein Verfahrensfehler vor, wenn das Kriminalgericht wegen Straftaten prozediert, die zur Zuständigkeit der Polizei oder zur Zuchtgerichtsbarkeit gehören, sowie in den in Art. 32 (Anklage „gegen Richter, die Rechtsprechung im Heimatland oder am Wohnort des Anklägers vornehmen"), 38 (Örtliche Zuständigkeit in Strafsachen) und 39 (Zuständigkeit von Strafgerichten eines anderen Staates) des Gesetzes über die Verbrechen und die Strafen Nr. 143 (Strafgesetzbuch) gedachten Fällen.

103 Untersuchungs-Reglement Nr. 141, Art. 129 und 231.

104 Untersuchungs-Reglement Nr. 141, Art. 175.

105 Untersuchungs-Reglement Nr. 141, Art. 178.

106 Untersuchungs-Reglement Nr. 141, Art. 230.

schrift „Vorläufige Wohnsitze des Angeklagten" zusammengefaßt hat. Es handelt sich um Normen nicht ohne schützende Wirkungen, die einige Lücken für die persönliche Freiheit des Beschuldigten öffnen, freilich mit Zurückhaltung und auf der Grundlage wesentlich anderer Voraussetzungen als die bereits zitierten Art. 164–168 der Verordnung sie für die Alternativmaßnahmen zur Untersuchungshaft dem Ermittlungsrichter vorgeben[107].

Die fraglichen Normen schreiben nämlich vor: a) daß der seit einem Jahr in Haft befindliche und noch nicht dem förmlichen „Anklagekonstitut" unterworfene Beschuldigte das Recht hat, der Aufsicht einer „sicheren Person" unterstellt zu werden und „das weitere Verfahren in dieser Form der Bewachung verbringen kann", wobei ihm die „Beschwerde wegen ungerechter Haft" vorbehalten bleibt[108]; b) daß der königliche Prokurator die Anordnung der vorläufigen Freilassung des Beschuldigten vor der mündlichen Verhandlung herbeiführen kann, „wenn er den mangelnden Beweis im Verfahren erblickt"[109]. Die Wirkungen der mit den erwähnten Modifikationen erfolgten Freilassung entfallen, ebenso wie im Falle der vorläufigen Freilassung nach einem gerichtlichen Urteil unter Anwendung der Zweifelsformel, nach zwei Jahren, nach deren Ablauf der Beschuldigte die Kassierung des Prozeßtitels beantragen kann[110]. Die Fälle der Überstellung an eine sichere Person und der vorläufigen Freilassung werden von einer dafür eingerichteten Kommission entschieden, die sich aus dem Gerichtspräsidenten, dem königlichen Prokurator und einem Richter des Kollegiums zusammensetzt. Diese Kommission ordnet darüber hinaus die Entlassung derjenigen an, „bei denen der königliche Prokurator glaubt, daß das Verfahren nicht fortgesetzt werden kann", und sie hat die Aufgabe, am letzten Tag jedes Monats „alle wegen eines Verbrechens Einsitzenden" aufzusuchen, um sich von dem „zügigen Fortgang" der Verfahren zu überzeugen[111].

Es erscheint nicht überflüssig zu erwähnen, daß die hier besprochenen Rechtsinstitute mehr als nur eine Parallele mit dem traditionellen prozessualen Heilmittel der Freilassung *in forma* aufweisen, mit deren Hilfe der Beschuldigte im Falle fehlender Beweise für zwei Jahre der Aufsicht einer geeigneten Person unterstellt werden kann. Auch die zweijährige Frist des Gesetzes von 1808 entspricht derjenigen, die

---

107 Untersuchungs-Reglement Nr. 141, Art. 196.
108 Vgl. o. Fußn. 51–54 und zugehörigen Text.
109 Untersuchungs-Reglement Nr. 141, Art. 197. Die Vorschrift betont den Ermessenscharakter der in diesem Falle dem Prokurator übertragenen Befugnisse („liegt im Ermessen des königlichen Prokurators").
110 Untersuchungs-Reglement Nr. 141, Art. 198–199.
111 Untersuchungs-Reglement Nr. 141, Art. 200.

im Verfahren des Ancien Régime für die Aufnahme neuer Beweise der Anklage vorgesehen ist[112].

5. Schlußbemerkungen

Der neapolitanische Gesetzgeber von 1808 stellt sich vor, mit der neuen Regelung des Strafverfahrens die beiden Ziele der Modernisierung des Gerichtswesens und der Rationalisierung des Verfahrens zu erreichen. Diese Zielvorstellung wird mittels Vereinfachung und Bestimmtheit des Gesetzestextes verfolgt und des weiteren gefördert durch die Übernahme zumindest einiger vom Reformdenken vorgeschlagener und von der revolutionären und napoleonischen Gesetzgebung realisierter Rechtsinstitute und Grundsätze. Was das letzte angeht, sucht man freilich mit besonderer Aufmerksamkeit einen allzu scharfen Bruch zwischen der neapolitanischen Realität und den Rechtsinstituten neuer Auffassung, die das in der Erarbeitung befindliche System ergänzen sollen, zu vermeiden. Der Zweck dieser gesetzgeberischen Tätigkeit ist, anders ausgedrückt, eine geschmeidige, geordnete und zeitgerechte gesetzliche Regelung als Voraussetzung für einen raschen, funktionalen und effizienten, doch nicht völlig die bestehenden Gleichgewichte umstürzenden Prozeß.

Aus diesem Grunde schlägt der Gesetzgeber nicht den scheinbar rascheren Weg, d.h. den der schlichten und einfachen Übernahme und Reproduktion eines bestehenden Prototyps ein. Er geht nämlich auf einer doppelten Linie vor, die einerseits zu einem vereinfachten Eingriff in die Regelung des geltenden Systems führt und zugleich einen Kompromiß herbeiführt zwischen den Grundsätzen des letzteren und jenem napoleonischen Verfahrensmodell, von dem angenommen wird, daß es den Bedürfnissen der süditalienischen Gesellschaft am nächsten steht. Dieses Modell wird, wie zahlreiche terminologische Ähnlichkeiten und übereinstimmende Regelungen zeigen[113], im Verfahrenssystem des Königreichs Italien, insbesondere in dessen Strafprozeßordnung von 1807 (auch als *Codice Romagnosi* bekannt) erblickt. Die Gründe für diese Wahl sind hauptsächlich darin zu finden, daß im italischen System jene Jury fehlt, die, nach einer gewissen anfänglichen Unsicherheit, auch von Napoleon entschieden abgelehnt wird.

Der in mancher Weise erreichte Kompromiß zwischen den verschlankten inquisitorischen Förmlichkeiten des Ancien Régime und dem napoleonischen Verfahrensmodell ohne Jury, das der *Codice Romagnosi* bietet, erscheint freilich ungleichgewichtig zugunsten der ersteren, die in der Gesamtökonomie des Systems eine übergewichtige Rolle spielen. Denn obwohl der Gesetzgeber von 1808 sich ohne Zweifel

---

112 Vgl. *Pagano*, Considerazioni sul processo criminale, a.a.O., S. 145, sowie *Galanti*, Testamento Forense, a.a.O., Bd. I, S. 99.
113 Hierauf will der Verf. an anderer Stelle zurückkommen.

auf der Höhe der strafrechtstheoretischen Entwicklungen bewegt, vermittelt er den Eindruck, daß er das Recht eher als ein Instrument zur Neuordnung von Staat und Gesellschaft ohne heftige Bewegungen und Sprünge ins Dunkel versteht denn als ein solches zur Garantie der doch verkündeten Rechte des Einzelnen; und er zeigt sich aufgeschlossen für die Forderungen einer forensischen Mentalität, die, auch wenn sie sich der Bedeutung der anstehenden Probleme bewußt ist, letztlich doch Lösungen bevorzugt, die vielleicht auf prinzipieller Ebene kritikwürdig sind, jedoch den Vorzug haben, von der Erfahrung bestätigt zu sein[114]. Auf diese Weise gelangt er zur Errichtung eines prozessualen Umfeldes, in dem die Advokaten und Richter des Königreiches es sich alles in allem bequem machen können, denn sie haben es mit Rechtsinstituten zu tun, die ihnen zumindest teilweise bereits bekannt sind.

Die Ergebnisse der geschilderten rechtspolitischen Entscheidungen zeigen sich besonders deutlich in der Regelung des Ermittlungsverfahrens, das auf besonders schlanke und geordnete Weise den Verfahrensgang und die Züge des „informatorischen Prozesses" des *Ancien Régime* abbildet. In den Gesetzen von 1808 sind die Beziehungen zwischen Ermittlungsrichter, königlichem Prokurator, Beschuldigtem und Privatkläger in vielerlei Hinsicht parallel zu denen geregelt, die im Verfahren des gemeinen Rechts zwischen „kommissarischem" Richter, Fiskalanwalt, Angeklagtem und verletzter Partei ablaufen, während die einzige wirklich neue Gestalt die des Friedensrichters ist. Parallel für beide Verfahrensmodelle ist auch die nahezu vollständige Zurückdrängung der Rechte der Verteidigung. Miteinander vergleichbar ist auch das weite Ermessen des Ermittlungsrichters, für das man nicht zögert, den traditionellen *terminus technicus* „Willkür" zu verwenden[115]. Vergleichbar ist ferner das Verständnis des Beschuldigten als Hauptbeweisquelle und die daraus folgende ausschlaggebende Rolle des Geständnisses. Gleichermaßen an gesetzlichen Kriterien ausgerichtet sind die Vorstellungen über den Beweis. Auch die Terminologie unterscheidet sich nicht wesentlich: Redewendungen wie „Vorermittlung" *(istruzione preliminare)* oder ordentliche Ermittlung *(istruzione regolare)* bilden insgesamt einen hinreichend fein gewobenen Schleier, hinter dem sich die alte Zweiteilung des informatorischen Prozesses in Generalinquisition und Spezialinquisition verbirgt; und schließlich zeigt sich auch ein weitgehender Rückgriff auf Ausdrücke und Worte, die den Fachleuten der Justizpraxis des Ancien Régime bestens bekannt sind.

---

114 Vielleicht hängen mit dieser letzten Voraussetzung der untersuchten Gesetzgebungstätigkeit auch die besonderen Ähnlichkeiten zusammen, die sich zwischen der strafprozessualen Regelung von Neapel und den Inhalten des am 14. November 1797 in der Munizipalität Verona vorübergehend gültigen *Piano di una nuova procedura criminale* feststellen lassen. Zum letzteren erlauben wir uns den Hinweis auf Dezza, Alla ricerca di una „nuova procedura criminale", a.a.O., S. CXLIX–CLXX (in diesem Band S. 25 ff.).
115 Beispielsweise in Art. 197 des Untersuchungs-Regelements Nr. 141.

In einem solchen Gesamtbild erscheinen auch prinzipielle Erklärungen, die anscheinend nicht ohne rechtsstaatliche Gehalte sind, *in concreto* als inhaltsleer – so wie jene Erklärung des Art. 197 des Untersuchungs-Reglement Nr. 141, wonach „es gleichermaßen Aufgabe des königlichen Prokurators ist, die Sicherheit des Unschuldigen zu schützen, wie die öffentliche Genugtuung zu befördern"[116]. Wir wissen im übrigen, daß Ausdrücke dieser Art häufig als bloße Fassade für streng inquisitorische Strukturen verwendet worden sind[117].

Die inquisitorische Strenge des Ermittlungsverfahrens wird durch einige Öffnungen mehr humanitärer als rechtsstaatlicher Art im Hinblick auf die persönliche Freiheit des Beschuldigten gemildert, die aber natürlich weitgehend dem Ermessen und der Initiative des Richters überlassen bleiben (mit Ausnahme einiger Fälle, in denen die Verletzung der individuellen Rechte sich besonders deutlich zeigt). In vielerlei Hinsicht nicht unähnlich ist – wie gezeigt – der Diskurs über das Abwesenheitsverfahren, das, wenngleich einige Härten des Systems des gemeinen Rechts gemildert sind, sich doch in ein Rechtsinstitut wie die Stellung des „*reo forbandito* [...] außerhalb des Schutzes des Gesetzes" mündet, bei dem das aufklärerische Denken doch arg beschnitten ist.

Auch jene Vorschriften, mit denen das streitige Verfahren eingeführt wird, sind eher rückwärts gewandt; sie weisen signifikante Parallelen mit der Verfahrens- „Publikation" des gemeinrechtlichen Prozesses auf und markieren das Ende eines Verfahrensabschnitts, der durch die strenge Beachtung der Grundsätze der Schriftlichkeit und Heimlichkeit geprägt ist. Erst an diesem Punkt des Verfahrens wird endlich der Eintritt der professionellen Verteidigung gestattet und sogar – dies muß freilich betont werden – vorgeschrieben. Doch die Bewegungsfreiheit des Rechtsbeistands wird bis zum Beginn der mündlichen Verhandlung durch eine Reihe von förmlichen Auflagen und strengen Begrenzungen eingeengt, die natürlich dazu angetan sind, die Wirksamkeit der Verteidigung zu schwächen.

Daß ein sehr gut strukturiertes mündliches Verfahren vorgesehen ist, bildet eine der bedeutendsten Neuerungen des betrachteten Gesetzes und bietet eine alles in allem mehr als hinreichende Rechtfertigung für die Annahme, daß es sich um einen „gemischten Prozeß" handelt, d.h. um einen solchen, der, freilich auch mit manchen Verzögerungen, vollständig postrevolutionär ist und „dem 19. Jahrhundert angehört". In diesem Verfahrensabschnitt und in dem darauf folgenden der Beratung des Richterkollegiums finden sich die meisten Normen mit rechtsstaatlich schützendem

---

116 Eine ganz ähnliche Grundsatzerklärung findet sich o. Fußn. 59 (und zugehöriger Text).
117 Vgl. dazu *Dezza*, Alla ricerca di una „nuova procedura criminale", a.a.O., S. CLVI–CLVII und Fußn. 23, mit Hinweisen auf den Veroneser „Codice Penale" von 1797 und das Habsburgische Gesetzbuch über Verbrechen und schwere Polizeiübertretungen von 1803.

("garantistischem") Inhalt. Die Hinwendung zu den klassischen akkusatorischen Grundsätzen der Öffentlichkeit, der Mündlichkeit und des kontradiktorischen Verfahrens ist unübersehbar, und die Anerkennung des Grundsatzes des *favor rei* macht sich in unmißverständlicher Weise bemerkbar in den detaillierten Bestimmungen über das Beratungszimmer. Es bleibt allerdings die Tatsache, daß diese Hinwendungen sich erst in einem weit fortgeschrittenen Stadium des Verfahrensganges bemerkbar machen und prinzipiell nicht hinreichend erscheinen, um die Auswirkungen der vorangehenden Ermittlungsphase, die ausschließlich inquisitorisch geprägt ist, auszugleichen.

Typische und ausschlaggebende Eigenschaft der Regelung der Verhandlungsphase im Gesetz von 1808 ist die Kombination zwischen den beiden Grundsätzen der moralischen Sicherheit und des gesetzlichen Beweises, die bei der Festsetzung des Schuldspruches zwangsläufig in Konkurrenz miteinander geraten. Es handelt sich um eine nicht zufällige Kombination, denn sie wurzelt im rechtsphilosophischen Denken des ausgehenden 18. Jahrhunderts und ganz besonders in den Beiträgen des neapolitanischen Umfeldes der Aufklärung. Sie stellt einen der interessantesten Punkte des hier betrachteten Gesetzes im Lichte möglicher Auswirkungen zugunsten des Beschuldigten, die sich in der Justizpraxis entfalten. Und die Bedeutung dieser Entscheidung wird noch dadurch erhöht, daß sie eng mit der Befugnis des Richterkollegiums, sich der Zweifelsformel[118] (*"Es steht nicht fest, daß er schuldig ist"*) zu bedienen, verbunden ist, auf deren konkret garantistische Elemente in einem prozessualen Gesamtbild wie dem hier betrachteten wir bereits hingewiesen haben.

Garantistische Elemente können, was die Rechtsmittel angeht, auch im wirklich neuen System der Kassation und der damit verbundenen Regelung der Nichtigkeitsgründe erblickt werden, wenngleich die letzteren auf bedeutsame Fälle begrenzt und von den bereits erwähnten Kautelen umgeben sind. Entschieden restriktiv ist hingegen, wie schon betont, die Entscheidung, die Appellation *in criminalibus* zu verbieten – eine Entscheidung, die sich freilich auch, wenngleich mit anderen Voraussetzungen[119], im *Codice Romagnosi* von 1807 findet und von der nachfolgenden bourbonischen Kodifikation von 1819 bestätigt werden wird.

Im Bewußtsein der Fortschritte des strafrechtlichen Denkens entstanden, doch nur behutsam innovativ, flexibel, aber nicht frei von Widersprüchen, reformistisch, doch nur gelegentlich garantistisch, inhaltsreich, indes über eine Vielzahl von Texten zerstreut, ist die Regelung des Strafverfahrens in den Texten von 1808 gewiß nicht frei

---

118 Die sich übrigens auch im *Codice Romagnosi* von 1807 findet; vgl. *Dezza*, Il Codice di Procedura Penale, a.a.O., S. 350–352 und 363–370.
119 Vgl. *Dezza*, Il Codice di Procedura Penale, a.a.O., S. 359–360; *Ders., Un critico milanese*, a.a.O., S. 937–947.

von Dunkelheiten und von inhaltsleeren und überflüssigen Bestimmungen[120], welche zweifellos den Schwierigkeiten und den nicht gerade günstigen Bedingungen zuzurechnen sind, unter denen das Gesetzeswerk zustande gekommen ist. Ungeachtet dessen wird das von Joseph Bonaparte erlassene Gesetz eine nicht unbedeutende historische Rolle ausüben, denn dank seiner Existenz vollzieht sich der Übergang zwischen dem Strafprozeß des Ancien Régime und der Herrschaft der Gesetze in den Provinzen des Königreichs äußerst weich und anscheinend schmerzlos.

Als Brücke zwischen zwei Epochen oder – wenn man so will – als nicht unsolider Steg über den ganzen großen Fluß der Ereignisse des napoleonischen Jahrzehnts, erscheint das Gesetzeswerk, das wir in diesem Beitrag besprochen haben, den Zeitgenossen als eines, das „einen eigenständigen Charakter besitzt und sich allenthalben von dem französischen Gesetzbuch unterscheidet"[121] und das einen entscheidenden Eindruck auf die Prozeßgesetzgebung für das Königreich Beider Sizilien des Jahres 1819 hinterläßt. Nicht wenige Bestimmungen und Rechtsinstitute, die 1807 und 1808 geschaffen worden sind, werden sich nämlich im späteren bourbonischen Gesetzbuch wiederfinden, über dessen Wirkungen die öffentliche Stimme" – wie ein scharfer und unnachsichtiger Beobachter wie Karl Joseph Anton Mittermaier bemerkt – sich stets „günstig äußern" wird[122].

Als letztes und nicht gering zu schätzendes Ergebnis einer Gesetzgebungs-Philosophie an der Schwelle zum 19. Jahrhundert hat sie fast wörtlich die berühmte Maxime angewendet, die Jean Etienne Marie Portalis im *Discours préliminaire* zum Entwurf des *Code civil* des Jahres VIII formuliert hat: „il est utile de conserver tout ce qu'il n'est pas nécessaire de détruire"[123].

---

120 Und mit denen die lange Reihe von Reformen und Änderungen in den Jahren unmittelbar danach von den napoleonischen Regierungen und in den ersten Jahren der Restauration eingeführt wird. Vgl. dazu *Nicolini*, Della procedura penale, a.a.O., Bd. I, S. 9–22.

121 Mit den Worten von *Nicolini*, Della procedura penale, a.a.O., Bd. I, S. 11.

122 *Karl Joseph Anton Mittermaier*, Die Mündlichkeit, das Anklageprinzip, die Oeffentlichkeit und das Geschworenengericht in ihrer Durchführung in den verschiedenen Gesetzgebungen. Stuttgart und Tübingen 1845 (it. Ausg. Reggio-Modena [Calderini e Zanichelli] 1851), S. 90: „Über die Wirkungen der mündlichen öffentlichen Procedur äußert sich im Ganzen die öffentliche Stimme günstig".

123 Der *Discours préliminaire* ist konsultiert worden in der Ausgabe in: Naissance du Code Civil. La raison du législateur, hrsg. von François Ewald. Paris 1989, S. 35–90; der zitierte Grundsatz findet sich auf S. 52.

Die aussichtslose Versöhnung.
Strafprozeß, Absolutismus und Rechtsstaatlichkeit im habsburgischen Gesetzbuch von 1803

1. Vorbemerkung

In den ersten Tagen des Jahres 1816 entscheidet der Advokat Giuseppe Marocco, unbestrittener Fürst des Mailänder Strafgerichts mit hohem Ansehen, plötzlich und unerwartet, seinen Anwaltsberuf aufzugeben, der ihm während der Jahre der französischen Vorherrschaft in Italien Ruhm, Ehre und Reichtum eingebracht[1] und ihn an die Spitze jener Notablenversammlung gebracht hat, die den organisatorischen Angelpunkt der napoleonischen Gesellschaft bildet. Zweifellos löst die Entscheidung des brillanten Protagonisten des ambrosianischen Justizlebens angesichts des Bekanntheitsgrades dieser extrovertierten Gestalt, die ständig mit den Kollegen[2] und mit der etablierten Obrigkeit[3] aneinander gerät, eine gewisse Überraschung im Pu-

---

1 Denen, die sich für die lombardische Rechtsentwicklung am Beginn des 19. Jahrhunderts interessieren, ist der Name Giuseppe Maroccos (Mailand 1773–1829) nicht unbekannt. Er nimmt nicht nur einen Rang von hoher Bedeutung im Mailänder Justizbereich während der französischen Zeit und der Restaurationsepoche ein, sondern kann auch als der berühmteste und geehrteste unter den Strafverteidigern bezeichnet werden, die in jenen Jahren in der lombardischen Kapitale tätig waren. Alles andere als eine zweitrangige Gestalt in den politischen Ereignissen, die sich zwischen den drei Revolutionsjahren und der Restaurationsepoche im Hintergrund der lombardischen Hauptstadt abspielen, ist Marocco Verfasser zahlreicher juristischer Veröffentlichungen, einer ansehnlichen Reihe von Streitschriften und weiterer Werke unterschiedlicher Natur. Auch steht er in Verbindung mit zahlreichen erstrangigen Persönlichkeiten seiner Zeit, gründet eine angesehene Rednerschule und nimmt in eigener Person an den turbulenten Ereignissen teil, die sich vor, während und nach dem großen napoleonischen Abenteuer in einem Zeitraum von wenig mehr als zwanzig Jahren abspielen. Zum Werk von Giuseppe Marocco und zu seinem Lebensweg erlauben wir uns den Hinweis auf unseren vor der Veröffentlichung stehenden kurzen biobibliographischen Beitrag.

2 Wir erwähnen als Beispiel die langdauernde Auseinandersetzung, die, beginnend im Jahre 1814, Giuseppe Marocco mit einem anderen Strafrechtler des Mailänder Gerichts, Pietro Mantegazza, ausficht. Vgl. dazu *Ettore Dezza*, Un critico milanese della codificazione penale napoleonica. Pietro Mantegazza e le „Osservazioni sulla legislazione criminale del cessato Regno d'Italia" (1814), in: Ius Mediolani, Studi di storia del diritto milanese offerti dagli allievi a Giulio Vismara. Mailand (Giuffrè) 1996, S. 909–977, insb. S. 971–977.

3 Ein gewöhnlich glaubwürdiger Zeuge der Vorgänge im ersten Königreich Italien berichtet uns, daß „die Regierung Napoleons sich des öfteren darüber zu beklagen hatte, daß er ihren Ansichten ablehnend gegenüber stand". Der Hinweis entstammt den kurzen biographischen Ausführungen über Marocco in: *Federico Coraccini* (rectius *Giuseppe Valeriani*), Storia dell'amministrazione del Regno d'Italia sotto il dominio francese. Lugano (Veladini) 1823, S. CIII („Marocco, aus Mailand, hochangesehener Strafverteidiger. Seine sprachgewaltigen Verteidigungsreden können als Vorbild für diese Tätigkeit dienen. Die Regierung Napoleons

blikum aus. Doch diese Überraschung wird von der Mehrheit der Fachleute nicht geteilt, denn sie kennen die Gründe für diese drastische Entscheidung sehr gut.

Tatsächlich müssen gerade in diesen Wochen nicht nur Giuseppe Marocco, der berühmteste und – worauf es ankommt – der fähigste der in der lombardischen Hauptstadt tätigen Strafrechtler[4], sondern, genau betrachtet, im Grunde alle Advokaten am Mailänder Gericht und im weiteren Sinne in der lombardo-venetischen Region einen besonders heiklen Abschnitt ihrer Laufbahn durchstehen. Sie befinden sich nämlich in einer Lage, in der sie, häufig mit Sorgen, ein Ereignis zur Kenntnis nehmen müssen, das grundlegend in die bis dahin bestehenden beruflichen Gewohnheiten eingreifen könnte. Wir meinen das Inkrafttreten der kurz zuvor fertiggestellten habsburgischen Kodifikation, welche diejenige des Königreichs Italien ersetzen soll, die ihrerseits der kaiserlich-französischen Gesetzgebung entspricht oder vielmehr von ihr ausgelöst worden ist[5].

Greift diese Änderung der Rechtslage[6] schon tief in alle Zweige der Rechtsordnung ein, so hat sie im Bereich des Strafverfahrens, gelinde gesagt, umwälzende Auswirkungen. Führt sie doch anstelle des napoleonisch geprägten Systems, das seinem

---

hatte sich des öfteren darüber zu beklagen, daß er ihren Ansichten ablehnend gegenüber stand").

4   Noch am Ende des 19. Jahrhunderts erinnerte Giuseppe Zanardelli in einer Abhandlung über „berühmte Männer" der Justiz, „von denen man angesehene Verteidigungsreden immer noch im Druck lesen kann", an „Marocco, der in Mailand eine unbestrittene Führungsrolle innehatte". Vgl. *Giuseppe Zanardelli*, L'Avvocatura. Discorsi di Giuseppe Zanardelli. Florenz 1879, S. 100; *Ders.*, L'avvocatura. Discorso pronunciato il 15 febbraio 1875 dinanzi al Collegio degli Avvocati in Brescia. Mailand (Unitas) 1920, S. 127.

5   Die Kodifikationsarbeit wurde im ersten Königreich Italien von 1806 bis 1811 durch Übersetzung und Inkraftsetzen des Code Napoleon (1806) und der französischen Gesetzbücher über Zivilprozeß (1806), Handel (1808) und Strafrecht (1811), sowie durch die Verkündung einer Strafprozeßordnung – des *Codice Romagnosi* (1807) –, die Ergebnis einer eigenständigen Gesetzgebungsarbeit war, durchgeführt. Zur italischen Kodifikation, v.a. im Bereich des Strafrechts, vgl. jetzt (neben *Ettore Dezza*, Appunti sulla codificazione penale nel primo Regno d'Italia: il progetto del 1809, in: Ettore Dezza, Saggi di storia del diritto penale moderno. Milano 1992, S. 199–280, insb. S. 199–200, Fußn. 1–6) *Adriano Cavanna*, Codificazione del diritto italiano e imperialismo giuridico francese nella Milano napoleonica. Giuseppe Luosi e il diritto penale, in: Ius Mediolani, Studi di storia del diritto milanese offerti dagli allievi a Giulio Vismara. Mailand (Giuffrè) 1996, S. 659–760.

6   Gemäß den Kaiserlichen Patenten vom 31. Mai und 28. September 1815 und vom 1. Januar 1816 traten im gesamten Königreich Lombardo-Venetien die Übersetzungen des Gesetzbuches über Verbrechen und schwere Polizeiübertretungen von 1803, der Zivilprozeßordnung (in der sog. galizischen Fassung von 1796), und des Allgemeinen Bürgerlichen Gesetzbuches von 1811 in Kraft, während für das Handelsrecht weitgehend das napoleonische Gesetzbuch von 1808 erhalten blieb. Als Übersicht immer noch bedeutsam die übersichtliche Darstellung b. *Pasquale Del Giudice*, Fonti: legislazione e scienza giuridica dal secolo decimosesto ai giorni nostri, in: Storia del diritto italiano, pubblicata sotto la direzione di Pasquale Del Giudice. Bd. II. Milano 1923, S. 258–267.

Absolutismus und Rechtsstaatlichkeit im habsb. Gesetzbuch von 1803 **125**

Wesen nach ein gemischtes Verfahren ist und in einem Verhandlungsabschnitt nicht ohne beachtliche Öffnungen zu den Prinzipien der Mündlichkeit, der Öffentlichkeit und des kontradiktorischen Verfahrens[7], ein Verfahrensmodell ein, das auf den ersten Blick streng inquisitorisch geprägt ist und die Ausübung der Anwaltstätigkeit wenn schon nicht ausschließt, so doch äußerst beschwerlich und in mancher Hinsicht überflüssig macht – zumindest jene Art und Weise der Anwaltstätigkeit, die den Erfolg Giuseppe Maroccos und anderer begründet hat.

In der Tat zieht das Inkrafttreten des habsburgischen Gesetzbuches von 1803 im Königreich Lombardo-Venetien sowohl direkte Folgen technischer Natur für die Ausübung des Anwaltsberufes als auch indirekte Auswirkungen für diese Ausübung nach sich. Was den ersten Punkt angeht, werden wir sehen, daß im habsburgischen Inquisitionssystem die Tätigkeit des Verteidigers nicht etwa als Normalfall gestattet ist – ist doch „die Verteidigung des Unschuldigen [...] bereits eine der Amtspflichten des Kriminalrichters"[8] und formell nur für die Abfassung der „Rekursschrift" zugelassen, mit der der Verurteilte das Urteil erster Instanz anfechten will[9]. Was hingegen den Glanz der Anwaltstätigkeit angeht, so bedeutet die Verdrängung der Prinzipien der Mündlichkeit und Öffentlichkeit des Verfahrens einen schweren Schlag für den Glanz einer Kategorie von Menschen, die ihr soziales Prestige nicht nur auf besondere professionelle Fähigkeiten, sondern auch auf einige Aspekte ausgeprägter Theatralik der Redekunst gebaut hat[10].

Giuseppe Maroccos Ausscheiden aus der forensischen Laufbahn ist somit – und der Mailänder Jurist wird es einige Jahre später selbst zugeben – unmittelbar der gerade erwähnten gesetzlichen Wende zuzuschreiben[11]. Doch sein ungeduldiges und kämp-

---

7   Wir gestatten uns dazu den Hinweis auf *Ettore Dezza*, Il Codice di Procedura Penale del Regno Italico (1807). Storia di un decennio di elaborazione legislativa. Padua 1983, sowie auf: Le fonti del Codice di Procedura Penale del Regno Italico, hrsg.von *Ettore Dezza*. Mailand 1985.
8   Codice Penale Universale Austriaco, Seconda Edizione Ufficiale. Mailand (Dall'I. R. Stamperia) 1815 (hier und im folgenden: „Gesetzbuch von 1803"), Erster Teil § 337.
9   Gesetzbuch von 1803, Erster Teil § 465.
10 Vgl. dazu *Marco Meriggi*, Il Regno Lombardo-Veneto, in: Storia d'Italia, hrsg. von G. Galasso, Bd. XVIII, 2. Turin (UTET) 1987, S.153–157.
11 Marocco gibt ab 1818 sein vielleicht bedeutendstes Werk, die *Difese Criminali*, in Druck, in welchem er in sechs umfangreichen Bänden die besten Produkte seiner beruflichen Tätigkeit versammelt. Im Vorwort zum ersten Band nennt der Verfasser ausdrücklich die Gründe, die ihn hauptsächlich veranlaßt haben, seinen Beruf aufzugeben und danach seine bedeutendsten Plädoyers zu publizieren. Der Verzicht auf eine weitere Karriere sei einer Regelung zuzurechnen, welche die technischen und beruflichen Möglichkeiten geschwächt habe. Die Veröffentlichung der Plädoyers sei zum einen ökonomischen Zwängen geschuldet, da er praktisch gezwungen worden sei, seinen Beruf aufzugeben, daneben zum einen durch den Wunsch veranlaßt, eine Spur und ein Vorbild für alle jungen Strafrechtler zu hinterlassen, vor allem für diejenigen, die außerhalb der Grenzen von Lombardo-Venetien arbeiteten und dort Funktionen und Würde des Verteidigers gewahrt sähen, zum anderen von der Hoffnung, wenigstens bei den jungen, in

ferisches Temperament erlaubt Marocco keinen stillen Abgang von der Bühne; er gibt ein erstes hartes Urteil über das neue Gesetz in Druck und beginnt damit eine lange konfliktreiche Beziehung mit den habsburgischen Behörden, die erst mit dem Tode des Mailänder Advokaten im Jahre 1829 enden wird. Zu der Zeit, als Marocco die Robe auszieht, veröffentlicht er nämlich eine kurze, aber scharfe Abhandlung mit dem Titel *Die Notwendigkeit eines Verteidigers in Kriminalsachen, unabhängig von der Art des Strafverfahrens (Necessità di un defensore penale, qualunque sia la processura penale)*. In dieser Abhandlung übt der Verfasser vernichtende Kritik an der Ungleichgewichtigkeit eines jeden Verfahrensmodells, das die Anwesenheit professioneller Verteidigung nicht zuläßt oder sogar behindert und die Rechte und das Schicksal des Beschuldigten Verfahrensstrukturen anheimgibt, die keine saubere Trennung zwischen richterlicher Funktion und Anklagefunktion vorsehen[12].

---

den habsburgischen Territorien tätigen Richtern eine Art von Bewußtsein von den Verteidigerrechten entwickeln zu können (*Marocco*, Difese criminali, Ausg. 1818, Bd. I, S. XI–XII). Die erste Auflage der *Difese Criminali*, direkt vom Verfasser besorgt, geht 1818 in Mailand beim Verlag von Vincenzo Ferrario in Druck; das Werk versammelt die Texte von 45 Plädoyers in sechs Bänden mit einer Widmung Maroccos an den Advokaten Giovanni Battista Sommariva vom 15. August 1818: *Giuseppe Marocco*, Difese Criminali dell'Avvocato Giuseppe Marocco di Milano ad uso della gioventù iniziata nello studio della giurisprudenza pratica criminale, 6 Bde. Mailand (Ferrario) 1818. Eine zweite Auflage mit fast demselben Inhalt erscheint 1829 in Turin, möglicherweise zum Zwecke des Gedenkens an den Verfasser, der im März desselben Jahres gestorben ist: *Giuseppe Marocco*, Difese Criminali dell'Avvocato Giuseppe Marocco di Milano. Turin (tip. Chiara & C.) 1829. Eine dritte Auflage in 3 Bänden wird 1851 in Mailand als erster Band der *Biblioteca Scelta del Foro Criminale Italiano* von den Verlegern Borroni und Scotti verlegt und von dem Advokaten Giuseppe Toccagni besorgt. Neben den 45 Verteidigungsreden der ersten beiden Auflagen enthält diese „zweite Mailänder Ausgabe" eine unveröffentlichte Dokumentation zu zwei der betrachteten Verfahren sowie einige Schriften des Verfassers, die ebenfalls noch unveröffentlicht gewesen waren; im ersten Band finden sich ferner ein Vorwort der Verleger (S. VII–VIII) sowie Mitteilungen über Leben und Schriften des Advokaten Giuseppe Marocco (S. IX–XXVIII), mit großer Wahrscheinlichkeit zusammengestellt von Giuseppe Toccagni und beruhend auf Informationen und auf einer Dokumentation des „Buchhalters" Carlo Marocco, des Enkels des berühmten Advokaten: *Giuseppe Marocco*, Difese Criminali dell'avvocato Giuseppe Marocco, Seconda edizione milanese, colla biografia dell'autore e con aggiunte inedite, 3 Bde. Mailand (Borroni e Scotti) 1851 [Biblioteca Scelta del Foro Criminale Italiano, 1]. Die Lektüre der *Difese criminali* (Verteidigungsreden in Strafsachen) eröffnet eine klare Information über die Einzelheiten und Eigenschaften der Strafjustiz im napoleonischen Zeitalter, und sie informiert uns ferner durch eine Reihe von lebhaften und wertvollen Zeugnissen über das hohe Ansehen, das der Verteidigungstechnik in dieser Zeit beigemessen wurde.

12 *Giuseppe Marocco*, Necessità di un difensore nelle cause criminali, qualunque sia la processura penale. Mailand (Silvestri) 1816. Wie schon bemerkt, ist dies nur der erste aus einer ganzen Reihe von Werken, die in den folgenden Jahren veröffentlicht wurden und mehrfach die Aufmerksamkeit der habsburgischen Obrigkeit – insbesondere der Zensur – auf sich zogen. Wir verweisen u.a. auf: *Giuseppe Marocco*, Dimostrazione dell'inutilità degli assessori ne' processi criminali. Ragionamento di Giuseppe Marocco per servir d'appendice alla Dissertazione sulla necessità della difesa. Mailand (Dova) 1819; *Ders.*, Prospetto ragionato de' molti e vari mezzi di difesa, in: Marocco, Difese Criminali, ed. 1851, a.a.O., Bd. III, S. 327–375.

Absolutismus und Rechtsstaatlichkeit im habsb. Gesetzbuch von 1803 **127**

Nun sind aber in den Augen von Giuseppe Marocco eben dies die wesentlichen Eigenschaften der Verfahrensregelung im Gesetzbuch über Verbrechen und schwere Polizeiübertretungen, das Franz I. von Österreich am 3. September 1803 verkündet hat – jenes Gesetzbuches, das, auch unter der Bezeichnung *Allgemeines Österreichisches Strafgesetzbuch*[13] für einige Jahrzehnte, beginnend mit dem Jahre 1816, in allen padano-venezischen Gebieten, die nach dem Wiener Kongreß der habsburgischen Herrschaft unterstehen, die Regeln des Straf- und Strafprozeßrechts bestimmen.

Eine kurze Betrachtung dieses Gesetzbuches, vor allem seines verfahrensrechtlichen Teils, wird uns auf den folgenden Seiten gestatten, die Begründetheit der schwerwiegenden Kritik Maroccos zu untersuchen und zugleich im fraglichen Text das Vorhandensein einiger Aspekte nachzuweisen, die dieser Kritik doch zu widersprechen scheinen und uns gestatten werden, ein umfassenderes und vielleicht weniger negatives Urteil als jenes zu fällen, das der alte Mailänder Advokat zu Beginn des 19. Jahrhunderts formuliert hat.

2. Zur Struktur des Gesetzes und zur Verteilung des Stoffes

Die Komplexität des Themas verlangt ein streng geordnetes Vorgehen und somit als erstes eine Betrachtung einiger formaler Aspekte des Textes von 1803. Von den eigentümlichen Merkmalen des habsburgischen Gesetzbuches verdient als erstes – und wohl auch allgemein bekanntes – sein Aufbau Hervorhebung. Dieser Aufbau ist durch eine doppelte Zweiteilung gekennzeichnet, indem das Werk nämlich

a) die Gesamtmaterie in zwei Teile aufteilt, die mit jeweils eigener Paragraphenzählung den *Verbrechen* und den *Schweren Polizeiübertretungen* gewidmet sind;

b) jeden der beiden Teile noch einmal in zwei Abteilungen aufteilt, von denen der erste das materielle Strafrecht, der zweite die Regelung des Verfahrens betrifft[14].

---

13 Zu den zahlreichen italienischen Ausgaben des habsburgischen Textes von 1803 – sowie zu den jeweiligen Unterschieden auch im Titel – verweisen wir auf den Beitrag von *Sergio Ambrosio* und *Paolo Dezan* in dem Band, in dem der Erstabdruck dieses Beitrages erschienen ist.

14 Wir geben einen kurzen Überblick über die Struktur des Gesetzbuches (auf der Grundlage des Codice Penale Universale Austriaco, Seconda Edizione Ufficiale. Mailand [Dall'I. R. Stamperia] 1815) [*Hinweis des Übersetzers:* Die Übersetzung der Texte und Überschriften des Gesetzes von 1803 folgt dem unveränderten Neudruck der amtlichen Ausgabe. Goldbach b. Aschaffenburg 2000]: Einleitung: Von den Gegenständen dieses Gesetzes, §§ I–VIII; Erster Teil Von den Vertbrechen, §§ 1–557 (Erster Abschnitt, Von Verbrechen und Bestrafung derselben, §§ 1–210 aufgeteilt in 28 Hauptstücke; Zweiter Abschnitt, Von dem rechtlichen Verfahren über Verbrechen, §§ 211–557 aufgeteilt in 19 Hauptstücke); Zweiter Teil, Von den schweren Polizei-Übertretungen, §§ 1–459 (Erster Abschnitt, Von den schweren Polizei-Übertretungen und Bestrafung derselben, §§ 1–275 aufgeteilt in 14 Hauptstücke; Zweiter Ab-

Der zuletzt genannte Punkt, die Zusammenfasung von materiellrechtlicher und prozessualer Regelung in einem einzigen Gesetzestext, bildet zweifellos eines der am meisten ins Auge stechenden Merkmale des Textes von 1803, wenngleich es auch aus anderen Vorgängen der strafrechtlichen Kodifikationsgeschichte bekannt ist[15].

Diese Lösung des Gesetzgebers von 1803, die man als Einheitslösung bezeichnen könnte, läßt sich auf prinzipieller Ebene gewiß kritisieren, und sie hat ja auch, wie bekannt, in der strafrechtlichen Kodifikationsgeschichte nur geringen Erfolg gehabt; indes gibt es auch Gründe, die für sie sprechen. Denn neben unzweifelhaften Gesichtspunkten der Praktikabilität für den Rechtsanwender werden durch diese Regelungsform einige doktrinäre Streitfragen systematischer Art, welche die Zugehörigkeit bestimmter Materien zum Prozeßrecht betreffen, und zu einer Zeit, in der das Regelungsinstrument der Kodifikation sich noch in magmatischem Zustand befindet, sehr heftig ausgetragen werden, zwar vielleicht nicht gelöst, aber doch auf sehr pragmatische Weise gemildert. Es handelt sich um Streitfragen, die solche heiklen Probleme betreffen wie das Abwesenheitsverfahren, die Kumulierung von Straftaten und Strafe, die Straftatkonkurrenz, die Strafvollstreckung und die Tilgung von Straftat und Strafe.

Zur Trennung von *Verbrechen* und *Schweren Polizeiübertretungen* bemerken wir vorab, daß diese Dichotomie zu einer in Österreich fest etablierten gesetzgeberischen Übung gehört; ein unmittelbarer Vorgänger findet sich im Strafgesetzbuch Josephs II. von 1787. Die Entscheidung des österreichischen Gesetzgebers beruht in diesem Falle auf systematischen Konzeptionen rationalistischer und naturrechtlicher Natur, die ihre Wurzeln vor allem im Denken von Christian Thomasius und Christian Wolf besitzen. Diese systematischen Konzeptionen kreisen tendenziell zunächst eine erste Gruppe von Verhaltensweisen von besonderer Strafwürdigkeit ein, die den „klassischen" Straftatfiguren entsprechen (vom breiten Fächer der Tatbestände in

---

schnitt, Von dem Verfahren bei schweren Polizei-Übertretungen, §§ 276–459 aufgeteilt in 9 Hauptstücke).

15 Wir nennen als Beispiel den französischen *Code des Délits et des Peines* vom 3. Brumaire des Jahres IV (24. Oktober 1795) – den berühmten *Code Merlin* –, der üblicherweise als Strafprozeßordnung (codice di procedura penale) bezeichnet wird, aber auch ein drittes Buch über materielles Recht enthält, das als eine Art Anhang oder Vervollständigung des *Code Pénal* vom 25. September / 6. Oktober 1791 (*Code Lepeletier*) konzipiert ist. Über das Werk von Philippe Antoine Merlin de Douai vgl. unter den jüngeren Beiträgen *Dezza*, Il Codice di Procedura Penale, a.a.O., S. 32–34, sowie *Pierre Lascoumes / Pierrette Poncela / Pierre Lenoël*, Au nome de l'ordre. Une histoire politique du code pénal. Paris (Hachette) 1989, S. 163–166. Wir erwähnen ferner, um in Italien zu bleiben, die Strafrechtskodifikation des Herzogtums Modena von 1855, in der allerdings ein gewisser habsburgischer Einfluß nachwirkt. Zur estensischen Strafrechtskodifikation vgl. zuletzt und mit besonderer Beachtung des materiellen Rechts *Adriano Martini*, Il codice criminale estense del 1855, in: Diritto penale dell'Ottocento. I codici preunitari e il codice Zanardelli. Hrsg. von Sergio Vinciguerra. Padova (CEDAM) 1993, S. 300–349.

der Tradition der Figur der *laesa majestas* bis zum Mord, von der Körperverletzung bis zum Diebstahl, vom Raub bis zum Betrug). All diese Straftaten werden konzeptionell dem Bereich des Naturrechts zugerechnet und müssen deshalb vom Staat stets verfolgt werden, darüber hinaus stehen auf sie besonders schwere Strafen. In einer zweiten Gruppe werden hingegen diejenigen Verhaltensweisen zusammengefaßt, deren Bekämpfung seitens des Staates vorwiegend auf Opportunität, Situationsgegebenheiten und Kontingenz beruht. Sie werden mit leichteren Strafen bedroht und gehören konzeptionell nicht dem Naturrecht an, sondern – um einen Lieblingsausdruck von Jean Domat zu verwenden – dem arbiträren Recht[16].

Auf prozessualer Ebene hat die Dichotomie „Verbrechen / Schwere Polizeiübertretungen" freilich nicht geringe Auswirkungen. Sie weist nämlich zwei unterschiedliche Verfahrensformen auf, die zwar gemeinsame Grundeigenschaften besitzen, welche man alles in allem als inquisitorisch bezeichnen kann, jedoch auch beachtliche Unterschiede in mindestens zwei Punkten.

Eine erste wichtige Unterscheidung ergibt sich daraus, daß die Behörden, die im Bereich der Verbrechen zur Entscheidung berufen sind vollständig andere sind – auch im Hinblick auf ihre jeweilige Rechtsnatur – als diejenigen, die im Bereich der schweren Polizeiübertretungen wirksam sind. Die ordentliche Zuständigkeit im Bereich der Verbrechen liegt nämlich bei Organen, die rein richterlicher Natur besitzen, insbesondere – was das Königreich Lombardo-Venetien angeht – bei den Kriminalgerichten erster Instanz, bei den Höheren Kriminalappellationsgerichten in Mailand und Venedig und beim Italienischen Senat des Obersten Justiztribunals in Verona in dritter Instanz. Die ordentliche Zuständigkeit für schwere Polizeiübertretungen hingegen liegt bei den „politische Obrigkeiten" genannten Organen, bei denen – einer traditionellen habsburgischen Übung folgend – richterliche und politisch-administrative Eigenschaften sich vermischen. Es handelt sich um die örtlichen Obrigkeiten, die in erster Instanz urteilen, die „Landesstellen", die in zweiter Instanz urteilen, und um die „Politische Hofstelle", die in dritter Instanz tätig wird[17]. In beiden Fällen haben wir es mit einem kanonistisch geprägten System zu tun, das auf drei gerichtliche Ebenen aufgeteilt ist, von denen jede sowohl in der Tat- als auch in der Rechtsfrage urteilt.

---

16 Zur Systematik des habsburgischen Gesetzgebers und zu ihren theoretischen und philosophischen Grundlagen verweisen wir auf die erhellenden Ausführungen b. *Giovanni Tarello*, Storia della cultura giuridica moderna. Bd. I. Assolutismo e codificazione del diritto, Bologna (Il Mulino) 1976, S. 515–523.

17 Vgl. dazu neben den §§ 462–472 des Ersten Teils und den §§ 276 und 292 des Zweiten Teils des „Codice Penale Universale Austriaco" den „Nuovo sistema per l'amministrazione della giustizia presso le prime istanze" (3. Februar 1818), in: „Atti del Governo". Mailand (Imperial Regia Stamperia) 1818, Bd. I, 1, Nr. 5, S. 13 ff.

Der zweite wichtige Unterschied allgemeiner Art besteht darin, daß das Verfahren für Verbrechen sehr viel stärker formalisiert ist als das für schwere Polizeiübertretungen geltende Verfahren. Dieser Umstand erscheint zunächst offenkundig aufgrund der einfachen Beobachtung, daß der Abschnitt des Gesetzbuches, der dem *rechtlichen Verfahren über Verbrechen* gewidmet ist, fast doppelt so viele Paragraphen umfaßt wie diejenige für das *Verfahren bey schweren Polizey-Übertretungen*[18]. Doch es geht hier nicht um eine bloße Frage des Umfangs der Regelungsmaterien. Die Regelung des Verfahrens bei Verbrechen ist nämlich viel genauer, gründlicher und zwingender; hingegen werden die schweren Polizeiübertretungen in einfacheren und daher auch weitgehend weniger zwingenden Formen verhandelt, wenn man eine Proportionalitäts-Abstufung aufstellt, über die man diskutieren kann, die aber mit Sicherheit konsequent angewendet wird.

Das Gesetzbuch von 1803 läßt nämlich dem Richter-Beamten der „politischen Obrigkeiten" Ermessensspielräume, die der Richterschaft an den Kriminalgerichten nicht eingeräumt sind. Dies erklärt sich insbesondere aus der Höhe der jeweils angedrohten Strafen. Der Richter an den Kriminalgerichten muß Entscheidungen von mitunter außerordentlicher Härte fällen, beginnend mit denjenigen über das Leben eines Menschen, und seine Tätigkeit muß daher in viel engeren Grenzen kanalisiert und ständigen Kontrollen unterworfen werden. Es erscheint nicht überflüssig, an dieser Stelle daran zu erinnern, daß die Todesstrafe im Gesetz von 1803 in fünf Fällen angedroht ist – eine Zahl die nachdenklich machen kann angesichts jener 18 Fälle, die im napoleonischen *Code Penale* von 1810 aufgeführt sind[19].

3. Die allgemeinen Verfahrensgrundsätze

Die bisherigen Hinweise führen uns nun zu einer kurzen Betrachtung der allgemein befolgten Grundsätze des habsburgischen Gesetzgebers im Bereich des Verfahrens. Wir haben bereits mehrfach darauf hingewiesen und dabei als gegeben unterstellt, daß das Verfahren im wesentlichen inquisitorische Züge trägt. Tatsächlich sind die Ingredienzien, die das inquisitorische Rezept ausmachen, in diesem Gesetzestext fast ausnahmslos anzutreffen. Wir wollen sie im folgenden im Überblick aufzählen:

a) Verfahrenseinleitung *ex officio*. Das Verfahren wird obligatorisch vom zuständigen Richter in dem Augenblick eingeleitet, in dem entweder in ordentlichen

---

18 Das Verfahren im Bereich der Verbrechen ist geregelt in 347 Paragraphen, die auf 19 Hauptstücke aufgeteilt sind, dasjenige im Bereich der schweren Polizei-Übertretungen beschränkt sich auf 183 Paragraphen, die auf 9 Hauptstücke aufgeteilt sind. Zur Struktur des Gesetzbuches s. bereits o. Fußn. 14.

19 Dieser Umstgand wird nachdrücklich betont von einem Apologeten der habsburgischen Strafrechtskodifikation: *Antonio Albertini*, Del diritto penale vigente nelle province lombardo-venete. Venedig (Milesi e Antonelli) 1824, Bd. I, S. 11.

Formen wie der Anzeige oder „auf irgend einem Wege" eine *notitia criminis* an ihn gelangt[20]. Die Befugnisse der privaten Partei sind auf ein Mindestmaß reduziert, und nur ausnahmsweise – wie im Falle des Ehebruchs, der zu den schweren Polizeiübertretungen zählt – ist der Strafantrag der verletzten Partei erforderlich[21]. Selbstverständlich wird er unbeschadet des Rechtes der verletzten Partei gestellt, „Genugthuung oder Entschädigung von dem Verbrecher, seinen Erben oder aus seinem Vermögen [zu fordern]"[22].

b) Heimlichkeit. Bis zum Abschluß der Untersuchung kann der Beschuldigte keine Einsicht in die Prozeßakten nehmen, Mitteilungen über den Stand des Verfahrens erlangen oder Informationen über das vom Richter gesammelte Beweismaterial erhalten. Erst im Augenblick des ersten summarischen Verhörs werden ihm einige wesentliche Mitteilungen über die Beschuldigung und, wenn der Richter dies für erforderlich erachtet, auch über die Anzeichen gemacht, die zu seinem Nachteil streiten[23].

c) Schriftlichkeit. Jeder Aspekt und jedes Element des Verfahrens, insbesondere alles, was die Beweisermittlung betrifft, wird protokolliert. Die Protokolle werden in der Prozeßakte zusammengeführt, die, wie schon erwähnt, erst im letzten Augenblick dem Beschuldigten bekannt wird. Die Entscheidung beruht auf dem Inhalt dieser Akte[24].

d) Fehlen eines unparteiischen, den Parteien übergeordneten Richters. In der hier betrachteten Verfahrensstruktur zeigt sich eine grundlegende Rollenvermischung zwischen der Ermittlungsfunktion und der richterlichen Funktion, die formal – nach einem im inquisitorischen Modell immer wieder auftauchenden Schema – dadurch ausgeglichen wird, daß der Richter die Verpflichtung besitzt, neben den Schuldbeweisen auch alles das zu erforschen, was für die Unschuld des Beschuldigten sprechen könnte. Der Richter / Ankläger / Verteidiger ist selbstverständlich bei der Erforschung und Aufnahme der Beweismittel, die er unabhängig von Anträgen der Parteien sammelt, mit umfangreichen Ermessensbefugnissen ausgestattet[25].

---

20 Gesetzbuch von 1803, Erster Teil §§ 215, 226; Zweiter Teil §§ 293–294.
21 Gesetzbuch von 1803, Erster Teil § 248. Vgl. ferner Zweiter Teil § 268.
22 Gesetzbuch von 1803, Erster Teil § 35.
23 Gesetzbuch von 1803, Erster Teil §§ 288, 292, 337, 483; Zweiter Teil § 331.
24 Gesetzbuch von 1803, Erster Teil §§ 246, 293, 297, 337, 359, 370, 372; Zweiter Teil §§ 309 und 345–347.
25 Gesetzbuch von 1803, Erster Teil §§ 287–306, 334, 335, 337, 349, 350, 353, 348–395, 416; Zweiter Teil §§ 315–349.

e) Fehlen (oder ganz marginales Vorhandensein) einer berufsmäßigen Verteidigung. Da, wie bereits erwähnt, auch „die Verteidigung der Unschuld" zu den amtlichen Pflichten des Richters zählt[26], hat der Beschuldigte auf den direkten Beistand eines Verteidigers, soweit es nicht um die Abfassung einer etwaigen „Beschwerdeschrift" geht, mit der er das erstinstanzliche Urteil anfechten will, keinen Anspruch[27]. Dennoch hat er „während des ganzen Verfahrens das unbeschränkte Recht, alles an die Hand zu geben, was er immer zu seiner Vertheidigung dienlich erachtet"[28].

f) Gesetzlicher Beweis. Das Beweissystem ist im wesentlichen das des gesetzlichen Beweises, und infolgedessen konzentriert es sich – wie es in diesen Fällen zu sein pflegt – auf die Erlangung des Geständnisses des Beschuldigten[29]. Hinzuweisen ist ferner darauf, daß die Regelung der Beweisfrage in unserem Gesetz einige Besonderheiten aufweist, die es als besonders interessant erscheinen lassen und auf die wir im folgenden noch zurückkommen werden.

g) Fehlen eines Verhandlungsabschnittes. Nach Abschluß der schriftlichen und geheimen Untersuchung wird sogleich zur Beratung im Beratungszimmer geschritten, ohne daß es irgendwelche Zugeständnisse an die Grundsätze der Mündlichkeit und des kontradiktorischen Verfahrens gäbe[30].

h) Vorbeugende Haft. Es handelt sich für den eines Verbrechens Angeschuldigten um den gewöhnlichen Zustand[31] und trägt den Namen „Kriminalverhaft"[32]. Weniger häufig ist sie in den Verfahren wegen schwerer Polizeiübertretungen; in diesen steht sie meistens im Ermessen des Richters; hier trägt sie den Namen „Verhaftung"[33].

---

26 Gesetzbuch von 1803, Erster Teil § 337.
27 Gesetzbuch von 1803, Erster Teil § 465.
28 Gesetzbuch von 1803, Erster Teil § 337.
29 Gesetzbuch von 1803, Erster Teil §§ 294, 336, 349, 353, 368, 398–402; Zweiter Teil §§ 336 und 351–355.
30 Gesetzbuch von 1803, Erster Teil §§ 372 und 415–444; Zweiter Teil §§ 378–408.
31 Eine Ausnahme bilden die in § 306 des Ersten Teils vorgesehenen Fälle: „Wenn a) die Beschuldigung ein Verbrechen betrifft, welches nach dem Gesetze höchstens eine einjährige Strafe nach sich ziehen könnte; zugleich b) der Beschuldigte eine bekannte, der Entfliehung halber unverdächtige Person, von sonst unbescholtenem Rufe ist; und c) aus seiner Freiheit nicht zu besorgen steht, daß die Untersuchung erschweret werde, soll der Beschuldigte von der Verhaftung verschonet, und das Verfahren mit ihm auf freiem Fuße eingeleitet werden. Doch muß er dem Kriminalgerichte angeloben, sich von seinem Aufenthaltsorte bis zum Austrage der Sache nicht wegzubewegen, noch sich verborgen zu halten".
32 Gesetzbuch von 1803, Erster Teil §§ 281–284 und 307–333.
33 Gesetzbuch von 1803, Zweiter Teil §§ 321, 323, 329, 331, 349.

Die Gesamtheit der soeben aufgezählten Grundsätze, zu einer technischen Betrachtung des Gesetzestextes zusammengefaßt, erlaubt dem Betrachter an dieser Stelle ein erstes, wenn auch – wie betont werden muß – vorläufiges Urteil über diesen Text. Das Urteil läßt sich folgendermaßen zusammenfassen: Der Text von 1803 enthält und bildet im politischen und kulturellen Umkreis des von den staatsfixierten Grundsätzen des mitteleuropäischen Absolutismus beherrschten Umfeldes die äußerste Vollendung und definitive Rationalisierung jenes Verfahrensmodells, das sich im frühen Mittelalter entwickelt hat, in Kontinentaleuropa im 16. Jahrhundert zur Reife gelangt ist und in der Rechtsgeschichtsschreibung allgemein als römisch-kanonischer Inquisitionsprozeß bezeichnet wird. Anders ausgedrückt: Der habsburgische Gesetzgeber hätte nach alledem nichts anderes getan, als bei dieser Gelegenheit die Konzeptionen und grundlegenden Rechtsinstitute des Strafprozesses des späten gemeinen Rechts aufzugreifen und zu überarbeiten, indem er sie durch die für das Österreich des 18. Jahrhunderts typische rationalistische und staatsfixierte Praxis gefiltert hätte.

Dieser erste Schluß ist, wie wir im folgenden noch besser erkennen werden, gewiß nur ein partieller, er erscheint aber nicht unbegründet; auch wird er abgesichert von einigen strukturellen Aspekten des untersuchten Verfahrens, auf die nun kurz eingegangen werden soll.

4. Die Verfahrensabschnitte

Aus drei wesentlichen und konstitutiven Bestandteilen setzt sich das ordentliche Verfahren des Gesetzbuches von 1803 zusammen: die „General- und Preliminaruntersuchung" (oder Preliminarinquisition), der „ordentliche Untersuchungsprozeß" (oder Spezialinquisition) und das Urteil. Die ersten beiden Abschnitte werden in den Verfahren wegen Verbrechen von „dem zur Verwaltung des Kriminalgerichts bestellten Beamten" geführt, der in Abordnung und mit Unterstützung des Kollegiums handelt; in den Verfahren wegen schwerer Polizeiübertretungen werden sie von einer in einem öffentlichen Amte stehenden Person der zuständigen örtlichen „politischen Obrigkeit" geführt

Nach Eingang der *notitia criminis* beginnt der Richter die „Erforschung des Verbrechens", indem er vor allem die Existenz der Tat und die zugehörigen Umstände feststellt und daneben die Rechtsnatur des Verbrechens oder der schweren Polizeiübertretung zwecks Feststellung der Zuständigkeit ermittelt[34]. Im Verlauf dieses Verfahrensabschnittes richtet sich die Tätigkeit des Beamten, der wegen eines Verbrechens prozediert, auf die Feststellung und Sammlung (durch Nachforschungen, Gutachten, Beschlagnahmungen und Zeugenvernehmung) aller „gesetzlichen Anzeigungen *(in-*

---

34 Gesetzbuch von 1803, Erster Teil §§ 226–257; Zweiter Teil §§ 293–314.

dicia)", welche die Erhebung der Beschuldigung gegen eine bestimmte Person ermöglichen. Niemand nämlich – sagt § 258 des 1. Teils des Gesetzbuches – „darf um eines Verbrechens willen zur Verantwortung gezogen werden; es sey denn, es ist rechtliche Anzeigung vorhanden, worauf die Beschuldigung gegründet wird". Die gesetzlichen Anzeichen sind ihrerseits im nachfolgenden Art. 259 definiert; es sind „Umstände, welche zwischen dem Verbrechen und einer Person einen solchen Zusammenhang wahrnehmen lassen, daß nach unpartheyischer Ueberlegung daraus wahrscheinlich wird, diese Person habe das Verbrechen begangen".

Wir haben es hier weitgehend mit der Umsetzung der Theorie von den *indicia ad inquirendum* bzw. der *redlichen anzeygung* der *Constitutio Criminalis Carolina*, typischen Produkten der Doktrin des gemeinen Rechts, zu tun. Und aus eben dieser Theorie leitet das Gesetzbuch eine äußerst akkurate Regelung klassifikatorischer Art ab[35], die durch Beschreibung und schrittweises Exemplifizieren dessen, was man als nahe Anzeigung, als entfernte Anzeigung und als ein spezielles Anzeigung anzusehen hat, mit größtmöglicher Genauigkeit das Gewicht jener Beweise im voraus zu bestimmen versucht, welche die zeitgenössischen Juristen ohne Zögern unter Verwendung des alten terminologischen Ballasts des Ancien Régime als „halbe Beweise" bezeichnen[36].

Knapper ist die entsprechende Regelung bei den schweren Polizeiübertretungen. Hier ist die Rede von „rechtlichem Verdacht"[37], und die Beurteilung, ob dieser hinreichend sei, um zur Spezialuntersuchung überzugehen, ist im Rahmen einiger allgemeiner Grundsätze im wesentlichen „dem Ermessen der Behörde" überlassen[38]. Der Regelungsunterschied wird in diesem Punkt besonders sinnfällig durch die unterschiedlichen Kriterien, die – wie schon erwähnt – vom habsburgischen Gesetzgeber bei der Behandlung der Verbrechen auf der einen, der schweren Polizeiübertretungen auf der anderen Seite herangezogen werden.

Sind hinreichende „gesetzliche Anzeigungen" zu Lasten einer bestimmten Person gesammelt oder haben sich im Fall der schweren Polizeiübertretungen hinreichende „gesetzliche Verdachtsgründe" ergeben, so ergeht eine Verfügung, in der die Beschuldigung formuliert wird. Diese Verfügung macht den Weg frei zum sog. „or-

---

35 Gesetzbuch von 1803, Erster Teil §§ 258–280.
36 Vgl. u.a. *Giuseppe Antonio Castelli*, Manuale del Codice penale e delle gravi trasgressioni di polizia. Mailand (Manini) 1833, Bd. II, S. 51; *Sebastian Jenull*, Commentario sul codice e sulla processura criminale della monarchia austriaca. Mailand (Stella-Sonzogno-Silvestri-Baret) 1816, Bd. III, S. 156; *Karl Joseph Anton Mittermaier*, Die Lehre vom Beweise im Strafprozesse (1834), ital. Übersetzung: Teoria della prova nel processo penale. Mailand (Scotti) 1848, S. 173.
37 Gesetzbuch von 1803, Zweiter Erster Teil § 315.
38 Gesetzbuch von 1803, Zweiter Teil §§ 317–320.

dentlichen Untersuchungs-Prozeß". Es bedarf kaum der Erwähnung, daß in diesem Punkt die klare Unterteilung des Ermittlungsabschnittes in zwei durch die Feststellung des Beschuldigten verbundene Elemente sich derselben Terminologie – „General- und Voruntersuchung" und „ordentlicher Untersuchungsprozeß" – bedient, die auch zur technischen und wissenschaftlichen Ausrüstung des gemeinen Rechts gehört.

Der „ordentliche Untersuchungsprozeß" (oder Spezialinquisition) ist gegen denjenigen gerichtet, der „in dem Verbrechen betreten" worden ist oder gegen den, der während der „General- und Vorermittlung" „aus rechtmäßigen Anzeigungen eines Verbrechens beschuldigt" worden ist. Findet das Verfahrens wegen eines Verbrechens statt, so „ist in der Regel" – wie es § 281 des 1. Teils des Gesetzbuches bestimmt – der Beschuldigte „in Kriminalverhaft zu nehmen" und in das „Untersuchungsgefängnis" zu überstellen.

Zweck dieses Verfahrensabschnitts ist die Gewinnung des „vollständigen rechtlichen Beweises" sowohl der Schuld des Angeklagten als auch „dessen, was zu seiner Rechtfertigung dienen kann"[39]. Der „vollständige Beweis" kann nach dem strengen Schematismus des hier untersuchten Gesetzbuches auf dreierlei Weise gewonnen werden, nämlich:

a) durch das Zusammentreffen von Umständen;
b) mittels der Bekundung der Zeugen;
c) durch das Geständnis des Angeklagten[40].

Nur in den Verfahren wegen schwerer Polizeiübertretungen kann der vollständige Bereich auch anhand von schriftlichen oder vom Beschuldigten unterschriebenen Urkunden erbracht werden[41]. Wie in jedem System mit gesetzlichem Beweis ist es allerdings das Geständnis, worauf der habsburgische Gesetzgeber mit besonderem Nachdruck eingeht, indem er der Regelung des Verhörs des Beschuldigten – besser, d.h. mit den Worten der traditionellen Terminologie, ausgedrückt des „constitutum rei" – einen großen Teil der Paragraphen widmet, die sich mit der Spezialinquisition befassen – und zwar sowohl bei den Verbrechen[42] als auch bei den schweren Polizeiübertretungen[43].

---

39 Gesetzbuch von 1803, Erster Teil §§ 334–336.
40 Gesetzbuch von 1803, Erster Teil §§ 396–414; Zweiter Teil §§ 350–377.
41 Gesetzbuch von 1803, Zweiter Teil §§ 356–359.
42 Gesetzbuch von 1803, Erster Teil §§ 287–305 und 348–373. Hat das Verfahren ein Verbrechen zum Gegenstand, so geht dem „regulären Verhör" ein „summarisches Verhör" voraus, welches im Zeitpunkt der Arretierung des Beschuldigten stattfinden muß.
43 Gesetzbuch von 1803, Zweiter Teil §§ 324–349.

Die Gründe für diese bevorzugte Behandlung sind wohlbekannt; sie liegen in der praktischen Schwierigkeit, den gesetzlichen Beweis auf andere Weise zu erlangen. Wir erwähnen insoweit § 142 des 1. Teils des Gesetzbuches, der zeigt, wie man den vollständigen Beweis durch Zusammentreffen von Umständen erlangen kann. Vier Druckseiten, die im wesentlichen eine lange Liste von Requisiten aufzählen, die einfach unmöglich allesamt – oder gar allesamt gleichzeitig – festgestellt werden können. Weniger unerreichbar, doch stets schwierig ist der Zeugenbeweis, dessen Regelung – von Ausnahmefällen abgesehen – gekennzeichnet ist durch die Anwendung des bekannten Grundsatzes *unus testis, nullus testis*[44], sowie durch eine gleich große Zahl von weiteren Vorsichtsregeln, die auch dieses zweite Beweismittel alles andere als bequem machen.

So bleibt nur das Wort des Beschuldigten, und auf dieses konzentriert sich denn auch die Aufmerksamkeit des Gesetzgebers mittels eines minutiösen, genauen und in formeller Hinsicht äußerst entwickelten Reglements. Die „Abhörung" ist nämlich die Achse, um die herum sich das ganze Verfahren dreht. Der Gesetzgeber weiß dies recht gut, wenn er gestattet, daß das Verhör jederzeit aufgenommen, aufrechterhalten und fortgesetzt werden kann, wann immer dem Richter dies zuträglich erscheint[45]. Recht gut wissen es auch jene, die im Verlauf einer jeden Archivrecherche auf Prozeßakten der habsburgischen Epoche stoßen, die meistens aus Dutzenden, Hunderten, mitunter sogar Tausenden von Seiten mit geduldigen, wiederholten und erschöpfenden Verhören bestehen – man braucht nur an die bekannten politischen Prozesse im Gefolge der Vorgänge von 1821 zu denken.

Und es muß hinzugefügt werden, daß auch infolge der gerade erwähnten förmlichen Auswüchse die Paragraphen, die das Gesetzbuch der „Abhörung" widmet, durchaus nicht frei von rechtsstaatlichen Schutzvorschriften sind. Einige rasche Beispiele aus Teil I des Gesetzbuches genügen als Beleg für diese Aussage: „Jeder Fragepunkt [muß] an und für sich, oder in Hinsicht auf das Ganze, zur Sache gehöre[n]" (§ 353); „Die Fragen [dürfen] nicht etwa darauf zielen [...], um den Beschuldigten durch Zweydeutigkeiten, oder Verwicklung zu fangen, sondern jede Frage [sey] kurz, deutlich und nur über einen Umstand gefasset [...], damit der Befragte sie wohl begreife, und bestimmt beantworten könne" (§ 353); „Die Fragen [müssen] auch dahin gerichtet seyn, alles zu erforschen, was des Befragten Rechtfertigung, und Schuldlosigkeit, oder doch seine geringere Schuld in das Licht setzen, und beweisen kann" (§ 353); „Das Verhör soll mit Gelassenheit und Anständigkeit aufgenommen werden (§ 358); „Der Befragte ist in der Beantwortung nicht zu übereilen" (§ 361); „Nie-

---

44 Vgl. dazu *Antonio Padoa Schioppa*, „Unus testis nullus testis". Note sulla scomparsa di una regola processuale, in: Studia Ghisleriana. Serie speciale per il IV centenario del Collegio Ghislieri in Pavia. 1567–1967, Band: Studi Giuridici. Pavia 1967, S. 334–357.

45 Gesetzbuch von 1803, vgl. Erster Teil § 355

mals darf eine Vorspiegelung falscher Anzeigungen, oder erdichteter Beweismittel, eine Verheißung gelinderer Strafe, oder der Begnadigung, noch irgend eine Bedrohung, oder was immer für eine Thätigkeit gegen den Beschuldigten gebraucht werden" (§ 368); „Ebenso ist sich bey der Protokollierung der Antworten von aller eigenmächtigen Deutung, die mit dem Willen, und dem natürlichen Verstande der Worte des Befragten nicht übereinkäme, zu enthalten" (§ 368).

Es bleibt freilich die Tatsache, daß die betrachtete Regelung stets mit der traditionellen Vorstellung verbunden ist, daß das Geständnis die *regina probationum* im Strafverfahren sei, daß das Wort des Angeklagten der hauptsächliche Belastungsbeweis sei und daß diese „Abhörung" demnach bezwecke, eine „Wahrheit" zu gewinnen, die weitgehend mit der Erzielung des Schuldbeweises identisch ist[46].

Die Schließung des Protokolls der „Abhörung"[47] bezeichnet das Ende des Untersuchungsverfahrens und eröffnet die Möglichkeit, zum Urteil zu schreiten; in Verfahren wegen schwerer Polizeiübertretungen wird dieses sogleich verkündet[48], in Verfahren wegen Verbrechen binnen einer Frist von acht Tagen, die „bey wichtigen und weitläufigen Untersuchungen" auf dreißig Tage verlängert werden kann[49]. Im letzteren Fall wird die Entscheidung „bey versammeltem Gericht" und mit Mehrheit gefällt; das Votum des Gerichtspräsidenten gibt bei Stimmengleichheit den Ausschlag. Das Urteil kann lauten a) auf Freispruch, wenn der Beschuldigte – um die Worte des Gesetzes zu benutzen – „von den Anzeigungen ganz gereiniget ist"[50]; b) auf Verurteilung, wenn der gesetzliche Beweis erbracht worden ist; c) auf Lossprechung von der Untersuchung, wenn es am gesetzlichen Schuldbeweis mangelt, jedoch gegen den Beschuldigten weiterhin Anzeigungen und Verdachtsgründe bestehen[51]. Diese dritte Formel führt, abgesehen von etwaigen Polizeimaßnahmen, die freilich im hier betrachteten Gesetz nicht enthalten sind, zu einer erleichterten Wiederaufnahme des Verfahrens, falls neue Beweismittel auftauchen und nicht inzwischen die Verjährung eingetreten ist[52].

---

46 Wir verweisen dazu auf den Beitrag von *Paolo Marchetti*, Testis contra se. L'imputato come fonte di prova nel processo penale dell'età moderna. Mailand (Giuffrè) 1994. Vgl. ferner *Angelo Giarda*, „Persistendo 'l reo nella negativa". Mailand (Giuffrè) 1980, S. 5, sowie *Ettore Dezza*, Tommaso Nani e la dottrina dell'indizio nell'età dei lumi. Mailand (Giuffrè) 1992, S. 80–86.

47 Bei dieser Gelegenheit wird dem Beschuldigten eine kurze Frist – drei Tage – zur Unterbreitung seines letzten Vorbringens eingeräumt (Erster Teil § 372).

48 Gesetzbuch von 1803, Zweiter Erster Teil § 381.

49 Gesetzbuch von 1803, Erster Teil § 421.

50 Gesetzbuch von 1803, Erster Teil § 428.

51 Gesetzbuch von 1803, Erster Teil §§ 415–443; Zweiter Teil §§ 378–408.

52 Gesetzbuch von 1803, Erster Teil §§ 471–473.

Das Urteil wird sogleich veröffentlicht und vollstreckt, doch werden die Gründe nur demjenigen auf Antrag bekannt gemacht, der berechtigt ist, die Entscheidung anzufechten und von diesem Recht Gebrauch machen will[53].

5. Das System der Kontrollen und Rechtsmittel

Was den zuletzt genannten Punkt angeht, so empfiehlt sich nun ein Überblick über die Bestimmungen, welche das System der Kontrollen und der Heilungsmöglichkeiten durch die in der Hierarchie höheren Gerichte sowie den Bereich der Rechtsmittel regeln. Es handelt sich um verwickelte und mitunter in wechselseitiger Abhängigkeit stehende Mechanismen, die nach der allgemeinen Auffassung der zeitgenössischen Rechtslehre den Zweck verfolgen[54], ein größeres Ausmaß von Sicherheit in der Ermittlung der Wahrheit zu erreichen, besonders in Fällen von größerer Bedeutung und Schwere.

Im Hinblick auf das System der Kontrollen hat der habsburgische Gesetzgeber festgesetzt, daß in einigen Fällen die Entscheidungen sowohl der Kriminalgerichte als auch der Polizeigerichte *ex officio* und ohne daß irgendeine Form von Anfechtung erfolgt ist, an das Gericht höheren Grades zu übersenden sind.

Im Bereich der Verbrechen geschieht dies, wenn die Straftat besondere Schwere aufweist (dazu gibt es ein genaues Verzeichnis, das vom Hochverrat und den Staatsverbrechen bis zum Mord, zur Brandstiftung und zum Raub reicht), wenn die Verurteilung ohne Geständnis des Angeklagten erfolgt ist und wenn die verhängte Strafe besonders streng ist. In diesen Fällen übersendet das Kriminalgericht automatisch das Urteil mit den Prozeßakten an das Obergericht. Letzteres muß seinerseits, diesmal begrenzt auf Tatbestände von besonderer Schwere, seine Entscheidungen der „Obersten Justizstelle" senden, deren Entscheidung in Fällen der Todesstrafe dem Landesfürsten vorgelegt werden, denn nur ihm steht das Recht des Gnadenerweises zu[55].

Abgesehen von den verschiedenen Größenverhältnissen gilt ein entsprechender Kontrollmechanismus bei den Entscheidungen der Polizei zugunsten der Landesstelle und bei deren Entscheidungen für die Oberste Politische Behörde. In diesem Falle fehlt natürlich die Beteiligung des Landesherrn, denn die Todesstrafe ist für schwere Polizeiübertretungen nicht vorgesehen[56].

---

53 Gesetzbuch von 1803, Erster Teil § 464.
54 Vgl. z.B. *Castelli*, Manuale del Codice penale, a.a.O., Bd. II, S. 227, sowie *Jenull*, Commentario sul codice, a.a.O., Bd. IV, S. 258.
55 Gesetzbuch von 1803, Erster Teil §§ 433–444.
56 Gesetzbuch von 1803, Zweiter Teil §§ 402–407.

Die jeweils höhere Instanz kann sowohl wegen der Form als auch wegen des Inhalts der Entscheidung eingreifen; entdeckt sie aber in der Prozeßführung einen „wesentlichen Mangel", der die Entscheidungsfindung selbst beeinflußt hat, so sendet sie die Akten an die untere Instanz zurück und fordert sie auf, den Mangel zu heilen und ein neues Urteil zu erlassen, über das sie dann anschließend erneut ihr Kontrollrecht in den üblichen Formen ausübt[57]. Insoweit sollte präzisierend ergänzt werden, daß das Gesetzbuch die vollständige Nichtigkeit von Verfahrenshandlungen nur in Fällen von Rechtsfehlern vorsieht[58].

Was das System der Rechtsmittel angeht, so kann das, was als „Rekurs oder Ansuchen um Hülfe bey höherer Behörde" bezeichnet wird, eingelegt werden gegen eine Entscheidung erster Instanz, die nicht der Übersendung *ex officio* an die höhere Instanz bedarf, ferner gegen eine Entscheidung der höheren Instanz, welche die erstinstanzliche, *ex officio* zur Überprüfung übersandte Entscheidung *in peius* für den Angeklagten abgeändert hat. Der Rekurs kann sowohl die Gesetzmäßigkeit des Verfahrens als auch diejenige des Urteil betreffen. Im ersten Falle wird festgestellt, daß die Untersuchung „ohne gesetzlichen Grund" begonnen und durchgeführt worden ist. Im zweiten Fall wird festgestellt, daß der Verurteilte auf der Grundlage der erhobenen Beweise entweder hätte freigesprochen werden müssen oder ihm die Wohltat der Aussetzung des Verfahrens mangels gesetzlicher Beweise hätte zugute kommen müssen oder daß er wenigstens zu einer milderen Strafe hätte verurteilt werden müssen[59].

Die bedeutsamsten Züge der betrachteten Regelung zeigen sich im Suspensiveffekt, der die Vollstreckung des Urteils bis zum Ende des Rechtsmittelverfahrens aufhält[60], im Verbot der *reformatio in peius*[61], sowie in der bereits erwähnten Möglichkeit des Beschuldigten, sich bei der Abfassung der Rekursschrift der Hilfe eines professionellen Verteidigers zu bedienen[62].

6. Das aufklärerische Erbe

Die knappen Hinweise, mit denen wir die Hauptlinien des Strafverfahrens im Werk des habsburgischen Gesetzgebers zu beschreiben versucht haben, scheinen die partiellen Annahmen, die wir vorher aufgestellt haben, zu bestätigen. Wir haben es mit einem Text zu tun, der die prozessualen Formen aufgrund der Erfordernisse des

---

57 Gesetzbuch von 1803, Erster Teil §§ 438–439; Zweiter Teil §§ 403–404.
58 Gesetzbuch von 1803, Erster Teil § 225.
59 Gesetzbuch von 1803, Erster Teil §§ 462–470; Zweiter Teil §§ 409–432.
60 Gesetzbuch von 1803, Erster Teil § 465–466, Zweiter Teil § 420.
61 Gesetzbuch von 1803, Erster Teil § 467; Zweiter Teil § 425.
62 Gesetzbuch von 1803, Erster Teil § 465.

staatsfixierten Absolutismus gestaltet und sie in der Weise realisiert, daß er die allgemeinen Linien des traditionellen römisch-kanonischen Rechts auszieht. Diese Beurteilung erscheint uns zwar, wir wiederholen es, zutreffend; doch andererseits erschöpft sie nicht den breiten Fächer der politischen, ideologischen, philosophischen und rechtstechnischen Faktoren, die im Gesetz von 1803 zusammenkommen. In der Ausgestaltung des Gesetzes ist nämlich ein weiteres Element vorhanden und wirksam, das, wenn es beispielsweise in der bereits früher dargestellten Regelung der „Abhörung" des Beschuldigten oder aus dem grade erwähnten komplexen System der Kontrollen und Rechtsmittel aufscheint, in der Praxis einen nicht unwichtigen Teil des gesamten Textes durchdringt. Dieses weitere Element ist die Erbschaft des Aufklärungszeitalters, insbesondere die Umsetzung einiger klassischer aufklärerischer Forderungen an das Strafgesetz.

Wir denken vor allem an das Gesetzlichkeitsprinzip. Dies ist ein Grundsatz, der dauerhaft unser Gesetz durchzieht und die unabweisbare Notwendigkeit eines förmlichen und ordnungsgemäßen Verfahrens auch in Polizeistrafsachen nach sich zieht[63].

Wir denken ferner an den Grundsatz der Verhältnismäßigkeit, wonach – wie das Publikationspatent des Gesetzes selbst ausführt – „der Schuldige kein größeres Übel leiden soll, als zur Hintanhaltung der Verbrechen angedrohet und vollzogen werden muß"[64]. Auf prozessualer Ebene setzt dieser Grundsatz die Schwere der Tat und die diejenige der Strafe mit der Präzision und Strenge des Verfahrens in ein direktes Verhältnis.

Wir denken weiter an die Übernahme des Grundsatzes, daß die strafrechtliche Verantwortung eine persönliche ist. In Anwendung dieses Grundsatzes – hier soll noch einmal der Gesetzestext zitiert werden – „sollen die Folgen der Strafe sich so wenig, als immer möglich ist, auf die schuldlosen Angehörigen verbreiten"[65].

Wir denken des weiteren an die notwendige Beschleunigung des Verfahrens, ein altes Schlachtroß der beccarianischen Denkens[66]. Die „vorzügliche Beschleunigung" des Verfahrens wird von § 215 des 1. Teils in allgemeiner Weise ausdrücklich ver-

---

63 Das landesherrliche Patent vom 3. September 1803, mit dem das Gesetzbuch über Verbrechen und schwere Polizeiübertretungen verkündet wird, ist in dieser Hinsicht ganz deutlich: „Indessen wollen Wir dennoch, daß auch keine politische Strafe ohne ein ordentliches Verfahren verhänget werde". Vgl. Codice Penale Universale Austriaco, Seconda Edizione Ufficiale. Mailand (Dall'I. R. Stamperia) 1815, S. III–XII, insb. S. X.

64 Landesherrliches Patent vom 3. September 1803, a.a.O., S. VII.

65 Ibidem.

66 Vgl., neben vielen anderen Ausgaben: *Cesare Beccaria*, Dei delitti e delle pene, Con una raccolta di lettere e documenti relativi alla nascita dell'opera e alla sua fortuna nell'Europa del Settecento, A cura di Franco Venturi, Nuova edizione, Turin (Einaudi) 1994, § XIX: Prontezza Della pena, 47–49 (dt.: *Beccaria*, Von den Verbrechen und von den Strafen. Berlin 2005, § XIX: Rasche Bestrafung).

langt[67], die Sorge um die Einhaltung dieses Grundsatzes ist aber tatsächlich im gesamten Gesetzestext wahrnehmbar.

Und schließlich denken wir *last not least* an den naturrechtlichen und typisch aufklärerischen Gedanken des absoluten Vorranges des Gesetzes, der in engem Zusammenhang steht mit der Gesamtheit der Grundsätze, welche die richterliche Macht begrenzen sollen und auch mit der umfassenden Bezeichnung „richterfeindliche Ideologie" belegt werden.

Die richterfeindliche Ideologie ist kein Monopol des radikalen Aufklärungsdenkens französischer Prägung und der französischen Gesetzgebung des Revolutionszeitalters, vielmehr auch in dem hier betrachteten Gesetzbuch leicht zu entdecken. Der fundamentale Grundsatz der Unterworfenheit unter das vom Souverän, also vom Staat, erlassene Gesetz gilt für jedes Gesellschaftsmitglied, gilt aber in noch höherem Maße für den Strafrichter als richterlichen Beamten, der berufen ist, mit größter Genauigkeit Normen, Grundsätze, Rechtsinstitute anzuwenden, in deren Gehalt er unter keinen Umständen eingreifen darf. Die Tendenz zur Begrenzung der Ermessensmacht des Richters soll jegliche Art von Willkür in der Ausübung der Rechtsprechung und insbesondere, wie schon angemerkt, in jenem Teil des Gesetzes ausschließen, der sich mit den Verbrechen befaßt; bei näherem Hinsehen erweist sich freilich, daß die rechtsstaatlichen Auswirkungen dieser Entscheidung sich über das ganze Gesetzeswerk von 1803 erstrecken.

Von den zahlreichen Beispielen dafür, daß der betrachtete Gesetzestext Bestimmungen enthält, mit denen willkürliche Verhaltensweisen unterbunden werden sollen, sei die Regelung des § 278 im 1. Teil des Gesetzbuches genannt; er betrifft Sicherungsmaßnahmen, die dem Gerichtsgebrauch des *Ancien Régime* durchaus nicht unbekannt gewesen sind. Der Paragraph lautet:

> „Keinem Kriminalgerichte, oder andern Obrigkeit ist erlaubt, Jemanden, der verdächtig ist, unmittelbar selbst, oder durch in geheim bestellte Leute auf irgend eine Art zu verleiten, sein böses Vorhaben wirklich in Ausübung zu bringen, das Verbrechen fortzusetzen, oder zu wiederholen, um auf solchem Wege dringendere Anzeigungen oder Beweismittel gegen ihn aufzubringen. Über alles, was durch eine Verleitung geschähe, oder erfolgte, wäre das Kriminalgericht oder die Obrigkeit zur strengsten Verantwortung und Strafe zu ziehen."

Uns bleibt insoweit noch festzustellen, ob im habsburgischen Gesetzbuch auch jene humanitären Aspekte anzutreffen sind, die zum geistigen Marschgepäck der Aufklärung gehören. Hier wird die Darstellung deutlich schwieriger. Das betrachtete Ge-

---

67 Gesetzbuch von 1803, Erster Teil § 215: „Das Kriminalgericht muß seine Gerichtsbarkeit von Amts wegen ausüben. Die zu dieser Gerichtsbarkeit gehörigen Amtshandlungen sind vorzüglich zu beschleunigen. Es sollen auch alle andern Obrigkeiten den Kriminalgerichten auf ihr Ersuchen ungesäumt Beistand leisten".

setzbuch ist ja auch als Instrument zur Gesellschaftskontrolle konzipiert. Und dieser Zweck zeigt sich besonders deutlich in jener außerordentlichen Verfahrensform, welche die Bezeichnung „Standrecht" trägt. Als Verfahrensform mit äußerst summarischem Charakter darf das „außerordentliche Verfahren des Standrechts" nur mit ausdrücklicher vorheriger Genehmigung der Regierung und nur im Falle des Aufruhrs („Volksbewegung oder Zusammenrottung, wenn zur Herstellung der Ruhe die ordentlichen Zwangsmittel nicht mehr ausreichen") und „bei umgewöhnlich um sich greifendem Raub, Mord und Brandlegung" durchgeführt werden. Das Verfahren ist einem Spezialgericht übertragen, die Untersuchung muß binnen 24 Stunden abgeschlossen sein. Das Urteil kann nur auf Freispruch oder auf Todesstrafe lauten. Die letztere wird sogleich durch Erhängen vollstreckt[68]. Mit dem standgerichtlichen Verfahren betreten wir einen Raum, der mehr mit der Welt der Politik im weitesten Sinne als mit dem alltäglichen Prozedieren der Strafjustiz zu tun hat. Im übrigen gibt es leicht festzustellende Entsprechungen zwischen den diesbezüglichen Bestimmungen des habsburgischen Gesetzgebers und den bestens bekannten Vorschriften, mit denen das revolutionäre und napoleonische Europa der Spezial- und Ausnahmegerichte übersät ist[69].

Es bleibt festzuhalten, daß der Verfasser, abgesehen von besonderen Aspekten wie dem gerade erwähnten, doch meint, im Text von 1803 das Vorhandensein einer mitunter handfesten Rücksichtnahme auf Interessen des Individuums entdecken zu können – eines Individuums, das gewiß noch nicht der Bürger des modernen Staates ist, das aber auch nicht mehr der Untertan des Ancien Régime ist und das schließlich auch dasjenige ist, das letzten Endes vom guten Funktionieren des Staates und der öffentlichen Angelegenheiten profitiert, was oberste und unbefragte Zielsetzung des habsburgischen Gesetzgebers ist. Wir konnten bereits feststellen, daß diese Rücksichtnahme sichtbar wird in einigen Vorschriften über die „Abhörung". Noch deutlicher in dieser Hinsicht sind nach unserer bescheidenen Auffassung einige Paragraphen in den Kapiteln des ersten Teils des Gesetzbuchs, die sich mit der Haft und den Untersuchungsgefängnissen befassen[70].

Dort treffen wir auf Vorschriften und Grundsätze wie jene des § 279, wonach, „so wichtig es der allgemeinen Sicherheit ist, durch Verfolgung der Anzeigungen die Verbrecher zu entdecken, [es doch der öffentlichen Sorgfalt] nicht minder wichtig ist [...], den Ruf derjenigen zu schützen, welche durch einen unglücklichen Zusammenfluß von Umständen in den Verdacht eines begangenen Verbrechens gefallen sind. Wenn daher scheinbare Anzeigungen gegen Jemanden eine Erforschung ver-

---

68 Gesetzbuch von 1803, Erster Teil §§ 500–513.
69 Vgl. dazu *Dezza*, Un critico milanese della codificazione penale napoleonica, a.a.O., S. 947–953.
70 Gesetzbuch von 1803, Erster Teil §§ 258–333.

anlaßt, bey dieser aber sich nicht bestätiget haben; so soll demselben auf sein Verlangen, zu seiner Beruhigung und Rechtfertigung hierüber ein Amtszeugniß ausgestellt werden".

Wiedergegeben sei ferner § 284: „Auch Anhaltung und Verwahrung muß mit aller Vorsicht, daß der Beschuldigte nicht entkomme, aber auch mit möglicher Schonung seiner Ehre und Person bewerkstelliget werden. Nur dann soll angemessene Gewalt wider ihn gebraucht werden, wenn er sich widersetzet, oder zu entfliehen versuchet".

Auf denselben Gleisen bewegt sich schließlich § 308: „Jedes Gefängniß muß hinlänglich Luft und Licht, und wenigstens so viel Raum haben, daß der Verhaftete darin gehen könne. Es muß trocken, reinlich, und überhaupt so beschaffen seyn, daß die Gesundheit des Verhafteten keiner Gefahr, und er keinem anderen Übel ausgesetzet werde, als die Versicherung von seiner Person, und die Verhinderung der Entweichung nothwendig mit sich bringt".

In solchen Grundsätzen, die wir noch heute mitunter nur verschleiert in der täglichen Praxis wahrnehmen, finden wir ausgedrückt und erblicken wir mit Vergnügen – um die zeitgenössischen Worte eines bekannten Schriftstellers zu benutzen – „die Ordnung und die bürokratische Klarheit der österreichischen Kultur"[71].

7. Gesetzlicher Beweis und rechtsstaatliche Garantien

Die Erkenntnis des *auch* aufklärerischen Beitrages bei der Erstellung des Gesetzbuches erlaubt uns ein genaueres umfassendes Urteil über den zuvor besprochenen Gesetzestext als jenes drastische und negative, das seinerzeit von Giuseppe Marocco gefällt worden ist. Sie gestattet uns insbesondere die Einsicht, daß immerhin seitens des habsburgischen Gesetzgebers ein Versuch unternommen worden ist, die staatsbetonte Philosophie mit einigen Zugeständnissen an individuelle Schutzgarantien zu versöhnen. Es handelt sich im übrigen um einen Versuch, der von Anfang an zum Scheitern verurteilt gewesen ist, bedenkt man die Zeiten und Umstände, unter denen man sich an die Schaffung des Gesetzbuches gemacht hat; und im Ergebnis haben die, wenn man so will, Einsprengsel des Liberalismus dessen Charakter auch nicht geändert, der im wesentlichen absolutistisch geblieben ist.

Die Anerkennung des aufklärerischen Beitrages erschöpft freilich nicht die Aussagen, die über das Werk des Gesetzgebers von 1803 gemacht werden können. Es gibt nämlich einen weiteren und letzten Punkt, auf den wir am Schluß noch die Aufmerksamkeit des geduldigen Lesers lenken wollen. Er betrifft das Beweissystem, das im wesentlichen dasjenige eines gesetzlichen Beweises ist, welches das vorge-

---

71 *Enzo Bettiza*, Esilio. Milano (Mondadori) 1996, S. 245.

stellte Verfahrensmodell kennzeichnet und, obgleich dies paradox erscheinen mag, für den modernen Leser durchaus nicht frei von wichtigen rechtssstaatlichen Implikationen zu sein scheint.

Diese Annahme beruht auf der Einsicht, daß, wenn man das System der gesetzlichen Beweise von der Umgebung von Rechtsinstituten wie beispielsweise Folter und außerordentliche Strafe *(poena extraordinaria)*, die wenig mit Rechtskultur zu tun haben, befreit und wenn man es in einem Umfeld wirksam werden läßt, in dem die Befugnisse des Richters tendenziell begrenzt sind, es nicht mehr bloß jene effiziente und beeindruckende Maschinerie ist, die Verurteilungen am Fließband produziert, wie die Geschichte der gerichtlichen Rechtsinstitute sie uns nur allzu häufig vorführt. Vielmehr wird dieses System dann zu einem mitunter sehr wirksamen Schutzinstrument für den Beschuldigten.

Dank einer nachlässigen historiographischen Auffassung, die den Weg der Rechtslehre und der Rechtsinstitutionen, der im 18. und 19. Jahrhundert vom gesetzlichen Beweis zur inneren Überzeugung geführt hat, simplifiziert und vielleicht auch mißverstanden hat, ist diese Tatsache lange vergessen gewesen[72]. Die genannte Auffassung hat den entscheidenden Knotenpunkt in der Geschichte des Strafrechts auf einen glücklichen Übergang von den alten, „schlechten" Formen des gesetzlichen Beweises zur modernen und „guten" Form der inneren Überzeugung reduziert. Sie hat aber auch einen Moment von großer Bedeutung auf diesem Weg vernachlässigt, jenen Moment nämlich, in dem die innere Überzeugung, die ja als Mittel zur Aushebelung des alten Systems entstanden war und sich wegen der Erscheinungsformen nichtberuflicher Richter durchgesetzt hatte (wir denken an die Jury der Revolutionszeit[73]), auf Spruchkörper mit Berufsrichtern übertragen wurde[74].

Und doch gibt es mitten im Zeitalter der Reformen auch Juristen, die, wenn sie sich mit dem Problem des gesetzlichen Beweises auseinandersetzen, die Auffassung vertreten, daß ein unschuldig Beschuldigter von der inneren Überzeugung mehr zu fürchten habe als von einem System der gesetzlichen Beweise, wenn es von seinen überkommenen ungerechten und inhumanen Aspekten gereinigt ist[75].

---

72 Vgl. *Dezza*, Tommaso Nani e la dottrina dell'indizio, a.a.O., S. 53–62.

73 Zu diesem Thema verweisen wir auf die abschließenden Beiträge in: *Antonio Padoa Schioppa*, La giuria penale in Francia. Dai „Philosophes" alla Costituente. Mailand (LED) 1994.

74 Wie es beispielsweise mit dem Strafverfahrensgesetzbuch des italischen Königreiches von 1807, dem bekannten *Codice Romagnosi*, geschieht. Vgl. dazu *Dezza*, Il Codice di Procedura Penale del Regno Italico, a.a.O., S. 336–340.

75 Zum „gefährlichen Hinterhalt", der durch die Ablehnung des gesetzlichen Beweises dem richterlichen Ermessen eröffnet wird, und zu der Bedeutung des Problems im Aufklärungszeitalter vgl. *Massimo Nobili*, Il principio del libero convincimento del giudice. Mailand (Giuffrè) 1974,

Als Beispiel nennen wir Tommaso Nani, der, obwohl er in einer frühen Monographie von 1781 über Indizien zu den ersten gehört, die den Weg zur freien Beweiswürdigung öffnen[76], sich doch durchaus empfänglich für die Überlegung zeigt, daß die Zubilligung weitreichender Ermessensbefugnisse an den Richter zu einem Rückfall in eine Situation der Willkür beitragen könnte; und gerade deshalb entscheidet er in seinem Lehrgebäude, nicht nur nicht auf einige traditionelle Mechanismen des gesetzlichen Beweises, wie den des *unus testis* zu verzichten, sondern auch Auslegungsregeln vorzuschlagen, die zwar methodologischer Art sein sollen, in denen jedoch letztlich die traditionellen Kataloge des Ancien Régime nachklingen[77].

Wenn man nun Nani des Technizismus verdächtigt oder anklagt oder ihm gar Sympathien für absolutistische Regime anlastet, was soll man dann aber von den Meinungen eines Mario Pagano, eines Gaetano Filangieri oder, etwas später, eines Giovanni Carmignani sagen? Filangieri und Pagano empfehlen ein gemischtes System, in dem eine starke Dosis an gesetzlichen Beweisen imstande sein soll, die Auswüchse und Gefahren abzumildern, die aus einer unbegrenzten Anwendung der freien Überzeugungsbildung entstehen können. Carmignani seinerseits predigt die uneingeschränkte Rückkehr zu einem vollständigen gesetzlichen Beweissystem[78].

Diese Vorstellungen sind aber im 18. und 19. Jahrhundert nicht nur unter den großen Namen des Rechtsdenkens verbreitet. Auch bescheidenere Rechtsgelehrte, die aber reich an Erfahrung und damit unmittelbare Zeugen der Justizpraxis im napoleonischen Zeitalter sind, haben starke Zweifel an der inneren Überzeugung angemeldet. Hören wir beispielsweise das Zeugnis eines unbekannten Kollegen von Giuseppe Marocco, Pietro Mantegazza, Strafverteidiger und ehemaliger Richter, der 1811 – dieses Datum ist wichtig[79] – einige Zeilen schreibt, die ihm nicht nur die Feindschaft des berühmteren Kollegen eintragen, sondern auch Schwierigkeiten mit der wachsamen napoleonischen Zensur. Die innere Überzeugung – schreibt Mantegazza – „ist ein Heilmittel, das behutsam eingenommen sehr vorteilhaft für die Gesundheit sein kann, schlecht angewendet aber das Leben kosten kann". Erweise der Grundsatz sich

---

S. 128–131 (dt.: Die freie richterliche Überzeugungsbildung [Juristische Zeitgeschichte Abteilung 1 Band 8], S. 102 ff.).

76 Vgl. *Tommaso Nani*, De indiciis, eorumque usu in cognoscendis criminibus. Pavia (Tipografia del Monastero di San Salvatore) 1781.

77 Vgl. *Dezza*, Tommaso Nani e la dottrina dell'indizio, a.a.O., passim, insb. S. 146.

78 Vgl. *Dezza*, Tommaso Nani e la dottrina dell'indizio, a.a.O., S. 111–149, und *Isabella Rosoni*, Quae singula non prosunt collecta iuvant. La teoria della prova indiziaria nell'età medievale e moderna. Mailand (Giuffrè) 1995, S. 330–347.

79 Wir bemerken dazu, daß im Königreich Italien das Strafverfahrensgesetzbuch *(Codice Romagnosi)* am 14, Oktober 1807 in Kraft tritt, während die Übersetzung des kaiserlich-österrichischen Gesetzbuchs *(Codice dei Delitti e delle Pene)* ab dem 1. Januar 1811 in Wirksamkeit tritt.

auch als „sehr nützlich für die Verminderung der Fälle der Straflosigkeit des Täters", so könne er doch auch „sehr häufig für die bürgerliche Sicherheit äußerst fatal sein". Der Gesetzgeber – folgert Mantegazza – müsse „gewisse Regeln" und „bestimmte Arten der Beweisführung" festsetzen; denn nur dann sei der Richter gezwungen „seine Willkür in bestimmten Grenzen zu halten"[80].

Die rechtsstaatlichen Potentiale des gesetzlichen Beweises und insbesondere des vom habsburgischen Gesetzgeber aufgestellten Systems sind weitgehend von den Vorgängen im Zusammenhang mit den bereits erwähnten politischen Prozessen wegen der Taten von 1821 bestätigt worden. Denn bei nur wenigen Inquisiten kam es bei dieser Gelegenheit zu einer Verurteilung, und die wenigen zum Tode Verurteilten wären nicht auf die landesherrliche Gnade angewiesen gewesen, wenn sie die seelische Kraft aufgebracht hätten, den subtilen – hier erscheint die Bezeichnung uns recht passend – Verhören von Antonio Salvotti, einem Meister der Psychologie, standzuhalten und wenn sie vor allem die ihnen vom Gesetzbuch von 1803 gebotenen Möglichkeiten genutzt hätten. Wir meinen generell eine Regelung, welche die Erlangung des vollen Beweises äußerst schwierig macht, falls ein vollständiges und umständliches Geständnis fehlt, und wir weisen speziell auf die Regelung in § 430 des Ersten Teils hin, der tatsächlich den Schlüssel für zahlreiche derartige Vorkommnisse bildete[81].

> „Auf Todesstrafe kann das Urtheil nur dann ergehen, wenn das von dem Gesetze mit dieser Strafe belegte Verbrechen wider den Beschuldigten durch sein Geständniß, oder durch geschworne Zeugnisse rechtlich bewiesen, und zugleich der Thatbestand vollkommen, nach allen erheblichen Umständen rechtlich erhoben ist. Kann der Thatbestand auf solche Art nicht mehr erhoben werden, oder ist der Beschuldigte nur durch Mitschuldige, oder aus dem Zusammentreffen der Umstände rechtlich überwiesen; so kann er zu keiner längeren als zwanzigjährigen Kerkerstrafe verurtheilt werden."

Die zuvor geschilderten Aspekte machen begreiflich, daß es alles andere als ein Zufall ist, daß die einschneidendste Änderung, die unser Gesetz in dem halben Jahrhundert seines Bestehens erlebt, gerade das Beweisrecht und insbesondere die Regelung der gesetzlichen Beweise i.S.d. Auflistung von Umständen in § 412 des Ersten Teils betrifft. Wir haben ja bereits auf die von der zeitgenössischen Rechtslehre sehr genau bezeichneten Hindernisse hingewiesen, welche diese Regelung der Er-

---

80 *Pietro Mantegazza*, Alcune osservazioni sulla legislazione criminale del cessato Regno d'Italia. Mailand (Maspero e Buocher) 1814, insb. S. 44–73. Vgl. dazu *Dezza*, Un critico milanese della codificazione penale napoleonica, a.a.O., S. 939–947.

81 Sehr gehaltvoll ist die einschlägige Bibliographie. Die wichtigsten Texte sind mitgeteilt in: *Cesare Esposito*, Andrea Tonelli e il processo Confalonieri. Brescia 1990, S. 171.

langung des gesetzlichen Beweises in den Weg legte[82]. Das Kaiserliche Patent vom 6. Juli 1833 griff dann in den Gesetzestext ein und änderte eben diesen Rechtszustand; und wenn es auch die tragenden Säulen des Systems nicht niederlegte, so führte es doch einen komplexen Mechanismus ein, dessen Getriebe den zwar nicht ausdrücklich erklärten, aber doch offenkundigen Zweck verfolgte, die Verurteilung auch in jenen Fällen zu erleichtern, in denen das Geständnis oder die zwei übereinstimmenden Zeugenaussagen fehlten[83].

Doch weder diese noch andere Gesetzesänderungen konnten den Niedergang des Gesetzbuches über Verbrechen und schwere Polizeiübertretungen von 1803 aufhalten; es war das Erzeugnis einer Übergangs-Epoche und eines aussichtslosen Versuchs, das zugrunde liegende Staatsverständnis mit rechtsstaatlichen Schutzfunktionen zu versöhnen. Zu seinem Schaden als Symbol nicht nur eines absolutistischen Staats- und Gesellschaftsverständnisses, sondern auch eines vom romantischen und nationalistischen Europa des 19. Jahrhunderts nicht getragenen Universalismus aufgerichtet, war unser Gesetz dazu verurteilt, zwanzig weitere Jahre nach Verkündung des gerade erwähnten Patents im Staub der Achive zu verschwinden[84]. Es war freilich auch – besonders in seinem prozessualen Teil – veraltet aufgrund neuer und veränderter Auffassungen und aufgrund des Eintritts von Ereignissen, die sowohl diesseits als auch jenseits der Alpen die mitunter engen Grenzen der Rechtswelt überwanden und sich in immer schnellerem Rhythmus auf Ergebnisse zubewegten, welche die Verfasser des Gesetzbuchs von 1803, die ihre Ausbildung noch unter dem Kult der Kaiserin Maria Theresia erfahren hatten, nur sehr schwer hätten voraussehen können.

---

82 In diesem Zusammenhang besonders interessant der Beitrag von *Joseph Kitka*, Illustrazione della Sovrana Patente 6 luglio 1833 sulla prova per concorso di circostanze, in: Giornale di Giurisprudenza Austriaca I (1839), Bd. 4, S. 191 ff.

83 Vgl. Publikation des Landesherrlichen Patents vom 6. Juli 1833, womit Paragraph 412 des Ersten Teils des Strafgesetzbuches aufgehoben wird und durch ein neues Gesetz ersetzt wird (10. Oktober 1833), in: Atti del Governo. Mailand (Imperial Regia Stamperia) 1833, II, Bd. 1, Nr. 35, S. 82 ff.

84 Wie bekannt, verkündet das Landesherrliche Patent vom 17. Januar 1850 eine provisorische Strafprozeßordnung, die den Weg zu einem neuen öffentlichen, mündlichen, akkusatorischen Verfahren mit Geschworenengericht ebnet (die allerdings in Lombardo-Venetien nicht eingeführt wird). In der Folgezeit bringt das Patent vom 27. Mai 1852 eine überarbeitete Fassung des Strafgesetzbuches von 1803 im Bereich des materiellen Rechts, während das Patent vom 29. Juli 1853 die endgültige Strafprozeßordnung in Kraft setzt. Der Text vom 27. Mai ist tatsächlich in weitem Umfang ein neues Gesetzbuch, während die Prozeßordnung, auch wenn sie nicht alle 1850 gemachten Konzessionen aufrecht erhält, doch ein gemischtes System 'alla francese' enthält, das in der Verhandlungsphase nicht ohne beachtliche Beigaben an Mündlichkeit und Öffentlichkeit ist. Vgl. die Übersicht b. *Del Giudice*, Fonti: legislazione e scienza giuridica, a.a.O., S. 263–264.

Das heimliche Vorbild.
Inquisitorische Tradition und napoleonische Anleihen im Organischen Strafverfahrensgesetz vom 5. November 1831

1. Der inquisitorische Stempel

Das am 5. November 1831 in Rom verkündete Organische Strafverfahrensgesetz hat, wie man zu sagen pflegt, nie eine gute Presse gehabt. Und diese negative Einstellung ist auch, wie wir sehen werden, nicht ganz grundlos.

Die präunitarische Rechtslehre und, ihr folgend, die Geschichtsschreibung haben nahezu einhellig in der inquisitorisch geprägten Natur des gregorianischen Strafverfahrens die prägende Eigenschaft und zugleich die Begrenztheit dieses Teils des päpstlichen Gesetzgebungswerkes erblickt. Ganz eindeutig und besonders bezeichnend ist in dieser Hinsicht die mit einiger Eile formulierte und vor allem an ein europäisches Publikum gerichtete ausdrückliche Stellungnahme eines Autors vom Format Karl Joseph Anton Mittermaiers aus dem Jahre 1845. In diesem Jahre veröffentlicht der gelehrte deutsche Jurist[1] seine bekannte Abhandlung *Die Mündlichkeit, das Anklageprinzip, die Öffentlichkeit und das Geschworenengericht*, worin er in einer umfangreichen Untersuchung der Strafverfahrenssysteme Europas und Nordamerikas einige Seiten auch dem Strafprozeß des Kirchenstaates widmet und nicht zögert, gleich zu Beginn auf „die Anhänglichkeit der mit den Gesetzgebungsarbeiten in Rom Beauftragten an den Inquisitionsprozeß" hinzuweisen[2].

Das gewichtige Urteil Mittermaiers scheint freilich nur teilweise aus einer direkten Anschauung hervorzugehen. Denn es beruht weitgehend – wie wir übrigens auch aus den Fußnoten des Heidelberger Juristen entnehmen können – auf einigen gelehrten Abhandlungen, die zwischenzeitlich in Italien erschienen waren. Insbesondere scheint Mittermaier sich Gedanken zu eigen gemacht zu haben, welche der Verfasser des wichtigsten unter den zahlreichen, der Darstellung und Kritik des gregorianischen Strafprozesses gewidmeten Werken geäußert hat. Wir meinen Giuseppe Giuliani, nach der Definition der damaligen Zeit Kriminalist, dessen Werk nach der bescheidenen Auffassung des Verfassers dazu beiträgt, in noch deutlicherer Weise –

---

1   Zu Mittermaier s. die Beiträge in: *W. Küper* (Hrsg.) Karl Joseph Anton Mittermaier, Symposium 1987 in Heidelberg, Vorträge und Materialen. Heidelberg 1988. Vgl. ferner, auch wegen Literaturnachweisen zu Beiträgen in italienischer Sprache über Mittermaier: *C. Ilarione Petitti di Roreto*, Lettere a L. Nomis di Cossilla ed a K. Mittermaier, hrsg. von P. Casana Testore. Turin 1988, insb. S. 54–58.

2   *Carl Joseph Anton Mittermaier,* Die Mündlichkeit, des Anklageprinzip, die Öffentlichkeit und das Geschworenengericht in ihrer Durchführung in den verschiedenen Gesetzgebungen. Stuttgart und Tübingen 1845, S. 87.

wenn es dessen überhaupt noch bedürfte –, die Unbegründetheit jenes weitgehend negativen Urteils über die italienische Rechtswissenschaft der Restaurationszeit und der präunitarischen Zeit zu belegen, das lange Zeit als nahezu unbefragte Tradition in der Geschichtsschreibung verbreitet war und über dessen Begründetheit in den letzten Jahren u.a. Aldo Mazzacane und Adriano Cavanna Untersuchungen vorgelegt haben[3].

Der inquisitorische Geruch begleitet somit seit den ersten Kommentaren das Gregorianische Gesetz. Und es handelt sich um kritische Stellungnahmen, die, wie schon bemerkt, insgesamt durchaus gute Gründe für sich haben. Dies hat in jüngster Zeit Isabella Rosoni hervorgehoben, die im Rahmen der Untersuchung eines komplexen Falles von ländlichem Bandenwesen in der Campagna von Ancona in den 40er Jahren des 19. Jahrhunderts uns eine historische Einzelfallstudie über den gregorianischen Strafprozeß liefert, die sich auf einige der vorzüglichen Ausführungen des bereits erwähnten Giuseppe Giuliani stützen kann[4].

Urteile, die wenn schon nicht positiv, so doch wenigstens nicht äußerst negativ gegenüber dem Gesetz von 1831 ausfallen, sind im Laufe der Zeit selten gewesen. Zu den schwächsten unter ihnen, wenn man so sagen darf, gehört dasjenige von Vito La Mantia, der, nachdem er dem Leser seiner 1884 erschienenen „Geschichte der italienischen Gesetzgebung" *(Storia della legislazione italiana)* einen ebenso einwandfreie wie uninspirierte Darstellung des gregorianischen Strafverfahrenssystems geliefert hat, mit der reichlich apodiktisch vorgetragenen Feststellung schließt, daß „die wichtigsten Teile" dieses Systems „den modernen Ansprüchen entsprachen" und daß trotz des Fehlens der Öffentlichkeit und anderer Verfahrensgarantien, „die von den modernen liberalen Regierungen eingeführt worden sind", sie „sowohl in der Verfahrensgestaltung als auch in der Urteilsfindung moralisch einwandfreie und humane Regelungen" gewesen seien[5].

Es bleibt daher festzuhalten, daß mit einigen Ausnahmen wie der gerade erwähnten das Spektrum der einschlägigen rechtshistorischen Forschungen insgesamt alles andere als erschöpfend ist und mit einigen löblichen Ausnahmen eine recht spärliche

---

3   Vgl. *A. Cavanna*, L'influence juridique française en Italie au XIXe siècle, in: Revue d'Histoire des Facultés de Droit et de la Science juridique, 15 (1994), 97–100, und *A. Mazzacane*, Università e scuole private di diritto a Napoli nella prima metà dell'Ottocento, in: Università in Europa. Le istituzioni universitarie dal Medio Evo ai nostri giorni: strutture, organizzazione, funzionamento, hrsg. von A. Romano. Messina 1995, S. 556–558.

4   *I. Rosoni*, Criminalità e giustizia penale nello Stato pontificio del secolo XIX. Un caso di banditismo rurale. Mailand 1988, insb S. 191–198.

5   *V. La Mantia*, Storia della legislazione italiana. I. Roma e Stato Romano. Turin 1884, S. 613–618, insb. S. 617–618.

Auseinandersetzung mit dem Text von 1831 aufweist⁶. In der Tat hat die Geschichtsschreibung sich meistens damit begnügt, das bloße Vorhandensein dieses Textes zur Kenntnis zu nehmen – nicht ohne mitunter dessen Überschrift („Organisches Strafverfahrensgesetz") falsch zu verstehen, die, wie wir sogleich sehen werden, dessen Inhalt präzise angibt.

2. Ein anderer Prozeß?

Neben den festgefahrenen Urteilen und historiographischen Mängeln⁷ möchten wir aber besonders erwähnen, daß nicht nur der größte Teil der Geschichtsschreiber, sondern auch die Rechtslehre jener Epoche eine genaue Vorstellung von den zumindest teilweise bestehenden Besonderheiten in den Inhalten des Gesetzes von 1831, damit aber auch von der gleichsam exzentrischen Stellung des gregorianischen Strafprozesses im Panorama des präunitarischen 19. Jahrhunderts besessen zu haben scheint.

Insoweit erscheint es uns passend, noch einmal einen vorzüglichen Kommentator wie Mittermaier zu Wort kommen zu lassen. Ebenfalls in seinem Werk *Die Mündlichkeit, das Anklageprinzip, die Öffentlichkeit und das Geschworenengericht* aus dem Jahre 1845 erkennt der deutsche Jurist sehr treffend in der Strafprozeßordnung für das Königreich Italien von 1807 – dem bekannten *Codice Romagnosi*⁸ – den Ausgangspunkt einer gesetzgeberischen Entwicklung und einer juristischen Tradition, die zu ihrer Zeit bereits Ergebnisse von beachtlicher Geschlossenheit hervorgebracht haben.

---

6   Ohne Anspruch auf Vollständigkeit sei verwiesen auf *F. Sclopis*, Storia della legislazione italiana, III, 2. Turin 1865, S. 464; *E. Pessina*, Dei progressi del diritto penale in Italia nel secolo XIX, in: Opuscoli di diritto penale. Neapel 1874, S. 87; *P. Del Giudice*, Fonti: legislazione e scienza giuridica dal secolo decimosesto ai giorni nostri, in: Storia del Diritto Italiano, hrsg. von P. Del Giudice, Bd. II. Mailand 1923, S. 250; *M. Mombelli Castracane*, La codificazione civile nello Stato pontificio. Bd. I: Il progetto Bartolucci del 1818. Neapel 1987, S. XV und Fußn. 8, Bd. XIX und Fußn. 14; *M.R. Di Simone*, Istituzioni e fonti normative in Italia tra la Restaurazione e l'Unità. Lezioni di storia del diritto italiano. Turin 1995, S. 103 sowie mit weiteren Literaturhinweisen S. 130–132. Mit dem Gesetz von 1831 befassen sich auch einige Monographien, die einzelnen strafprozessualen Themen gewidmet sind; vgl. u.a.: *V. Grevi*, Nemo tenetur se detegere. Mailand 1972, S. 25; *M. Nobili*, Il principio del libero convincimento del giudice. Mailand 1974, S. 212–213 (dt.: *Massimo Nobili*, Die freie richterliche Überzeugungsbildung [Juristische Zeitgeschichte Abteilung 1 Band 8]. Baden-Baden 2001, S. 174 f.); *A. Giarda*, „Persistendo 'l reo nella negativa". Mailand 1980, S. 91–94.

7   Die freilich zunehmend beseitigt werden, wie einige in jüngerer Zeit erschienene Untersuchungen zeigen; wir verweisen insoweit nur auf *G. Santoncini*, Sovranità e giustizia nella Restaurazione pontificia. La riforma dell'amministrazione della giustizia criminale nei lavori preparatori del Motu Proprio del 1816. Turin 1996.

8   Insoweit erlauben wir uns den Hinweis auf *E. Dezza*, Il Codice di Procedura Penale del Regno Italico (1807). Storia di un decennio di elaborazione legislativa. Padua 1983.

Mittermaier bemerkt nämlich zum *Codice Romagnosi* vor allem, daß „in Bezug auf den Werth dieses Gesetzbuches [...] sich im Königreich Italien die Stimme der Praktiker günstig [äußert]". Gleich darauf fügt unser Autor hinzu:

> „Als die vorher zu Österreich gehörigen Staaten nach der politischen Umgestaltung wieder mit Österreich vereinigt wurden, wurde dies Gesetzbuch durch das österreichische Strafgesetzbuch außer Wirksamkeit gesetzt. Es ist nicht schwierig zu bemerken, daß aber der im Königreich Italien geltende Prozeßcodex den Bearbeitern der Strafgesetzbücher für andere italiänische Staaten vorschwebte; insbesondere zeigt sich dies leicht bei dem Gesetzbuche des Königreichs Neapel und dem für Parma."[9]

Mittermaier stellt also ausdrücklich fest, daß die *Verfahrensgesetze für die Strafgerichte*, die den 4. Teil des Strafgesetzbuches für das Königreich Beider Sizilien von 1819 bilden, sowie die Kriminalverfahrensordnung für die Staaten Parma, Piacenza und Guastalla von 1820 weitgehend mit Rücksicht auf den *Codice Romagnosi* erstellt worden sind. Wir können, soweit unsere Einsicht reicht, dem kenntnisreichen Urteil des Heidelberger Rechtslehrers nur zustimmen. Ergänzen können wir freilich noch, daß bereits vor dem neapolitanischen Text von 1819 und vor dem parmensischen Text von 1820, nämlich im Jahre 1816, die Strafprozeßordnung für Republik und Kanton Tessin die Serie der Verfahrensordnungen romagnosianischer Prägung eröffnet haben, wobei man sich eine geographische Nachbarschaft und eine kulturelle und sprachliche Nähe zunutze machte, die noch heute diesseits und jenseits der Ufer von Ceresio und Verbano gute Früchte tragen[10].

Daß das italische Gesetzbuch von 1807 das Vorbild für den neapolitanischen und für den parmensischen – und ferner, wie wir ergänzen, den Tessiner – Text ist, erschließt sich in der Tat auf den ersten Blick oder – wie man einst zu sagen pflegt – *ictu oculi*. Man braucht nur das Inhaltsverzeichnis zu überfliegen, um in den erwähnten Gesetzbüchern eine entsprechende dreigeteilte Struktur und eine ähnliche Verteilung der Materien zu entdecken. Schaut man sodann etwas genauer hin und blättert in den vergilbten Seiten dieser alten Arbeitsmittel der Juristen, so entdeckt man leicht und immer wieder viele Identitäten oder doch zumindest Übereinstimmungen in der Regelung zahlreicher Rechtsinstitute wie auch im Wortlaut einer beachtlichen Anzahl von Artikeln. Natürlich gibt es unvermeidliche Divergenzen, Aktualisierungen, Einschnitte und – auch dies natürlich – Verbesserungen. Das neapolitanische Gesetzbuch beispielsweise zeigt sich besonders offen für die Grundsät-

---

9   *Mittermaier*, Die Mündlichkeit, a.a.O., S. 86.
10 Strafverfahrensgesetzbuch für Republik und Kanton Tessin, angenommen durch Dekret des Tessiner Großrates durch Dekret vom 15. Juli 1816, in Kraft getreten am 1. Januar 1817. Zusammenfassender Hinweis zur ersten tessinischen Kodifikation b. *E. Dezza*, L'applicazione dello statuto nell'età del tardo diritto comune: la testimonianza di Flavio Torti, in: Archivio Storico Ticinese 118 (1995), S. 237–260, insb. S. 259 Fußn. 112.

ze der Mündlichkeit und des kontradiktorischen Verfahrens[11]. Das parmensische Gesetz wiederum bietet Problemlösungen von großer Modernität wie beispielsweise die vollständige Absorption der Freisprechung wegen Mangels an Beweisen durch die Freisprechung *tout-court*[12]. Der tessinische Text schließlich ist besonders trocken und konzise und erweist sich als Art vereinfachte Fassung des italischen Gesetzbuches. Insgesamt allerdings unterliegt der Einfluß Romagnosis auf all diese Gesetzbücher keinem Zweifel. Ebenso zweifelsfrei erscheint er – wenngleich mit der großen Neuerung der Jury – auch im Hinblick auf die nachfolgenden Gesetzbücher, welche die Geschichte des italienischen Strafprozesses bis zum neuen Jahrhundert bestimmt haben, also die zwei Gesetzbücher des Königreichs Sardinien von 1847 und 1859 und das erste einheitliche Gesetzbuch von 1865[13].

Nun scheint aber das Gregorianische Gesetz von 1831 – wenn dieses Bild gestattet ist – aus den gewöhnlichen Schienen, die 1807 verlegt worden sind, zu entgleisen. Und wenn es schon nicht entgleist, so scheint es doch gewiß auf ein totes Abstellgleis zu geraten. Wie schon bemerkt, ist dies der zeitgenössischen Rechtslehre durchaus bewußt. Hören wir noch einmal die nüchterne, aber deutliche Aussage von Mittermaier: „Eine andere Entwicklung erhielt der Strafprozeß in den päpstlichen Staaten durch das Gesetzbuch vom 5. November 1831"[14]. Und dies trifft in der Tat zu, zumindest auf den ersten Blick. Der kirchenstaatliche Text erweist sich, wenn man *summo digito* an ihm entlang fährt, als von allen anderen vorherigen und nachfolgenden Gesetzbüchern, die wir bislang erwähnt haben, verschieden, und dies nicht nur deshalb, weil es, aufgrund einer Einstellung, die uns wie eine Art von wohlberechneter Zurückhaltung vorkommt, „Gesetz" *(Regolamento)* und nicht „Gesetzbuch" *(Codice)* heißt.

3. Strukturen und Inhalte

Einige Aspekte dieser Unterschiedlichkeit wollen wir kurz betrachten. Sie betrifft vor allem die Struktur des Gesetzes und die in ihr geregelten Materien. Die Struktur insofern, als die 749 Artikel in acht Bücher aufgeteilt sind, denen jeweils einführen-

---

11 Vgl. *F. Cordero*, Procedura penale. 3. Auflage. Mailand 1993, S. 73–74.

12 Der einzige Unterschied ist der des Art. 422 des padanischen Gesetzbuches, wonach „im Falle der Freisprechung wegen unzureichender Beweise oder wegen Fehlens eines Strafgesetzes der Präsident [des Gerichts] unter gegebenen Umständen den Freigesprochenen ermahnen und ihn zu einer besseren Führung anspornen kann".

13 Der Ablauf der Ereignisse, der mit dem Text von 1807 beginnt und sich bis in die Kodifikationen des 20. Jahrhunderts erstreckt, wird glänzend dargestellt b. *Cordero*, Procedura penale, a.a.O., S. 67–81.

14 *Mittermaier*, Mündlichkeit a.a.O., S. 97.

de Bestimmungen vorangestellt sind[15]; die Materien insofern, als das Gesetz von 1831 nicht nur die Regelung des Strafprozesses, sondern auch die der Gerichtsverfassung enthält.

Schon die zuletzt genannte Besonderheit würde für sich allein genügen, der gregorianischen Gesetzgebung eine Sonderstellung zu bescheinigen. Es handelt sich um eine Entscheidung, die sich der besonderen Komplexität der Gerichtsverfassung des Kirchenstaates verdankt, denn dort müssen die neuen Vorbilder sich mit den alten und mächtigen Strukturen sowohl der Justiz als auch der Verwaltung auseinandersetzen[16]. Es handelt sich um eine Entscheidung, über welche sich angesichts ihrer Praktikabilität und Sachnähe und ihrer Fähigkeit, gewisse rigide klassifikatorische Zäune des Kodifikationszeitalters zu überwinden, nachzudenken lohnt. Es ist auch eine Entscheidung, welche die Überschrift des gesamten Textes erklärt; denn wie schon bemerkt betont die Überschrift „Organisches Strafverfahrensgesetz", daß der Text von 1831 doppelte Bedeutung und doppelten Inhalt besitzt, indem er sowohl – im 1. Buch[17] – die organische Regelung der Gerichtsverfassung des Kirchenstaates, soweit sie die Strafjustiz betrifft, enthält, als auch – in den restlichen Büchern – die Regelung des Strafprozesses.

Hier halten wir es für angemessen, zu präzisieren, daß die Benutzung des Adjektivs „organisch" zur Bezeichnung eines Textes, der die Regelung der Gerichtsverfassung enthält, aus der – freilich noch nicht alten – revolutionären und napoleonischen Tradition stammt. Wir nennen als Beispiele die *Organischen Justizgesetze der Cisalpinischen Republik* von 1797, das *Organische Gesetz über Zivil- und Strafjustiz des Italischen Königreichs* von 1806 sowie, für das Königreich Neapel, das Gesetz vom 20. Mai 1808, Nr. 140, das „die Gerichtsorganisation enthält", das aber in den zeitgenössischen Quellen gewöhnlich die Bezeichnung „Organisches Gesetz" über die Gerichte erhält.

---

15 In den Einleitenden Bestimmungen finden sich 25 Artikel mit allgemeinen Normen definitorischer Art über das Straf- und Zivilverfahren, über deren Aussetzung und Einstellung, über die Rechtsmittel und über die Gerichtsverfassung.

16 Vgl. *E. Dezza*, Gli ordinamenti giudiziari in Italia nell'età della codificazione, in: Ders., Saggi di storia del diritto penale moderno. Mailand 1992, S. 159–195, insb. 179–181 (dt.: *Ettore Dezza*, Italienische Prozeßordnungen im Kodifikationszeitalter; in: Ders., Beiträge zur Geschichte des modernen italienischen Strafrechts [Juristische Zeitgeschichte Abteilung 1 Band 16]. Berlin 2004, S. 135 ff.). Vgl. ferner die umfangreichen Literaturhinweise b. *Di Simone*, Istituzioni e fonti normative, a.a.O., S. 130–132.

17 Gregorianisches Gesetzbuch, Erstes Buch, Von den Richtern und Gerichten, ihrer Zuständigkeit und Rechtsprechung (Art. 26–108).

4. Das römisch-kanonische Untersuchungsmodell

Wir wollen nun zu jenem Teil übergehen, der uns hier am meisten interessiert, nämlich zum verfahrensrechtlichen Teil. Was in diesem Bereich die zeitgenössische Rechtslehre am meisten betroffen gemacht hat, ist, wie schon erwähnt, die besondere Bereitschaft des Gesetzgebers des Kirchenstaates, einerseits Prozeßbestandteile vorzusehen bzw. zu erneuern, in denen inquisitorische Strukturen perpetuiert werden, andererseits die Übernahme von Rechtsinstituten zu begrenzen, die es berechtigt erscheinen lassen könnten, auch in diesem Falle von einem „gemischten" Prozeß zu sprechen, entsprechend denjenigen, die sich unter dem Einfluß des napoleonischen Vorbildes im Europa des 19. Jahrhunderts verbreitet haben.

Um das, was bereits von anderen vorzüglich beschrieben worden ist, äußerst knapp zusammenzufassen, bemerken wir vor allem, daß die gesamte erste Phase des Verfahrens sich nach den Grundsätzen des römisch-kanonischen Prozesses oder, wenn man eine andere Bezeichnung vorzieht, des Strafverfahrens des späten gemeinen Rechtes vollzieht und geprägt ist von jenen Maximen, die man in der deutschen Rechtslehre als *Offizialmaxime* und *Instruktionsmaxime* zu bezeichnen pflegt[18]. Der Beginn des Verfahrens ist vollständig in die Amtspflicht eines öffentlichen Amtsträgers gelegt. Die förmliche Untersuchung ist streng geheim und von der Figur des Untersuchungsrichters beherrscht. Die Rolle der privaten Parteien ist völlig sekundär. Das Verfahren, das ganz auf die „Entdeckung der Wahrheit" ausgerichtet ist, dreht sich um die Aussagen der Zeugen und der Beschuldigten und strebt die Erlangung des Geständnisses der letzteren an. Das Ermittlungsverfahren ist ein vollständig schriftliches, und das umfangreiche im Verlauf des Verfahrens gesammelte Material (Vernehmungsprotokolle, Berichte, Gegenüberstellungen, Gutachten usw.) bildet die Quelle für die Erstellung des sog. *Ristretto* (wesentliches Ergebnis der Ermittlungen), eines zusammenfassenden Berichts, der von dem verantwortlichen Untersuchungsbeamten erstellt wird und eines der Schlüsseldokumente des Verfahrens bildet[19]. Das Untersuchungsverfahren schließt, in bester Tradition des *Ancien Régime*, mit der „Publikation des Verfahrens" *(pubblicazione del processo)*[20], mit der dem Beschuldigten, der sich regelmäßig in Untersuchungshaft befindet, die Untersuchungsergebnisse und die zu seinen Lasten aufgenommenen Beweise mitgeteilt

---

18 Wir beziehen uns besonders auf *Rosoni*, Criminalità e giustizia penale, a.a.O., S. 191–198.

19 Vgl. *J. H. Langbein*, Prosecuting Crime in the Renaissance. England, Germany, France. Cambridge (Mass.) 1974, S. 131.

20 Dem Ermittlungsverfahren widmet das Gregorianische Gesetzbuch vier Bücher und insbesondere das Zweite Buch, Von den Verfahren in ihrer Ordnung (Art. 109–166), das Dritte Buch, Von den verschiedenen Beweisen der Verbrechen (Art. 167–241), das Vierte Buch, Von der Zeugenvernehmung (Art. 242–326) sowie das Fünfte Buch, Von der Verhaftung und von der Versetzung der Beschuldigten in den Anklagestand (Art. 327–383).

werden. Erst von diesem Augenblick an kann der Beschuldigte seine Verteidigung vorbereiten und sich der Hilfe eines berufsmäßigen Beistandes bedienen[21].

Nun ist freilich in nahezu allen Verfahrensmodellen des 19. Jahrhunderts – und nicht nur des 19. Jahrhunderts – das Ermittlungsverfahren von inquisitorischen Zügen geprägt. In nur wenigen von ihnen freilich erreicht der terminologische, begriffliche – und ich möchte sagen: ideologische – Bezug auf Formen der Vergangenheit einen solch massiven Umfang wie im Gesetz von 1831. Es gibt in diesem Teil des Gesetzes Artikel, vor allem unter denen, die das Verhör des Beschuldigten regeln, deren Inhalt in einem gedachten Handbuch der perfekten Inquisition nicht fehlen dürften[22]. Auch fehlt nicht die Verkündung des Grundsatzes, daß die Untersuchungstätigkeit den Zweck verfolge, „die Wahrheit sowohl zugunsten wie zulasten des Fiskus zu ermitteln" (Art. 340)[23]. Dies ist eine Formel, die, wie die Erfahrung lehrt, hinter einer rechtsstaatlichen Maske besonders strenge Formen inquisitorischer Strukturen verbergen soll und deshalb auch in keiner Gesetzgebung mit illiberalen Zügen fehlt[24].

Noch signifikanter sind aber für eine zusammenfassende Beurteilung des gregorianischen Strafprozesses einige seiner Merkmale, die den nachfolgenden Verfahrensabschnitt betreffen. Das Vorhandensein eines Verhandlungsmoments könnte an sich rechtfertigen, den gregorianischen Prozeß trotz des verhältnismäßig geringen Umfangs der diesbezüglichen Regelung der Kategorie der sogenannten gemischten Pro-

---

21 Gregorianisches Gesetzbuch, Sechstes Buch, Von der Eröffnung des Prozesses und vom Verfahren, Titel I, Von der Eröffnung des Prozesses (Art. 384–390).

22 S. z.B. die Art. 337–368 und, was die Verhandlungsphase betrifft, Art. 412. Damit befaßt sich sehr aufschlußreich *Giarda*, „Persistendo 'l reo nella negativa", S. 91–94. Vgl. ferner *Rosoni*, Criminalità e giustizia penale, a.a.O., S. 165–174.

23 Ein entsprechendes Verständnis findet sich in Art. 109, wonach „das schriftliche Verfahren den Bereich und die Aufeinanderfolge derjenigen Verfahrenshandlungen umfaßt, die zur Erkenntnis der Tat und der Schuld oder Unschuld jedes Beschuldigten führen".

24' Wir verweisen dazu auf: *E. Dezza*, Alla ricerca di una „nuova procedura criminale". Il „Piano" veronese del 1797, in: Il Codice Penale Veronese (1797), unveränderter Neudruck mit Beiträgen von A. Cadoppi, C. Carcereri de Prati, M.A. Cattaneo, A. Cavanna, M. Da Passano, E. Dezza, T. Padovani, P. Pittaro, F. Vecchiato, S. Vinciguerra, hrsg.von S. Vinciguerra. Vorwort von A. Padoa Schioppa. (Casi, fonti e studi per il diritto penale, raccolti da Sergio Vinciguerra, Serie II, Le fonti, Bd. 7). Padua (CEDAM) 1996, S. CXLIX–CLXX, insb. S. CLVI und Fußn. 23; *Ders.*, Il procedimento criminale nelle leggi napoletane del 1808. Prime note, in: Le leggi penali di Giuseppe Bonaparte per il Regno di Napoli (1808). Unveränderter Neudruck. Mit Beiträgen von G. Alessi, A. Cadoppi, C. Carcereri De Prati, M.A. Cattaneo, A. Cavanna, M. Da Passano, G. De Francesco, E. Dezza, S. Moccia, P. Pittaro, F. Vecchiato, S. Vinciguerra, hrsg. von S. Vinciguerra. (Casi, fonti e studi per il diritto penale, raccolti da Sergio Vinciguerra, Serie II, Le fonti, Bd. 11). Padua (CEDAM) 1998, S. CCCXXXV–CCCLXIII, insb. S. CCCXLVII und Fußn. 61.

zesse zuzuordnen[25]. Tatsächlich aber zeigt im betrachteten Gesetz die Regelung dieses Bereichs ganz und gar eigentümliche Züge, die, wie treffend gesagt worden ist, die mündliche Verhandlung statt zu einem Ort der Beweisgewinnung und streitigen Herausbildung der Wahrheit zu einer bloßen Gelegenheit zur „Kontrolle und Verifizierung des vom Untersuchungsrichter geleiteten schriftlichen Prozesses" und damit der im Ermittlungsverfahren erzeugten und nach dem sog. *incarto* der Beweise, d.h. ihrer Fixierung in den Prozeßakten, unveränderlichen Ergebnisse macht[26].

Letztlich weist damit die mündliche Verhandlung bei näherer Betrachtung zahlreiche Züge der alten *legitimatio processus* des gemeinen Rechts auf, d.h. eines Verfahrensabschnitts, der auf die förmliche Feststellung des zuvor gesammelten Beweismaterials konzentriert ist. Ein Verfahrensabschnitt also, der – wie erwähnt werden muß – in einigen Verfahrensordnungen des *Ancien Régime* übergangen oder als absolviert galt, da er als weitgehend überflüssig angesehen wurde[27]. Erwähnenswert sind in dieser Hinsicht einige Kennzeichen dieses speziellen Teils der gregorianischen Regelung. Die mündliche Verhandlung wird im wesentlichen als Moment der Überprüfung und Wiederholung der Beweise angesehen; die Diskussion wird demnach unter Verwendung derselben *termini technici* konzipiert und definiert, die auch das gemeine Recht verwendet: *confrontatio et repetitio testium* (Art. 22 und 110). Zeugen, die nicht bereits im Ermittlungsverfahren gehört worden sind, sind nicht zugelassen (Art. 422). Die Verhandlung folgt freilich dem Grundsatz der Mündlichkeit, doch die Öffentlichkeit ist in der Regel nicht zugelassen[28], und man erkennt ohne große Probleme, daß der Beschuldigte nicht unbedingt im Gerichtssaal anwesend sein muß (Art. 22). Immerhin ist es für angemessen erachtet, daß der Verteidiger sein Verteidigungsvorbringen auch schriftlich einreichen kann (Art. 396). Schließlich ist auch dem *Processo in iscritto*, d.h. den im Ermittlungsverfahren angefallenen Aktenbündeln, ausdrücklich die Bedeutung der „Grundlage der Kriminalurteile" zuerkannt (Art. 110 und 442).

---

25 Tatsächlich widmet das Gregorianische Gesetzbuch dem mündlichen Verfahren und dessen einführenden Vorgängen nicht mehr als gerade einmal 60 Artikel (von Art. 391 bis 453), die auf die Titel II bis V des Sechsten Buches aufgeteilt sind.

26 *Rosoni*, Criminalità e giustizia penale, a.a.O., S. 192.

27 Wir begnügen uns insoweit mit der Empfehlung der genauen und nüchternen Übersicht b. *Giovanni Battista De Luca*, Il dottor volgare (1673), ed. Colonia. Venezia (a spese di Modesto Fenzo stampatore) 1740, Tomo Sesto, Lib. XV, Cap. IV, S. 36–38.

28 Daß die Öffentlichkeit der mündlichen Verhandlung für den päpstlichen Gesetzgeber weder in positiver noch in negativer Hinsicht einen Wert besitzt, der besondere Beachtung verdient, geht eindrucksvoll aus einer Bemerkung von Mittermaier hervor, wonach es „für Personen, denen man z.B. als Juristen zutraut, daß nicht bloße Neugierde sie in die Sitzung treibt, nicht schwierig ist, von dem Präsidenten die Erlaubniß zur Gegenwart bei solchen Sitzungen zu erhalten": *Mittermaier,* Die Mündlichkeit, a.a.O., S. 98 f.

Alles in allem ergibt sich somit, daß das Vorbild des kirchenstaatlichen Gesetzgebers vor allem der römisch-kanonische Inquisitionsprozeß ist, freilich in abgemilderter Form und mitunter in seinen Auswirkungen begrenzt durch einige Zugeständnisse an Kautelen und Grundsätze rechtsstaatlich-schützender („garantistischer") Art. Kautelen und Grundsätze, die freilich in jenem historischen Augenblick bereits in weitem Umfang zum kulturellen Marschgepäck der strafrechtlichen Wissenschaft und Praxis in ganz Europa gehören. Es sind höchstwahrscheinlich jene „moralisch einwandfreien und humanen Regelungen", von denen, wie wir bereits gesehen haben, La Mantia in seinem Werk aus dem Jahre 1884 spricht[29]. Zu diesen „moralisch einwandfreien und humanen Regelungen" können wir, kurz zusammengefaßt, zählen die Vorschriften, welche die Haft an einen schriftlichen Haftbefehl binden (Art. 327), welche das Stellen von Suggestivfragen verbieten (Art. 347), welche das Eingreifen der berufsmäßigen Verteidigung nach der „Eröffnung des Verfahrens" vorschreiben (Art. 387–390), welche dem Verteidiger das letzte Wort in der mündlichen Verhandlung zubilligen (Art. 431) und welche wenigstens in der Appellationsinstanz die Begründung des Urteils einführen (Art. 465).

Eine besondere Bemerkung verdient in diesem Zusammenhang noch die Übernahme des Grundsatzes der freien Überzeugungsbildung des Richters, den Art. 442 des Gregorianischen Gesetzes verkündet[30] und der als einer der besonders positiven Aspekte des Textes von 1831 gepriesen wird[31]. Wir beschränken uns in diesem Punkt darauf, daran zu erinnern, daß gerade in jenen Jahren Giovanni Carmignani nicht zögerte, die Verbindung von freier Überzeugungsbildung und Berufsrichtertum als „schreckliche Waffe" und „pestartigen Irrtum" abzustempeln[32], und fragen, bis zu welchem Punkt es zutreffend ist, von voller, wirksamer und vorbehaltloser Übernahme des Gedankens der freien Überzeugungsbildung und moralischer Sicherheit bei den Verfassern eines Textes zu sprechen, nach dem „kein Zeugnis vor Gericht einen gesetzlichen Beweis erbringt, solange es nicht durch das Band des Eides überprüft ist" (Art. 244), und der, nachdem er erst die Zeugen in verschiedene Kategorien je nach Gegenstand der Bekundungen eingeteilt hat (Art. 397), dann doch für jede dieser Kategorien es für ausreichend erachtet, in der Verhandlung zwei

---

29 Vgl. o. Fußn. 5.
30 Vgl. dazu *Nobili*, Il principio del libero convincimento, a.a.O., 212–213 (dt.: *Nobili*, Überzeugungsbildung, a.a.O., S. 174 f.).
31 Vgl. in diesem Sinne unter den Beiträgen aus jüngerer Zeit *Di Simone*, Istituzioni e fonti normative, a.a.O., S. 103.
32 Zu den Urteilen Carmignanis über die freie Überzeugungsbildung vgl. (auch für Literaturhinweise) *Dezza*, Il Codice di Procedura Penale del Regno Italico, a.a.O., S. 338–339 und Fußn. 113. Vgl. ferner *E. Dezza*, L'impossibile conciliazione. Processo penale, assolutismo e garantismo nel codice asburgico del 1803, in: Codice Penale Universale Austriaco (1803), hrsg. von S. Vinciguerra. Padua 1997, S. CLV–CLXXXIII, insb. S. CLXXVIII–CLXXXII.

von ihnen zuzulassen (Art. 398), womit er offenkundig den alten Grundsatz *unus testis, nullus testis* heranzieht[33].

5. Das Sichtbarwerden des napoleonischen Vorbildes

Ein Organismus, der durch den Stempel des alten gemeinen Rechts geprägt ist und nur teilweise von einigen Injektionen schwacher rechtsstaatlicher Antikörper beeinfluß ist – dies also ist das Urteil, das sich fast automatisch für das Organische Verfahrensgesetz vom 5. November 1831 aufdrängt. Auch die Tendenz, die inquisitorische Maschinerie maßvoll zu bedienen, die sich bei einem Teil der Richterschaft des Kirchenstaates zeigt[34], scheint nicht die Substanz und die Grundlagen des gerade formulierten Urteils zu berühren, für das überdies weitere Argumente sprechen, wenn man die Bedeutung der zahlreichen besonderen Verfahrensformen im 7. Buch des Gesetzes berücksichtigt[35].

Die Feststellung der intensiven Bindungen des gregorianischen Strafprozesses an das Muster des römisch-kanonischen Prozesses erschöpft allerdings nicht die Thematik der Vorbilder des päpstlichen Gesetzes. Eine aufmerksamere Lektüre führt nämlich dazu, die Abweichung des Textes von 1831 von den übrigen Gesetzeswerken jener Zeit – vom italischen Gesetzbuch von 1807 bis zum parmensischen von 1830, ganz zu schweigen von den späteren savoyardischen Texten – als weniger stark anzusehen, als dies aufgrund der bislang angestellten Untersuchungen erscheinen mag. Eine vergleichende Untersuchung erweist sich in dieser Hinsicht als besonders ertragreich. Sie gestattet uns nämlich ziemlich rasch die Feststellung, daß im gesamten Gesetzestext Rechtsinstitute, Begriffe, Bezeichnungen, ganze Artikel und sogar ganze Gruppen von Artikeln aus dem *Codice Romagnosi* oder doch aus den Gesetzeswerken, die auf ihn zurückweisen, anzutreffen sind. Wir bemerken hier gleichsam das Auftauchen einer regelrechten gesetzgeberischen Schicht, deren Wurzeln in der napoleonischen Gesetzgebungstätigkeit liegen.

Einige kurze Beispiele mögen genügen, um die Richtigkeit dieser Behauptung darzutun. Wir wählen drei Belege aus unterschiedlichen Teilen des gregorianischen Gesetzes aus.

---

33 Zu diesem althergebrachten Prozeßgrundsatz vgl. *A. Padoa Schioppa*, „Unus testis, nullus testis". Note sulla scomparsa di una regola processuale, in: Studia Ghisleriana. Serie speciale per il IV centenario del Collegio Ghislieri in Pavia. 1567–1967, Bd.: Studi Giuridici. Pavia 1967, S. 334–357.

34 Dieser Umstand wird z.B. mitgeteilt von *Rosoni*, Criminalità e giustizia penale, a.a.O., S. 210.

35 Von diesen Spezialverfahren besitzt besondere Bedeutung im Hinblick auf den historischen Moment, in dem das Gesetz verkündet wird, die Regelung in Titel X, Von der Art des Verfahrens bei Verbrechen der verletzten Majestät, Verschwörung, Aufstand und Anschlägen auf die öffentliche Sicherheit (Art. 555–566).

Als erstes richten wir unser Augenmerk auf die Einleitenden Bestimmungen, deren erste zwölf Artikel den Gegenstand des Gregorianischen Gesetzes festlegen und die grundlegenden Bestimmungen für die Durchführung des Strafverfahrens sowie des Zivilprozesses über den Schadensersatz für den durch das Verbrechen bewirkten Schaden enthalten. Nun, das Vorbild für diese zwölf Artikel findet sich exakt in den ersten neun Artikeln des *Codice Romagnosi*, welche sich mit genau derselben Materie befassen und die – wie hervorzuheben ist – auch gleichsam den Ursprung der ersten vier Artikel der Gesetze über das Verfahren in Strafsachen für das Königreich Beider Sizilien und der ersten sieben Artikel der Kriminalprozeßordnung von Parma bilden. In einigen Fällen haben wir es mit vollständigen Textübereinstimmungen zwischen dem romagnosianischen Archetypus und dem Gesetz von 1831 zu tun[36]; in anderen stellen wir Änderungen formeller Natur in der Terminologie oder in der Redaktion des Artikels fest[37], in wieder anderen Fällen kann man bewußte Änderungen der Regelung entdecken[38]. Es bleibt zu bemerken, daß der päpstliche Gesetzgeber diesen so wichtigen Teil seines Werkes in aller Offenheit unter Auswertung zumindest der Gesetzgebungstechnik jenes Gesetzes erarbeitet hat, das kürzlich als „Hauptwurzel" der italienischen Strafprozeßgesetze bezeichnet worden ist[39].

---

36 Wie im italischen Gesetzbuch, so auch im gregorianischen Gesetzbuch: „Jedes Verbrechen löst ein Strafverfahren aus" (Art. 2; vgl. Art. 2 CPP 1807); „kann auch ein Zivilverfahren wegen Ersatz des durch dieses Verbrechen verursachten Schadens auslösen" (Art. 3; vgl. Art. 2 CPP 1807); „das Zivilverfahren steht den Geschädigten und ihren Erben offen" (Art. 4; vgl. Art. 5 CPP 1807); „Das Zivilverfahren kann mit dem Strafverfahren vor den Kriminalrichtern verbunden werden" (Art. 7; vgl. Art. 8 CPP 1807); „Das Strafverfahren [...] endet nur mit dem Tod des Schuldigen, mit der Verbüßung der Strafe, mit Eintritt der gesetzlich vorgeschriebenen Verjährung und mit dem Gnadenerlaß des Landesherrn" (Art. 11; vgl. Art. 6 CPP 1807); „Das Zivilverfahren endet mit dem Ersatz des Schadens, mit dem Klageverzicht der dazu berechtigten Partei und mit dem Eintritt der für das Strafverfahren geltenden Verjährung." (Art. 12; vgl. Art. 7 CPP 1807). Diese kurze Auflistung – darauf muß hingewiesen werden – ist bloß eine beispielhafte; sie erschöpft nicht den Bereich der Entsprechungen zwischen den Einführenden Bestimmungen des kirchenstaatlichen Gesetzes und dem Einführenden Titel des *Codice Romagnosi*.

37 Dies ist der Fall beim einleitenden Artikel beider Texte. Im italischen Gesetzbuch von 1807 lautet Art. 1: „Das Strafverfahrensgesetzbuch legt die Regeln fest, die zur Entdeckung begangener Verbrechen und zur Verkündung der gesetzlich angedrohten Strafen gegen ihre Täter und deren Komplizen führen". Im Gregorianischen Gesetzbuch wandelt hingegen Art. 1 diese Struktur folgendermaßen ab: „Die Regeln für die Entdeckung von begangenen oder versuchten Verbrechen, für die Ermittlung der Schuldigen und für die Verkündung der vom Gesetz festgesetzten Strafen bilden den Gegenstand des Kriminalverfahrensgesetzes".

38 Es ist nach unserem Dafürhalten beispielsweise kein Zufall, daß im gregorianischen Gesetz eine dem Art, 3 des italischen Gesetzbuches entsprechende Regelung fehlt, wonach „das Strafverfahren ausschließlich gegen Personen betrieben wird, die das Verbrechen begangen haben oder an ihm teilgenommen haben".

39 Vgl. *Cordero*, Procedura penale, a.a.O., S. 69.

Ganz ähnlich sind die Feststellungen, die wir bei einer zweiten Artikel-Gruppe antreffen können, auf welche wir diesmal im Bereich des Ermittlungsverfahrens stoßen. Wir meinen insbesondere das Problem der Anzeige: Im italischen Gesetzbuch ist diese Problematik in zwei Abschnitte unterteilt, die sich mit der „amtlichen Anzeige" und der „bürgerlichen Anzeige" befassen und insgesamt acht Artikel umfassen[40]; im Gesetz von 1831 hingegen wird das Problem in einem einzigen Titel abgehandelt, der neun Artikel umfaßt[41]. Doch auch hier stoßen wir wie im vorhergehenden Fall und ungeachtet struktureller Unterschiede auf übereinstimmende oder zumindest sehr ähnliche Definitionen und Bestimmungen[42], auf Eingriffe bloß formeller Natur und einige Weglassungen[43] sowie auf Ergänzungen von unterschiedlichem Gewicht[44]. Die Art und Weise der Heranziehung des Vorbildes entspricht somit völlig derjenigen, die wir schon bei den ersten zwölf Artikeln der Einführenden Bestimmungen angetroffen haben.

Ein letztes kurzes Beispiel für die Übereinstimmungen zwischen *Codice Romagnosi* und Gregorianischem Gesetz entnehmen wir den Bestimmungen über die Urteilsfindung. Dieses Beispiel erscheint uns deshalb interessant, weil es uns festzustellen ermöglicht, daß der Gesetzgeber des Kirchenstaates mit großer Wahrscheinlichkeit das romagnosianische Vorbild unmittelbar übernimmt, also ohne Berücksichtigung der neapolitanischen und parmensischen Texte, denen es bereits als Quelle gedient hat. Die drei im gregorianischen Gesetz vorgeschriebenen Formen – nämlich: der Angeklagte „ist schuldig"; der Angeklagte „ist nicht schuldig"; „es steht nicht mit hinreichender Sicherheit fest, daß er schuldig ist" (Art. 441) – sind wortwörtlich

---

40   CPP 1807, Erstes Buch, Erster Teil, Titel II, Erste Abteilung, Von der amtlichen Anzeige (Art. 55–57), Zweite Abteilung, Von der bürgerlichen Anzeige (Art. 58–62).

41   Es handelt sich um Titel IV, Von der Anzeige, des Zweiten Buches (Art. 135–144).

42   CPP 1807, Art. 55: „Jede Behörde, jeder Beamte und öffentliche Amtsträger, der bei der Ausübung seiner Funktionen Kenntnis oder Anzeige von einem öffentlichen Verbrechen erlangt, das zur Zuchtgerichtsbarkeit oder zur Gerichtsbarkeit der schweren Kriminalität gehört, ist verpflichtet, dem Friedensrichter oder dem Zuchtgericht davon Kenntnis zu vermitteln und ihm alle Verfahrensprotokolle und die zugehörigen Akten zu übersenden". Diesem Artikel entspricht Art. 136 des gregorianischen Gesetzes: „Jede Behörde, jeder öffentliche Beamte, der bei der Ausübung seiner Funktionen von einem Verbrechen Kenntnis erlangt oder Nachricht erhält oder eine Anzeige eines Verbrechens entgegennimmt, ist verpflichtet, dem Richter oder dem Kriminalgericht davon Mitteilung zu machen und ihm zusammen mit der Zusendung der betreffenden Akten, die er etwa angelegt hat, alle Informationen zukommen zu lassen".

43   Es fehlt beispielsweise in Art. 137 des Gesetzes der gesamte Zweite Teil des entsprechenden Art. 56 des CPP 1807, worin die Formen und Inhalte der Anzeigen geregelt sind, zu denen die Ärzte und Chirurgen verpflichtet sind.

44   Erwähnenswert erscheint uns insoweit eine Entscheidung, die eine im Ancien Regime sehr verbreitete Gewohnheit aufzugreifen scheint. Wir meinen die nur im gregorianischen Gesetz gebotene Möglichkeit, über die Person dessen, der eine Anzeige bei der öffentlichen Behörde erstattet hat, Stillschweigen zu bewahren (Art. 140).

dieselben wie im italischen Gesetzbuch (Art. 492), während sie sich von denjenigen in den Gesetzen von Neapel (Art. 277) und Parma (Art. 277) unterscheiden[45].

Diesen Übereinstimmungen und Ähnlichkeiten könnten noch zahlreiche weitere hinzugefügt werden, die wir aber übergehen, um den geneigten Leser nicht zu sehr zu ermüden; wir bemerken nur noch, daß man in einigen Fällen regelrechte synoptische Gegenüberstellungen der beiden erwähnten Gesetze aufstellen könnte. Es ist also festzustellen, daß ein mehr als deutliches romagnosianisches Echo im Text des Gregorianischen Gesetzes uns rät, noch einige weitere Überlegungen anzustellen, und uns ferner veranlaßt, unsere zuvor gezogenen Schlüsse über die enge Verbindung zwischen dem gregorianischen Prozeß und den römisch-kanonischen inquisitorischen Formen wenn schon nicht zu ändern, so doch um weitere Gesichtspunkte und weitere Elemente anzureichern.

6. Ein chirurgischer Eingriff des Gesetzgebers

Als Zwischenergebnis ist daher festzuhalten, daß eine Duplizität von Vorbildern die, wie wir wissen, lange und widersprüchliche gesetzgeberische Arbeit beeinflußte, welche schließlich in die Verkündung des Gesetzes von 1831 mündete[46]. Ein erstes Vorbild, das römisch-kanonische, zeigt sich in aller Deutlichkeit und ist deshalb von der Mehrheit in Rechtslehre und Geschichtsschreibung nicht zuletzt wegen seiner emotiven und ideologischen Bedeutungsgehalte sogleich aufgegriffen worden. Es gibt jedoch hinter dem Gesetz von 1831 noch ein zweites Vorbild, eine Art von heimlichem Vorbild, das aber eben doch in diffuser, gleichsam kapillarer Form im Gefüge seiner Bücher, Titel und Artikel präsent ist. Es handelt sich, wie wir nachweisen konnten, um den *Codice Romagnosi*, also um eben jenen Text, den auch andere Gesetzgeber der Restaurationszeit vor Augen hatten, doch sein Einfluß hat anderswo wesentlich andere Ergebnisse gezeitigt als jene von Rom.

Letztlich wird nämlich der Text von 1807 vom gegorianischen Gesetzgeber mit einer fast chirurgischen Technik gleichsam seziert; diese Technik besteht darin, bestimmte Rechtsinstitute, bestimmte Artikel, bestimmte Begriffe dingfest zu machen und herauszuschneiden, bestimmte andere aber entschlossen zu übergehen und auf diese Weise eine Art von Filter einzubauen, der nur einige der von La Mantia apostrophierten „moralisch einwandfreien und humanen Regelungen" überleben läßt. Die gesetzgeberische Qualität und die vorgeformte Regelung des italischen Gesetzbuches werden mit Scharfsinn nutzbar gemacht, indem geeignete Ergänzungen und

---

45 Genauer gesagt enthält der parmensische Text von 1820 keinerlei Hinweis auf Formen, die bei der Erstellung des Urteils eingehalten werden müssen.

46 Vgl. *Santoncini*, Sovranità e giustizia, a.a.O., passim, sowie *M. Mombelli Castracane*, Le fonti archivistiche per la storia delle codificazioni pontificie, in: Società e Storia 6 (1979), 839–864.

kluge Einschnitte vorgenommen werden, wo man sie für erforderlich hält, um die vorgefertigten Ziele zu erreichen. Auf diese Weise wird der *Codice Romagnosi* zu einer regelrechten Mine für legislatives Material, dessen sich die Redaktoren des gregorianischen Textes mit vollen Händen bedienen, um ein durchdachtes Werk des Kompromisses zu schaffen, das, wenn wir uns nicht täuschen, in Italien zumindest einen Vorläufer hat. Wir meinen die 1808 von Joseph Bonaparte verkündeten Strafgesetze für das Königreich Neapel[47]. In Neapel ist 1808, wie 20 Jahre später in Rom, der Kompromiß, den man anstrebt, derjenige zwischen dem napoleonischen Prozeß ohne Jury, wie er vorzüglich vom *Codice Romagnosi* dargestellt wird, und dem traditionellen inquisitorischen Prozeß des *Ancien Régime*. Diese grundlegende Entscheidung trägt dazu bei, daß eine prozessuale Struktur, nämlich die neapolitanische, die bereits als eine „gemischte" bezeichnet wird, weil sie ihrerseits Ergebnis eines Kompromisses (nämlich des Kompromisses zwischen schriftlichem und geheimem Ermittlungsverfahren und mündlichem und öffentlichem Hauptverfahren) ist, dem Rückgriff auf alte Rechtsinstitute und alte prozessuale Einstellungen Räume und Stellungen eröffnet. Eine solche Operation muß zu einer vollständigen Bestätigung des inquisitorischen Modells in der Ermittlungsphase und zu einer beachtlichen Abschwächung der akkusatorischen Grundsätze in der Verhandlungsphase führen[48].

Und eben dies zeigt sich in Rom im Falle unseres Gesetzes. Der gregorianische Strafprozeß ist ein Inquisitionsprozeß, und in diesem Punkt haben sich gewiß diejenigen nicht getäuscht, die im Laufe der Zeit diese Einschätzung vertreten haben und dabei auf die inhaltliche Rückwärtsgewandtheit des kirchenstaatlichen Gesetzeswerkes im Vergleich mit den übrigen zeitgenössischen Gesetzen verwiesen haben. Indessen ist dieser Prozeß in fast paradoxer Weise mit Gesetzesmaterialien, mit einer Gesetzgebungstechnik und, wie wir sagen möchten, fast in einem Stil errichtet, die in mehr als einem Punkt eine gewisse Modernität aufweisen und mitunter nicht ohne formalen Glanz daherkommen – sind sie doch Produkte des napoleonischen Zeitalters und, zu einem guten Teil, der Gesetzgebung der Revolutionszeit.

---

47 Zu den 1808 von Joseph Bonaparte für das Königreich Neapel erlassenen strafprozessualen Gesetzen verweisen wir auf die Beiträge von *G. Alessi* („Una magistratura tutta popolare". Giudici di pace e giurisdizione di polizia nell'ordinamento di Giuseppe Bonaparte, S. CCLXXXIX–CCCVIII), *C. Carcereri de Prati* (La competenza penale dei giudici di pace del Regno d'Italia e del Regno di Napoli, S. CCLXXVII–CCLXXXVIII), *E. Dezza*, (Il procedimento criminale nelle leggi napoletane del 1808. Prime note, CCCXXXV–CCCLXIII) und *P. Pittaro* (Il processo penale nelle leggi napoletane del 1808, S. CCLIX–CCLXXV), hrsg. von S. Vinciguerra im bereits zitierten Werk „Le leggi penali di Giuseppe Bonaparte per il Regno di Napoli". Zu diesen Beiträgen ist in jüngerer Zeit hinzugekommen die genaue Rekonstruktion von *Francesco Mastroberti*, La riforma negata. Elaborazione e fallimento del primo „codice" di procedura penale del Regno di Napoli, in: Frontiera d'Europa, III, 1 (1997), 65–165.

48 Zur Beurteilung der Entscheidungen des napolitanischen Gesetzgebers von 1808 vgl. *Dezza*, Il procedimento criminale nelle leggi napoletane, a.a.O., S. CCCLVIII–CCCLXIII.

7. Die Bedeutung einer Inschrift

Wir haben soeben das Wort „paradox" verwendet, denn es scheint uns nicht ganz fehl am Platze zu sein. Die auf die Restauration folgenden Jahre sind in Italien Jahre der Widersprüchlichkeiten und der Paradoxien, die sich zwischen Rationalität und Utopie, zwischen Glaube und Ernüchterung bewegen. Die Vorgänge im Bereich des Rechtsdenkens und der Rechtsinstitutionen entziehen sich nicht dieser Tendenz. Nach dem Sturm der Revolution und der napoleonischen Zeit stellt sich ein Moment der Ordnung ein. Der Wunsch nach Erhaltung lebt mit liberalen Forderungen gemeinsam unter dem Dach einer Rechtskultur, die manchmal sehr gründlich, bei anderen Gelegenheiten aber auch mit überraschender Oberflächlichkeit die Gedanken und Einstellungen der vorhergehenden Etappen rechtsphilosophischer und rechtspolitischer Spekulation übernommen hat. Eine Bestätigung dieser Widersprüchlichkeiten und Paradoxien finden wir gerade in einigen Formulierungen des Edikts, mit dem der Kardinalstaatssekretär Tommasi Bernetti am 5. November 1831 das Organische Strafverfahrensgesetz verkündet. Dort lesen wir:

> „Die Heiligkeit unseres Herrn [Gregors XVI], von dem Wunsch beseelt, das Organische System der Gerichte zu vollenden, hat uns befohlen, die folgenden Bestimmungen über den höchst wichtigen Gegenstand der *Strafgerechtigkeit*, dem der Schutz der Ehre, des Lebens und der Freiheit der Bürger anvertraut ist, zu veröffentlichen, so wie Wir sie in Seinem Landesherrlichen Namen hiermit veröffentlichen, um so weit wie möglich mit festgelegten Methoden und unveränderlichen Inhalten in denselben Bestimmungen besonders schweren Unzuträglichkeiten zu begegnen."

„Der Schutz der Ehre, des Lebens und der Freiheit der Bürger": Ein Jahrhundert lang waren eben diese Worte das Banner des strafrechtlichen Liberalismus, von Locke bis Beccaria, von Montesquieu bis Pagano und Filangieri. Wir hätten gewiß nicht erwartet, sie, gleichsam in ihrer Bedeutung umgekehrt, als Inschrift eines Gesetzes zu lesen, von dem man alles sagen kann, nur nicht, daß es zur Avantgarde in seinem Bereich und in seiner Zeit gehört habe.

Nachweise

„FÜR ALLE ZUKUNFT SEI DIE FOLTER ABGESCHAFFT": Per li tempi d'avvenire siano abolite le torture. Note sulla disciplina del processo penale nel codice municipale di Malta del 1784, in: *A Ennio Cortese*, Scritti promossi da Domenico Maffei e raccolti a cura di Italo Birocchi, Mario Caravale, Emanuele Conte ed Ugo Petronio, 3 Bände. Rom (Il Cigno Galileo Galilei) 2001, Bd. I, S. 418–436.

AUF DER SUCHE NACHE EINEM NEUEN KRIMINALVERFAHREN: Alla ricerca di una „nuova procedura criminale". Il „Piano" veronese del 1797, in: Il Codice Penale Veronese (1797). Unveränderter Neudruck. Mit Beiträgen von A. Cadoppi, C. Carcereri de Prati, M. A. Cattaneo, M. Da Passano, E. Dezza, T. Padovani, P. Pittaro, F. Vecchiato, S. Vinciguerra hrsg. von *S. Vinciguerra*. Mit einem Vorwort von A. Padoa Schioppa. Padua (CEDAM) 1995, S. CXLIX–CLXX, sowie in: Il Codice Penale Veronese (1797). Unveränderter Neudruck mit Beiträgen von A. Cadoppi, C. Carcereri de Prati, M.A. Cattaneo, A. Cavanna, M. Da Passano, E. Dezza, T. Padovani, P. Pittaro, F. Vecchiato, S. Vinciguerra hrsg. von *S. Vinciguerra*. Mit einem Vorwort von A. Padoa Schioppa. Padua (CEDAM) 1996 [Casi, fonti e studi per il diritto penale, raccolti da Sergio Vinciguerra, Serie II, Le fonti, 7], S. CXLIX–CLXX.

MODERNES STRAFVERFAHREN DURCH EIN PROVINZGESETZBUCH: Una procedura moderna per un codice di provincia. La disciplina del processo nella legislazione penale del Principato di Lucca (1807), in: Codice Penale per il Principato di Lucca (1807). Unveränderter Neudruck. Mit Beiträgen von A. Cadoppi, F. Callaioli, C. Carcereri de Prati, M. A. Cattaneo, A. Colao, M. Da Passano, E. Dezza, T. Padovani, P. Pittaro, A. Rovere, S. Vinciguerra hrsg. von *Sergio Vinciguerra*. Padua (CEDAM) 1999, S. CLI–CLXXXIV, sowie in: Codice Penale per il Principato di Lucca (1807). Unveränderter Neudruck. Mit Beiträgen von A. Cadoppi, F. Callaioli, C. Carcereri de Prati, M. A. Cattaneo, A. Colao, M. Da Passano, E. Dezza, T. Padovani, P. Pittaro, A. Rovere, S. Vinciguerra hrsg. von *Sergio Vinciguerra*. Padua (CEDAM) 2000 [Casi, fonti e studi per il diritto penale, raccolti da Sergio Vinciguerra, Serie II, Le fonti, 15], S. CLI–CLXXXIV.

FREDIANO VIDAU UND DIE ENTDECKUNG DES „CODICE ROMAGNOSI": Frediano Vidau e la scoperta del Codice Romagnosi. Appunti sulla disciplina processuale nel Codice Penale per il Principato di Piombino (1808), in Codice Penale per il Principato di Piombino (1808). Unveränderter Neudruck. Mit Beiträgen von A. Cadoppi, F. Callaioli, C. Carcereri de Prati, M. A. Cattaneo, F. Colao, M. Da Passano, E. Dezza, R. F. Ellero, R. Ferrante, T. Padovani, P. Pittaro, P. Rondini, S. Vinciguerra hrsg. von *Sergio Vinciguerra*. Padova (CEDAM) 2001 [Casi, fonti e studi per il diritto penale, raccolti da Sergio Vinciguerra, Serie II, Le fonti, 17], CCXLIX–CCLXXIV.

DAS STRAFVERFAHREN IN DEN NEAPOLITANISCHEN GESETZEN VON 1808: Il procedimento criminale nelle leggi napoletane del 1808. Prime note, in Le leggi penali di Giuseppe Bonaparte per il Regno di Napoli (1808). Unveränderter Neudruck. Mit Beiträgen von G. Alessi, A. Cadoppi, C. Carcereri de Prati, M. A. Cattaneo, A. Cavanna, M. Da Passano, G. De Francesco, E. Dezza, S. Moccia, P. Pittaro, F. Vecchiato, S. Vinciguerra hrsg. von *S. Vinciguerra*. Padua (CEDAM) 1998 [Casi, fonti e studi per il diritto penale, raccolti da Sergio Vinciguerra, Serie II, Le fonti, 11], S. CCCXXXV–CCCLXIII.

DIE AUSSICHTSLOSE VERSÖHNUNG: L'impossibile conciliazione. Processo penale, assolutismo e garantismo nel codice asburgico del 1803, in: Codice Penale Universale Austriaco (1803). Unveränderter Neudruck. Mit Beiträgen von S. Ambrosio, A. Cadoppi, C. Carcereri de Prati, M. A. Cattaneo, M. Da Passano, P. De Zan, E. Dezza, P. Pittaro, P. Rondini, S. Tschigg, S. Vinciguerra hrsg. von *Sergio Vinciguerra*. Padova (CEDAM) 1997, S. CLV–CLXXXIII.

DAS HEIMLICHE VORBILD: Il modello nascosto. Tradizione inquisitoria e riferimenti napoleonici nel Regolamento Organico e di Procedura Criminale del 5 novembre 1831, in I Regolamenti penali di papa Gregorio XVI per lo Stato Pontificio (1832). Unveränderter Neudruck. Mit Beiträgen von S. Ambrosio, A. Cadoppi, M. Calzolari, C. Carcereri de Prati, M. A. Cattaneo, M. Da Passano, P. De Zan, E. Dezza, R. Ferrante, E. Grantaliano, G. Minnucci, T. Padovani, P. Pittaro, M. Sbriccoli, S. Vinciguerra hrsg. von *Sergio Vinciguerra*. Padua (CEDAM) 1998, S. XCI–CIX, sowie in: I Regolamenti penali di papa Gregorio XVI per lo Stato Pontificio (1832). Unveränderter Neudruck. Mit Beiträgen von S. Ambrosio, A. Cadoppi, M. Calzolari, C. Carcereri de Prati, M.A. Cattaneo, A. Cavanna, M. Da Passano, P. De Zan, E. Dezza, R. Ferrante, E. Grantaliano, G. Minnucci, T. Padovani, P. Pittaro, M. Sbriccoli, S. Vinciguerra hrsg. von *Sergio Vinciguerra*. Padua (CEDAM) 2000 [Casi, fonti e studi per il diritto penale, raccolti da Sergio Vinciguerra, Serie II, Le fonti, 16], S. XCI–CIX.